新东方
XDF.CN

MW01679113

新东方雅思(IELTS)考试指定辅导教材

剑桥雅思真题精讲

IELTS 7

周成刚◎主编

何钢　乐静　彭新松　安培　梅晗　陈好　王冬◎编著

浙江教育出版社·杭州

图书在版编目(CIP)数据

剑桥雅思真题精讲. 7 / 周成刚著. —杭州：浙江教育出版社，2014.7（2017.2重印）

ISBN 978-7-5536-1691-9

Ⅰ. ①剑… Ⅱ. ①周… Ⅲ. ①IELTS—题解 Ⅳ. ①H319.6

中国版本图书馆CIP数据核字（2014）第036181号

剑桥雅思真题精讲. 7

JIANQIAO YASI ZHENTI JINGJIANG. 7

主　　编　周成刚
责任编辑　孔令宇
美术编辑　韩　波
封面设计　大愚设计
责任校对　刘文芳
责任印务　时小娟

出版发行　浙江教育出版社
　　　　　（杭州市天目山路40号　　邮编：310013）
印　　刷　北京正合鼎业印刷技术有限公司
开　　本　787mm×1092mm　1/16
成品尺寸　185mm×260mm
印　　张　14.5
字　　数　360 000
版　　次　2014年7月第1版
印　　次　2017年2月第10次印刷
标准书号　ISBN 978-7-5536-1691-9
定　　价　28.00元
联系电话　0571－85170300－80928
电子邮箱　dywh@xdf.cn
网　　址　www.zjeph.com

前　言

我的留学观

留学是当今中国的一个热点话题。所谓热点，就是讨论的人多，关注的人多。无论你决心已下或是尚在彷徨犹豫，留学的选择对你的人生来说都将是一个重大决定。它涉及你个人和家庭的许多投入，包括时间、金钱、精力、甚至情感，它关系到你未来的学习、工作和个人生活，它与你的前途事业息息相关。我相信每一个人在做出最后决定前一定会一遍又一遍地问自己：

"我到底要不要出国留学？"

"我是否也应该像大多数人一样选择去欧美国家留学？"

首先我想说，决定留学或不留学其实没有对与错，留学只是一种学习方式的选择。而一旦涉及选择，就少不了分析与比较、思考与权衡。来新东方咨询留学的学生和家长，都会向我们提出类似的问题。

从某种意义上说，我们问自己"我到底要不要出国留学？"就如同问"我到底要不要上大学？"一样。大多数家长不会因为当下大学毕业生就业困难而不支持孩子上大学，也不会因为有一些成功的企业家没有读过大学而不让自己的孩子追求学业。大学生并非个个身怀绝技，并非都能获得我们期待的那些成功，但大学尤其是名校仍然倍受追捧。为什么？因为大家心中明白，相对于没有上过大学的人，一般来说，大学生的平均综合素质较高，毕业后在职场上具有更强的竞争力和职业发展后劲。也就是说，我们希望通过读大学读名校来提高自己的胜出概率。谈到此处，上述的两个问题也就迎刃而解了。欧美国家和名校一样，他们代表着这个世界的先进生产力。无论是科学技术，还是政治经济，还是文化教育，欧美的大部分国家正在引领世界的发展。换句话说，这些发达国家是大部分发展中国家学习和借鉴的榜样。而这些国家的大学又是他们意识形态和科学发展的前沿阵地。我们选择留学，选择到发达国家去学习，可以提高自己在世界舞台上的胜出概率，可以获得比其他人更多的成功机会。

那么为什么是否选择留学会在今天成为一个如此紧迫的问题呢？

可以说，这是全球一体化带来的必然社会趋势。所谓全球化，就是地区与地区之间，国家与国家之间，经济体与经济体之间的交流和接触日益频繁，障碍逐个被扫除，资源和信息的流动变得前所未有地畅通。一句话，过去因为种种原因，我们闭关自守，隔断了自己和世界绝大部分地区和国家的交流，我们国家的年轻人除了自己不需要和任何国家的同龄人去竞争。但随着全球化步伐的不断迈进，国门不断打开，我们国家的年轻人已经和世界各国的年轻人走到了同一个舞台上，需要和全球同龄人去竞争。

今天，一个美国人可以很容易到中国找工作，他们到中国的公司找到一份工作就意味着中国人少了一份工作；相反，一个中国学生很容易到美国去留学，毕业后他们在华尔街谋到一份职业也就意味着抢走了美国人的一个饭碗。

在如此这般的全球同龄人竞争的格局下，越来越多的家长和学生认识到，自己如果要在职场上胜出，就必须掌握当今世界普遍认可的价值观和在全球范围内有竞争力的知识和职业技能。当我们开始去寻找这些东西准备充实自己的时候，陡然发现，这些我们所希望拥有的先进的科学文化知识、有竞争力的核心技术、创新的思维观念甚至符合人性发展的价值观等，大部分掌握在那些发达国家的手里，至少在目前这个历史发展阶段是如此。过去我们自己和自己比赛，规则和输赢我们自己说了算。但今天，我们要去和世界强队比赛，要按照国际比赛的规则去比，输赢由国际裁判决定。于是，我们不得不开始了解国际比赛，学习比赛规则。这就是为什么今天越来越多的家长要送自己的孩子出国留学，因为家长都希望自己的孩子在比赛中胜出。

事实上，我们背井离乡、负笈海外，或是去留学，或是去进修，或是去游历，都是中国人世代相传的教育理念的延伸和自我实践。几千年来，中国人通过读书改变自己命运的梦想从没有停止过。

过去，许多家庭省吃俭用，用攒下来的钱送孩子进私塾学校，接受教育；书生们则头悬梁、锥刺股，用面壁苦读换来最后的金榜题名，自此改变人生命运。后来我们有了高考，农村的孩子通过上大学或读研究生，进一步提升自己的实力，获取一份比自己的父母更好的工作，去从事教师、工程师、医生和律师这些令人羡慕和受人尊敬的职业。学生通过高考走进了不同的城市，有小城市，也有大城市，当然也有北京、上海等超级大都市。人们渴望走进这些城市，是因为他们知道这些城市更加前卫，人们的思想更加解放，资源更加集中，发展更快，机会更多，实现个人价值的概率更大。

如今，我们出国留学，到伦敦、多伦多、悉尼和纽约这些国际大都市去深造进修，这与当初我们走进县城、省城以及到北京、上海去读书何其相似？长久以来，这些行为和决定背后的核心理念丝毫没有改变，那就是“读书改变命运”、“教育兴邦”，唯一不同的是地缘和文化意义上的差异，我们只不过从国内走到了国外，走进了一个不同的文化、语言和价值观的新世界。

当然，我们也不能否认许多中国学生出国留学还有一个目的——把英语学得更好。上两个世纪英国和美国在文化、经济、军事、政治和科学上的领先地位使得英语成为一种准国际语言。世界上许多重要的社会活动、经济事件和科学发明都是用英语记录的，美英等发达国家的媒体也在用英语传播他们的信息、知识和观念，影响遍及世界各个角落。我们掌握了英语，就如同掌握了一门世界通用语言，从这个意义上讲，英语之于世界，如同普通话之于中国。当我们在选择学习普通话、方言还是少数民族语言时，大多数人会选择普通话，因为普通话适用范围更广，接受度更高，也更容易习得，更方便和中国各地或各民族背景的人们交流。

有的家长会问，既然英语是一门世界通用语言，那我们是不是早点把孩子送出去更好？我的回答是：如果孩子出去太早，他可能由于长期接受西方文化熏陶，从而脱离了中国的根基，最终成为一个香蕉人。反过来，如果孩子仅仅扎根中国，很少与外面的世界接触，那他可能会在和世界对话时缺少应有的准备。

我相信，21世纪的今天，随着世界一体化的深入，无论是世界舞台还是经济高速发展的中国，都需要一种跨区域、跨文化、跨技能和跨语言的多元化的桥梁性人才。他们往往是一种东西两栖动物，能够南北迁徙，既有中国文化的熏陶又有西方教育的洗礼；他们深谙世界的发展趋势，知道现在的西方有更多的先进技术，现在的中国有更多的发展机遇；这种“东西合璧”型的人才无论在国内还是国外，都会很容易寻找到自己的发展空间和职业定位。

写到这里，我不禁想起了过去30年自己的生活、工作、留学和成长的历程。我上个世纪80年代上大学，毕业后留校任教10年，虽然是个英语专业的学生，但当时并没有想过要出国留学。突然有一天，我发现周围的朋友和同学都开始出国了，有的在国外大学当了教授，有的回国创业成为成功的企业家，有的把自己的跨国事业越做越红火。人是社会动物，不仅是为自己活着，他的思想、行为和价值观常常要受周围的人和他生活的那个社会的准则的影响，这是我对马克思所言“人的本质就其现实性而言是社会关系的总和”的一个新认识。于是，在这些朋友和同学的影响下，我也出国留学了。10年的大学英语老师生涯为我的澳洲留学做好了铺垫，海外的研究生专业学习和优异的考试成绩又为自己赢得了在BBC（英国广播公司）做记者的机会，英国的记者经历又为我日后加盟新东方提供了一份实力保障。今天，我已经把我的职业发展和新东方的发展连在了一起。

如果说，一个留学生只是一个点，那么千千万万的留学生就可以形成一股巨大的社会推动力。纵观中国的近现代史，中国社会每一次重大的社会变革和进步往往都是和留学生以及东西方思想的交汇紧密相关的，中国改革开放30多年所取得的成绩也佐证了这一点。这也许就是当面对21世纪的世界新格局时，中国学生出国留学以及中国留学生归国创业的大潮如此势不可挡的原动力吧！

30年后的今天，我自己的孩子也踏上了他的赴美留学之路。我深知这条路不会平坦，知道他在这条路上有时会倍感寂寞和孤独。但我为他喝彩，为他自豪，因为这是一个90后年轻人自己的选择，因为这是我从前走过的一条路，虽然坎坷崎岖，但路上的风景很美很醉人！

周成刚

新东方教育科技集团首席执行官

新东方前途出国咨询有限公司总裁

目 录

Test 4

General Training: Reading and Writing Test A

General Training: Reading and Writing Test B

周成刚、何钢权威解析“剑7”及雅思考试相关问题

Cambridge IELTS 7（即《剑桥雅思考试全真试题集7》，简称“剑7”）不仅令无数的中国雅思考生翘首期待了整整两年，也同时是每一位雅思教师梦寐以求的权威教学参考书。6月18日，“剑7”在全球同步发行。大陆考生首次与世界其他国家考生同一时间获得这一雅思考试宝典。2009年6月23日下午16:00-16:50分，应腾讯外语频道邀请，新东方教育科技集团常务副总裁周成刚以及新东方雅思名师何钢做客腾讯嘉宾访谈间，共同解答同学们关心的雅思问题。

以下为访谈实录（有删节）。

主持人：各位腾讯的网友，大家下午好！我们非常高兴地邀请到了两位重量级嘉宾到我们的直播间，我们今天的话题主要是聊一聊关于“剑7”这本书发布的一些最新情况。我先向大家介绍一下两位嘉宾。坐在我边上的是周成刚老师，他是新东方教育科技集团的常务副总裁兼雅思研究院院长，另外这位老师是何钢老师，是新东方著名的雅思讲师。请两位嘉宾跟我们网友打声招呼！

周成刚：腾讯的网友们，大家好！非常高兴在这里和大家聊天，说一说“剑7”真题最新的发布以及留学的问题。

何　钢：各位网友，大家好！

主持人：我们知道“剑7”是6月18号全球同步发行的，新东方再次独家引进这本书，中国大陆考生也是第一次能够跟全球的考生一起看到这本书，您能不能介绍一下这本书跟以前的“剑6”、“剑5”有什么区别和共同点吗？

何　钢：“剑7”之前的系列真题是先有国际版，后有国内版，而“剑7”是全球同步发行，这是第一次。“剑7”与“剑6”、“剑5”等是一脉相承的，包括四套留学类的全真试题、两套移民类的阅读和写作。至于具体考题，因为它们都是真题，所以对于考生来讲是考前最重要的参考用书之一，区别不大，最主要的价值在于它是比较新的真题，里面包含了多套2005年到2007年之前的一些考题。

周成刚：我再补充一点，新东方每次斥巨资引进剑桥雅思真题，背后有两个目的，第一个目的就是让它在全球同步发行，让中国考生第一时间拿到真题，而且少花钱，“剑7”国际版售价为50美金。

主持人：以往的考生是不是都比别的国家考生晚拿到真题？

周成刚：如果不是同步的话，就会晚，而且晚很多，通过其他的国外途径很难得到真题，而雅思真题对考生备考有直接的指导意义和参考价值。这是第一个目的。第二个目的，是新东方在美国上市之后，不断地跟国外的大公司进行合作，这些合作取得了对方的充分信任和赞赏，同时也是我们中国人尊重知识产权的表现。

主持人：考生应如何好好地利用这本书？

何　钢：我个人建议，因为它是最新的四套题，如果考生已经上过雅思的培训班或者已经用过了剑桥雅思系列真题的话，“剑7”可以成为考生在考前最好的模考题。如果在离考试还有一个星期左右可以选择做题，而且大家在做阅读和听力的时候可以作为考题来看。如果有讲解的话，会更好一些。

主持人：新东方会为"剑7"出配套的教材吗？

周成刚：会出，其实我们从"剑4"、"剑5"、"剑6"开始，每一本真题集都有配套的参考书。"剑7"刚刚出版，6月18号在全球同步发行，但是我们的几位老师，尤其是何钢老师带领的多名新东方的雅思名师，已经在精心编写解析，暑期就能跟考生见面。其实不仅是辅导书可以见面，"剑7"在暑期的课堂里边也将全国同步使用，所以这是一个非常好的消息。

主持人：去新东方报名参加雅思培训班的考生都可以拿到这本书？

周成刚：不仅是新东方的雅思学员可以拿到这本书，因为我们不仅为新东方的学员服务，同时也在为全国各地的雅思考生服务。大家可以在全国各地的书店买到这本书。

主持人：近年来，雅思考试的热度与日俱增，报考的人数也越来越多，与另外一个出国考试托福竞争非常激烈。您是如何看待这样的发展的？

周成刚：这是两个同等级别的英语水平测试，但是托福更多的是到美国和加拿大留学的同学需要参加的考试，雅思考试则更多的是到英联邦国家留学的同学需要参加的考试。随着这两年英联邦国家留学政策的开放，去英联邦国家留学的同学多了起来。从某种程度上讲，雅思考生已经超过了托福考生，而且雅思已经成为了高度认可的语言考试，能真实反映考生的英语水平。所以说不仅英联邦国家，其他好多国家也都承认它，使用它。让我们感到意外的是，美国越来越多的大学也正在接受雅思作为英语水平的标准测试。所以说现在到美国去，很多考生同样可以参加雅思考试。

何　钢：中国去年的雅思考生有26万多。

主持人：远远高于托福的考生？

何　钢：托福是10万多人次，但是雅思每个月都有四次的考试报名，也不能排除很多考生一年考了两三次的情况。

周成刚：总体的量会大很多，雅思现在已经成为中国的第一大国外考试。

主持人：在全球雅思考生中，中国考生的水平处在什么样的层次上？

周成刚：何钢老师在这方面可能更加权威。我看到的一些数据表明，中国雅思考生的水平不算太高，因为雅思考试测试的是听说读写四个方面，中国考生可能会在阅读或听力方面相对好一些，而在口语和写作方面，尤其是主观题方面，我个人会觉得会比较弱一些，这是考生普遍比较弱的一个项目。这也是传统教育理念和习惯导致的，最近两年开始在好转，但是需要时间和多年的努力才会有大的改进。

主持人：在日常的教学中，您是怎么样向学生建议，如何提高相对薄弱的环节，比如说口语和写作？

何　钢：周老师先讲一下口语，我补充一下写作。

周成刚：口语其实是一个长期的锻炼，但是不否认，考生现在都希望在最短的时间之内学好口语。作为一个口语学习者，他如果认真地去上课，去分析，听老师的一些讲解，口语学习还是有一些模式可以探讨的。比如过去的英语教学中，情景会话就是在一个特定的情景中会话的模式。而一个情景可以套用到其他的情景中去，这说明它内部是有一些规律的，就像我们中国人讲汉语一样，我们在很多场合讲的话是有套路的，这样促使你的学习可以加快。发现其中的规律就是一个方法论的问题。第二，考生不要迷信只有到了国外才能学好英语。21世纪的科技高度发展，互联网把世界变得越来越小，人们通过互联网可以了解到世界上所有的新闻，所以说对考生来讲其实有很多很多学习机会。作为一个用心的读者，他是能够学得比较快的，不一定非要出国，更多的是要利用机会学习。

何　钢：写作其实跟口语差不多，写作无非是以笔头的形式把自己的语言表达出来，写作还是要多加强输入，要加大阅读的量，看一下西方人经常讨论的话题是什么。在这一点上，更重要的是刚才所讲的，多上互联网浏览。比如说像雅思考题如果不知道该怎么回答的话，可以把这个考题的核心词在搜索引擎里搜一下，查查西方人常用的一些观点，用他们的表达和词汇来拓宽自己的知识面。自己尝试用一些句型和词汇来表达，稍微一组合，再了解一下雅思写作的特征就能写出好的作文了。这是第一点。第二点，要了解雅思写作的要求是什么，高考、四六级一般要求议论文是100多词，雅思是250词到300词的范围，所以应该论证更充分一点，表达更清楚一点。如果能够把基础提上来的话，稍微了解一下雅思的特点其实并不是特别困难。

周成刚：中国考生通常有一个误解，认为雅思考6分或者6.5分就可以出国了，一旦达到了这个分数就感觉很兴奋。其实这是国外大学提出的最基本的要求，尤其是在听力和写作方面，中国的同学要加强。应该说你再高的分数都不算高分，因为分数再高都可能在出国之后碰到一些问题。尤其是国外学习系统跟中国国内的学习系统会有所不同，它不是被动的填鸭式的听中国的老师教授一些课程，它更多的是有互动，有讨论，要大量地阅读，大量地要写论文。从这个角度来讲，中国考生要大大提高听说能力。

主持人：*您觉得2009年雅思考试的趋势是什么样的？*

何　钢：2009年，雅思考试的趋势还是比较稳定的，没有什么大的变化。这样考生就可以集中精力提高自己的英语水平，而不至于被某一些细微的考试变动分散精力。当然小的变化也有，像雅思阅读理解部分，考生特别畏惧的对错题没有出现，而文章主旨题、段落理解题占的比例比较大。雅思写作考的题型和前几年差不多，无非是需要讨论的题目或者是需要你表达同意或者不同意的题目。上周六雅思作文考的是"到底是每个人都需要学外语呢，还是那些有学外语才华的人才需要学外语，谈谈你自己的观点"，我相信这样的题，每个考生都有话可说，具有挑战性的是在规定的40分钟内怎么样能够有理有据地讲得很清楚，用250词写出来。这是一个挑战，但内容本身并不构成太大的麻烦和挑战。这种考题每年都会考到，2006、2007、2008年都考过。

周成刚：和外语相关的话题，需要研究一下雅思考试的趋势，还是有章可循的。雅思考试为什么在进入中国20年的时间里越来越受到高度的认可和尊重？其中一个原因就是它的出题的思路和背后的理念的一贯性。国内和国外的一些考试不断地在改革，改革就说明它有缺陷，它或许已经跟不上时代的某种要求了。雅思考试基本上没有什么特别的改变，它有一致性。这一点对我们的考生来说又是一个福音，从某种意义上讲真题就变得特别有用，为什么呢？你可以通过剑桥雅思系列真题明显感觉到它的出题思路和它背后的模式。这样的话，多研究一些真题，对于提高雅思分数是很有帮助的。

主持人：*托福是由以前的纸笔考改成现在的网考，雅思会不会将来有一天也发展到采取网考或者是机考的模式？*

周成刚：网考是一种发展趋势。我觉得这提供了便捷性，但是它背后的理念不会有重大的改变。雅思未来采取网考的可能性是完全存在的，有些地区已经在开始尝试了。这是一种趋势，但是它背后的核心内容不会轻易改变。

何　钢：只不过是做题形式的改变，本来是手写，现在变成了操作电脑。

主持人：*但是考生可能会对计算机操作不太熟练？*

何　钢：这个无所谓，我看到官方的说法是，在未来一段时间之内依然会给学生提供选择，可以选择网考，也可以选择纸笔考试，不会一下子都改成机考，考生不用担心。

主持人：*大部分雅思考生的目的还是出国留学。现在出国留学呈现了低龄化的趋势，比如很多高中生不在国内上大学，而选择去国外上大学。对于这些学生你们有什么建议？*

周成刚：许多学生高中毕业后去英联邦国家或北美国家读本科，这是一个大的趋势，尤其是在过去的两年里，这种趋势表现得尤为明显。我们可以推测，留学竞争的激烈性提前到来了。很多人觉得应该更提前一点出去，在国外待得时间更长一些，这样更容易帮助他们融入国外主流社会，更容易帮助他们提高竞争力。当然还有一个重要的原因，就是出去以后可以把英语学得更扎实、更好。

主持人：很多高中生的雅思成绩达到了学校的申请分数线，但是其实他的英语能力并不能够适应当地的生活或者是学习，这样的考生到了国外应该怎么样应对这样的状况呢？

周成刚：我不否认有这样的现象存在，但是大部分学生出国后是能够适应的，这是最基本的要求。有些学生考试成绩还不错，但是出去之后不适应，比如国外的一些大学老师上课讲话还有口音，学生于是很不习惯，而且还要读那么多书，要写那么多论文，这就更需要做好充分的准备。新东方在准备开一些课，就是准备针对这种现象的：学生已经拿到了国外大学的录取通知书，但是他还有三个月或者是半年才出去。有的同学认为我已经拿到通知书了，就拼命地玩，不再学习。我们现在开设的一些课，就是让他们充分利用这段时间，帮助他们在进入大学或者研究生课程之前能够完成一些衔接的课程，就是帮助他们过渡。让学生了解国外原来是这么学习的，国外原来是要注重这方面的，论文是这样写的，等等。这是我们准备要做的一件事情。

主持人：高中生需要多长时间来准备雅思考试？需不需要参加培训？

何　钢：需要多长时间取决于两个要素，第一，这位高中生现有的英语水平怎么样；第二，他需要拿到怎么样的成绩。我认为，如果时间比较充裕的话，应该准备6到9个月比较好一些。一般来讲，大概用4到5个月左右的时间打基础，像高中生的词汇量大概是3,000左右，如果是按照新课标能够达到4,000，老课标是2,000多。拿写作来讲，高考的作文要写100来词，雅思要写400词，这方面需要把基础提高上来。然后用两三个月做真题就能达到要求。当然也不是所有的考生都需要那么长时间。

周成刚：把这个概念再延伸一下的话，除了考试还要完成出国手续，所以在这个基础上还要再加上半年的时间。最长不超过一年半的时间，就可以把这个过程都完成了。所以对于一些现在准备或者说不远的未来即将准备让孩子出国的家长或者是孩子本人，我们要有提前的准备。

主持人：国外的本科院校一般要求雅思成绩多少分？

周成刚：学校不同、专业不同，情况也不同。总体来说，好的学校会高一点，最低的大概是在6分，一般都要达到6.5分，个别的要达到7分。这就是说，1分的差别还是蛮大的，所以说跟专业、跟学校自身的品牌度有关。

主持人：中国学生一般都选择哪些专业就读呢？有没有统计过？

周成刚：过去中国的留学是集体无意识，现在是集体有意识，有计划，有组织，有秩序，变得更加理性。但是理性当中也有不理性。比如说商科火，大家就一窝蜂全部去读商科，结果毕业后不好找工作。我相信这背后有实用性使然，这是可以理解的，就是说要尽快找到工作，挣到养家糊口的钱，之后再追求职业发展。但是所有的人都挤到一个通道里边的话，你会发现，其实你走得更慢，反而走不通。我个人认为，应该把学生的能力、兴趣和他的专业结合在一起，就容易让学生尽快走上职业发展的快速通道。从这个意义上讲，中国家长，包括我自己在内，如果有严重的跟风倾向其实是很危险的。

主持人：现在正处于金融危机时期，人民币坚挺，留学的费用可能相对有所降低，所以留学热从去年到现在发展到越来越高的一个阶段。很多家长和学生甚至白领都觉得现在出国留学是一个好时机。您怎么看呢？

周成刚：金融危机对中国有没有影响？多多少少有一些影响，但是为什么我们的影响显得那么小？有几个原因，第一个是金融危机对中国的影响不是非常严重，我们国家的经济还能保持不错的增长率。第二个是人民币的兑换率还能保持相对坚挺，所以某种意义上，出国的门槛在不断降低。第三是世界各国的留学政策在不断放松，他们都在争夺中国市场的生源。总体上，出国留学是社会发展的趋势，为什么中国有那么多人都出国？因为人们感受到了出国带来的一些实在的好处。我唯一要跟大家建议的是不要盲从，要理性，不要跟风，要有自己的个性，要有自己的安排和选择。无论是对自己的经济实力，还是孩子的兴趣和专业的选择以及未来他在国外还是在国内工作这些方面，都要有理性的分析和判断，因为出国留学是对孩子一辈子的投资。

主持人：因为雅思考试的全球认可度越来越高，大家也越来越希望通过雅思考试来出国。何钢老师对雅思考生在平时如何提高英语能力方面有什么好的建议呢？

何钢：第一个就是不要光盯着考试本身，要了解考试本身只不过是留学过程中的一个步骤罢了，所以一方面要准备雅思考试，另一方面也要趁机把自己写论文的能力、跟别人用英语交流的能力提高，这是第一点。第二点是要制定一个比较好的规划，比如说你用多少时间，每天需要付出多少，给自己制定一个规划，这样免得耗费时间。雅思一次考不过，可以考多次，最好把时间安排好，用多长时间提高基础，多长时间做真题，做多少遍，把这个规划制订好了之后，然后在老师的引导下就可以参加考试了。

主持人：一定要制订很好的规划，合理地安排时间。

周成刚：考试成绩不能百分之百代表学生的真实水平，所以考试之后还是需要大量阅读、思考、做题或者是看书，来不断提高。因为英语不是我们的母语，要多练习巩固。今年的北京市高考文理科状元，人大附中和101中学的两个学生，都参加了新东方的培训课程，一个正在读新东方的GRE课程，另一个在新东方上过三门课程。其实这些同学正是在有意识地不断巩固自己的各方面能力。

主持人：何钢老师，您对雅思考生还有什么样的建议？

何　钢：有两点，第一点是扎扎实实地提高自己的英语基础，第二点，通过做“剑7”真题，掌握出题的思路，从而在考试中取得优秀的成绩。

主持人：周老师对于想出国留学的学生，再给他们一些好的建议？

周成刚：我给他们的建议是要更理性地来判断，来选择。出国不是唯一选择，但是它是通向我们职业发展的一个重要的选择。出国不等于幸福，不等于财富，不等于成功，但是它是通向幸福、财富和成功的一条重要的途径。最后我要说的，今天正好是高考分数揭晓的日子，很多学生正在计划着在中国上大学、国外上大学以及未来的职业发展，我特别祝贺北京的文科状元和理科状元，文科状元是101中学的刘庭梅同学，理科状元是人大附中的宁少阳同学，这两位同学都曾经在新东方学习过，我对他们取得的好成绩表示热烈的祝贺！

主持人：也是新东方培育了我们的状元。非常感谢两位老师接受我们的采访。

周成刚：谢谢大家！这也是我们的荣幸。

主持人：本次访谈结束，谢谢！

Test 1

LISTENING

SECTION 1

场景背景介绍

一位女士将要到达多伦多机场，最终目的地是加拿大一座叫作Milton的小城。女士在出发前打电话给多伦多机场咨询中心询问到Milton的最佳路线和方案。咨询人员热情给出几种不同的选择，并对各自的优缺点进行了详细说明。通常英联邦国家的交通极为发达，可选择的旅游交通路线及方式非常丰富。女士最终选择了相对比较便宜、且时间安排上比较方便的机场大巴（Airport Shuttle Bus），随后双方沟通了订票所需的一切必要信息。事实上对于广大考生而言，此对话在未来绝大多数情况下会发生在下飞机后到travel center/agency订票时的面对面沟通，而非电话形式。

本节必背词汇、词组

transport information	交通信息（咨询中心）	whereabouts	*adv.* 在何处 *n.* 行踪，下落
airport	*n.* 机场	departure	*n.* 离开
rent	*n.* 租金 *v.* 租	depend on	取决于
option	*n.* 选择	flight	*n.* 航班
at least	至少	hang on	稍等
public transport	公共交通	private address	私人地址
comfortable	*adj.* 舒适的	reserve	*v.* 预定
cab	*n.* 出租车	fill out	填表
available	*adj.* 可用的	time of arrival	到达时间
greyhound	*n.* 灰狗巴士	baggage	*n.* 行李
shuttle	*n.* 往返汽车；航天飞机	fare	*n.* 费用
budget	*n.* 预算	in advance	提前

词汇拓展

airport fee	机场费	arrival	*n.* 进站（进港、到达）
international airport	国际机场	customs	*n.* 海关
domestic airport	国内机场	gate/departure gate	登机口
airport terminal	机场候机楼	departure lounge	候机室
international terminal	国际候机楼	flight number	航班号
international departure	国际航班出港	arriving from	来自……
domestic departure	国内航班出港	scheduled time (SCHED)	预计时间
satellite	*n.* 卫星楼	actual time	实际时间

delay	n. 延误	transfer correspondence	中转处
boarding	n. 登机	nothing to declare	不需报关
currency exchange	货币兑换处	goods to declare	报关物品
baggage claim	行李领取处		

文本及疑难解析

1. In that case the quickest and most comfortable is a cab and of course there are always plenty available. 如果是这种情况，最快最舒适的是出租车。当然出租车非常容易打到。本句中的cab在考试中出现得相对比较少，但需注意在美国和加拿大英式英语中的taxi通常会变成cab。其他典型替换如：petrol—gas，film—movie，因此考生在复习中应该注意积累英式英语与美式英语中的少数不同词汇。
2. I think for that kind of distance a cab would be way beyond my budget. 我觉得这样的距离对我来说超出预算太多了。此处“way beyond”指“比……高，比……有所超出”，等于far beyond，例如：His exam result is way beyond my expectation. 他的考试结果比我的预期高出许多。
3. But whereabouts does it stop in Milton? 但具体在Milton哪里停呢？ whereabouts 一词通常在文句中询问更进一步的具体方位。
4. It's a door-to-door service and it would suit you much better, because there's one every two hours. 这是种送到门服务，而且会更适合你，因为每隔一小时就有一趟车。door-to-door字面含义是“门对门的”，可理解为“车门对目的地之门”，事实上指将乘客送到目的地门口。
5. Yes, that'll be fine, provided I can book the return trip once I'm there. 可以，那很好，只要我一到那就能订到回程票。provided此处非被动语态或条件从句，直译为“只要”。

题目解析

本节出现的题型依然是典型SECTION 1出现频率极高的纵轴个人信息表格(form)题。需填写的信息依旧主要为名称、日期、地点等，很多是细节信息，需要注意听录音及记笔记。

1. 原文提到But it will cost you. 指的就是比较昂贵，也就是expensive，因此可知答案应该就是出租车，cab或taxi。本题的难点在于cab，这是美式英语出租车的说法，可能由于考生为准备雅思考试而对这个词不非常熟悉。
2. 答案为直叙。It goes directly from the airport here to the City Center. 直接从机场开到市中心。答案很明显，只要听清楚了原文，就没有解题难度。
3. ...so you would have quite a wait. 考生会由于不了解quite a wait(等很久)这个口语习语而错过答案。
4. 本题其实并不难，听清楚了原文提到的It's a door-to-door service就不难得出答案为door-to-door。有些考生觉得难，可能是因为不熟悉door-to-door的用法和含义，但依然应该按原文中所捕捉到的发音对应出最简单词汇。
5. 题干中的need to原文重现：But you do need to reserve a seat. 直接写下后面紧跟的reserve a seat就可以了，当然也可以就写reserve。
6. 原文出现混淆性信息16th of October，但立即又给出非常明显的信息修正标志性语言oh, no, sorry。这是考试中极为常见的改主意的语言，后面所跟的通常才是问题的答案。本题也是如此，后面就出现了一个正确的时间：I arrive on the 17th. 结合上下文，知道应该是 17th of October。
7. 原文先行给出12点，又给出12点半。按照规律，后出现的信息为正确答案。而且，原文中的女士提出12点时语调上行，表示信息未结束。应该注意捕捉之后的内容。
8. 注意不要被原文的混淆信息“p”所迷惑，在涉及名字的时候，如果原文有拼写，一定要认真听其拼写。注意首字母大写。

9. 原文直接出现了答案，注意听写数字即可。一般航班号码在机场或者机票中的体现均为大写。

10. 第10题的信用卡号码出现了16位数字，这在考试中并不多见。考生有可能写完8位数字后放松警惕且未预料到后面依然出现了数字而没能记住。因此，在练习过程中尽量多注意英美少数词汇的不同使用，且注意考试中的高位数字。

SECTION 2

场景背景介绍

旅行社对自身的历史、规模和服务进行了简短的介绍。西方国家的旅行社通常会将自己的介绍放在电话咨询服务中，如果顾客需要了解关于旅行社的一些简要信息及服务可以直接从录音中获取，之后可以选择是否再转至人工台进行咨询。PS Camping的主要旅游目的地分布在欧洲各地，特别是那些为儿童提供的全天式的活动，可以让家长在孩子假期时非常放心。如果顾客能够成功地将旅行社推荐给自己的亲戚朋友，双方都能够获得一定程度的奖励。额外的旅游设备也能够在需要的时候由旅行社提供。

本节必背词汇、词组

audience	*n.* 观众	enthusiastic	*adj.* 热心的
background information	背景信息	mime	*n.* 模仿表演，哑剧表演
retail chain	连锁零售	competition	*n.* 比赛；竞赛
camping	*n.* 露营	model making	模型制作
campsite	*n.* 露营地	child-friendly	*adj.* 方便儿童使用的
continental	*adj.* 大陆的	occasionally	*adv.* 偶尔
exclusive	*adj.* 严格限制的；独有的	insurance	*n.* 保险
majority	*n.* 大多数	reservation	*n.* 预订
expand	*v.* 扩大；扩张	recommend	*v.* 推荐
particularly	*adv.* 特别是	regular	*adj.* 经常的；定期的
mountainous	*adj.* 多山的，山地的	special offer	特价
region	*n.* 地区	luxury	*n.* 奢侈，高级
considerably	*adv.* 非常地；相当地	tent	*n.* 帐篷
original	*adj.* 原始的；原来的	standard	*adj.* 标准的 *n.* 标准
superb	*adj.* 极好的，一流的	high-quality	*adj.* 高质量的
facility	*n.* 设施	barbecue	*n.* 烧烤架；烧烤
occupy	*v.* 占有，占用；忙于	blanket	*n.* 毯子
take advantage of	利用	mop	*n.* 墩布，拖把
well-qualified	*adj.* 高素质的	bucket	*n.* 桶

词汇拓展

keepsake	*n.* 纪念品	marine life	海洋生物
knick-knack	*n.* 小饰品	meadow	*n.* 草地，牧场
local guide	地陪	parachuting	*n.* 跳伞

ramble	n. 漫游	package tour	打包旅行
rainforest	n. 热带雨林	spotlight tour	集中精华游
resort	n. 胜地，常去处	outing	n. 短途外出

文本及疑难解析

1. The company started twenty-five years ago. It actually opened as a retail chain selling camping equipment, and then twenty years ago, it bought a small number of campsites in the UK, and began offering camping holidays. 公司在25年前建立，起初只是售卖露营用具的连锁零售商。20年前收购了英国一小部分露营地点，从此开始经营旅游度假业务。
2. We've upgraded all these Spanish sites, and improved them considerably from their original three-star rating. 我们已经升级了所有这些西班牙旅游点，使得他们从原本的三星级得到了巨大提升。
3. Each day kicks off with a sports match, perhaps football, or volleyball, followed by an hour of drama for everyone. 每天都以一个体育比赛开始，可能是足球或者排球，之后都会有一个一小时的戏剧表演。kick off本指"开球"，现在这个俗语几乎可用在任何方面来指事情的开始，美国人还经常用这个词指竞选活动的开始。
4. Children's evening activities usually finish at 9.30, or occasionally 10, and from 10.30 holiday-makers are expected to be quiet in the areas where there are tents. 孩子们的夜晚活动通常9点半结束，偶尔在10点。从10点半起帐篷区才有望保持安静。holiday-maker指"度假者"，在本句中指的就是参加度假的孩子们；相应的，make holiday指的就是"度假"。
5. As a regular customer, you'll be kept informed of special offers, and your friends can benefit from ten per cent off their holiday, or book a luxury tent for the price of a standard one. In return, we'll send you a thank-you present, which you can choose from a list of high-quality items. 作为常客可以随时了解我们特价活动的信息，您的朋友们在这里预订他们的旅行服务时可以享受9折，或者可以以标准帐篷的价格使用高级帐篷。作为回报，我们会让您选择一个高质量的小礼物，以作酬谢。keep informed of "告知，使……一直了解"，是个固定搭配。例如：Please do keep me informed of the latest news. 请确保要让我知悉最新消息。
6. Inside, a box of games and toys can be found, and children's tents can be hired if required. 那里面有一盒游戏和玩具，如果需要的话，还可以租用儿童帐篷。
7. All tents have a fridge, and if you want to spend the day on the beach, for example, ask for a specially designed PS Camping cool box, which will keep your food and drinks chilled. 所有的帐篷都有冰箱，但如果您想在海滩上消磨一天可以要一个PS Camping特别设计的冷箱，这可以使您的食品和饮料保持冰凉。
8. There are excellent washing facilities at all our sites, with washing machines and clothes lines in the central areas, along with mops and buckets in case your tent needs cleaning during your stay. 我们所有的旅游点都有非常棒的洗衣设备。中心区有洗衣机和晾衣绳，还有墩布和桶以便旅行期间您需要清理自己的帐篷。facility 一般用作复数，指"设备；设施"，还可指"服务"。

题目解析

本节难度比Section 2的平均难度稍大。大量具有混淆性的选择题使得丢分几率也大大增加。

11~16题为单选。

11. 信息比较复杂，需要注意题干中的organising holidays指"组织旅游"，与原文提到的offering camping holidays是同个意思，因此答案应该是20年。而之前出现的25年仅只是公司到目前为止创立的年限。
12. 解题关键在于题干中的most，原文提到：France is where we have the majority of sites. 可知在法国有着最

多的旅游地。Majority与most同指“最多的”。其他几个选项也在原文中出现了，但目前大多是在法国。

13. 本题较难，如果考生稍不小心或没有理解原文就很容易做错。题目问的是每天都会组织进行的活动。多数考生会抓住原文中的each day和sports match，而选项中又适时地出现了football，就以为A为答案。其实这个选项是个巨大的陷阱，而正确答案是紧跟在后的drama。原文提到，每天有体育比赛，有时是足球，有时是排球，因我们不能直接演绎每天都有足球比赛，而之后的drama（戏剧表演）才是每天都会进行的活动。
14. 原文连续给出三个选项均出现的时间，而答案10点半之后给出了一个quiet，对应题干的no noise。A、B选项出现的时间是活动结束的时间。这种题型中，如果实在不确定答案，就直接选择最后一个。按照语言特点，通常人们会把重要信息放在最后说明。
15. 本题难度较高，很多考生不了解国外的保险业务与旅游之间的关系。国外的旅游一般都要求要有保险，从常理而言，没有保险一定要自己进行安排，毕竟没有保险出游还是会有风险的。原文中明确提到了“如果顾客没有保险，必须在预定的时候上保险”，选项A和B并未提及。
16. 本题具有一定的难度，需要理解原文才能解答。题目问的是推荐朋友来参加旅行的顾客会得到什么；需要注意是推荐者本人应得的东西，而不是被推荐者。选项的三项信息在原文都有所涉及，但原文提到：您推荐朋友来，我们可以给您的朋友打九折或者是以普通帐篷的价格享受豪华帐篷，而您本人呢，则可以得到一份免费的礼物。很明显的，答案应该是A。

最后4道多项选择题显然是冲击高分的题目，必须完全理解原文才能做对。

17. 原文：You can borrow a barbecue...，borrow表明是借用。如果帐篷内没有就只能向组织方索要，与C选项的on request同义。
18. 本题难度非常大，原文的inside指“在帐篷内”，需要联合本段的第一句When it comes to our tents...来理解才知道是在帐篷内。
19. 原文：...ask for a specially PS Campin cool box，ask for 表明cool box事先并不提供，必须要求才会有。与17题同理。
20. 本题难度不大，原文直接给出in the central areas。

SECTION 3

场景背景介绍

一位管理学科的导师对两名学生的调研进行辅导，在过程中导师不断对学生的研究进行提问，目的在于激发学生的独立思考能力及发掘遗留问题。二者发觉管理者不仅应该对个体员工进行管理，还要使有能力的员工组成团队，发挥所有人的才能和创意，这才是最有效的管理。对话中提及了一些管理学科中的细分内容，例如组织心理学及行为学、组织变革、企业文化等等。

本节必背词汇、词组

workplace	*n.* 工作场所	attitude	*n.* 态度
individualism	*n.* 个人主义	diversity	*n.* 多样性，差异
family business	本国企业	behave	*v.* 行为，表现
multinational company	跨国公司	personality	*n.* 个性
fundamentally	*adv.* 基本地	gender	*n.* 性别
contribute	*v.* 作贡献	variation	*n.* 差异

encourage	*v.* 鼓励	co-operation	*n.* 合作
creativity	*n.* 创造性	conformity	*n.* 顺从，服从；一致性
unfortunately	*adv.* 不幸地	personnel department	人事部门
conflict	*n.* 冲突	applicant	*n.* 申请人(者)
utilize	*v.* 利用，使用	psychological	*adj.* 心理学的，心理上的
identify	*v.* 识别；辨认，区分	convince	*v.* 说服
in fashion	风行，流行	overrate	*v.* 评价过高，高估
neglect	*v.* 忽略，忽视	demonstrate	*v.* 展示，表现
responsibility	*n.* 责任，职责	recognition	*n.* 认可，承认
individuality	*n.* 个性，独特处，个人特质	priority	*n.* 优先，优先权

词汇拓展

flexibility	*n.* 灵活性	upgrade oneself	提升自我
adaptability	*n.* 适应性	inspiring	*n.* 鼓舞人心的
competitive	*adj.* 竞争激烈的	motivation	*n.* 动机
team-work spirit	团队合作精神	workaholic	*n.* 工作狂
a fat salary	收入颇丰	working environment	工作环境
sense of responsibility	责任感	work overtime	加班
material gains	物质待遇	social recognition	社会认可
promising future	前途大好	promotion opportunity	提升机会
bright prospect	光明的前景		

文本及疑难解析

1. There are lots of reasons but research has shown a lot of it comes down to personality. 有很多不同的原因但研究表明其中的大部分来源于性格。 it指代原文上一句提到的behave differently; come down to 意为"(情况、结果等)由……决定，依赖于……"。
2. Well, currently teamwork is in fashion in the workplace and in my opinion the importance of the individual is generally neglected. 目前在工作中提倡团队合作，但在我看来个体的重要性被普遍忽视了。
3. What managers should be targeting is those employees who can take the lead in a situation and are not afraid to accept the idea of responsibility. 管理者需要将自己的工作重点放在那些能够承担领导任务和不怕接受责任的人身上。take the lead 意为"领先，带头，以身作则"。
4. ...I think one of the most important tasks of managers is to consider the needs of the individual on one hand and group co-operation and conformity on the other. 我认为管理者最重要的任务一方面是考虑个体员工的需求，另一方面要考虑团队的合作及统一。on one hand...on the other意为"一方面……另一方面"，连接两个并列的结构。
5. It requires creative thinking on the part of management to avoid tension. 它需要通过管理者的创造性思维来消除紧张状态。on the part of... 意为"在……的一方"。
6. When the personnel department is choosing between applicants they need to look for someone who's broken the mould and can think for themselves. 当人事部门招聘时，应该在应聘者中寻找能够打破常规并能独立思考的人。此处指个体员工的需要和特点也是非常重要的，而大多公司过于强调团队合作却忽视了自

我。break the mould 意为“打破常规”，think for onself 意为“独立思考，自己作出决定”。

7. In fact, for some organizations creativity and individuality may be the last thing they want to see during working hours! 事实上，在某些公司创造性和个性是在工作时间内最不愿被看到的。the last thing 本指“最后做的事情”，此处指在一些公司最不希望员工做的事。

题目解析

本节是常规的教授与学生之间进行课业讨论，难度适中。所有的填空题均为原文重现，未出现混淆性信息，考生只要理解了文章含义就一定能做对。

21~23题为填空题。

21. 原文给出与题干相同的单词ideas，之后紧跟but it's also their attitudes，but之后出现的总是正确答案。
22. 原文先提到了个体表现差异的一个原因是personality，题干中出现了；接着提到and the other factor is gender 表明另一个因素就是gender，也就是答案。
23. 注意本题的副标题中出现了diversity，原文也出现了该词，而原文exposure to such diversity helps encourage creativity也就是题目中所问的diversity的优点，develop对应原文中的encourage，因此不难得出答案为creativity或creativeness。

24~27题为选择题，相对比较“绕”。

24. 原文What managers should be targeting is those employees who can take the lead in a situation... take the lead此处是指员工可以成为潜在的领导者，他们才是公司应该关注的目标。选项B指对新观念的开放态度，而原文是指不怕接受责任观念，选项B夸大了这一观念，不符合题目要求。有考生会认为是C选项的good at teamwork，需要注意考试中的语言一定是直接推导，不能跳跃，而且必须遵从原文。成了领导者才能认为这名员工可能会擅长于团队合作，但原文的take the lead只能直接推导出成为潜在的领导人。
25. 最大难点在于：原文用“一方面……另一方面”来表现管理者必须考虑到的两方面，而选项与原文中的说法又不相同，在做题时会出现为分辨选项中的差别而忘记原文出现了什么词汇的情况。本题对考生词汇的要求比较高，需了解原文中的tension在本节语境下可以等同于conflict。
26. 原文与选项最大的差别在于共同的who can think之后一个是for themselves，另一个是independently。两者直译为“自己思考”和“独立思考”，都指“独立思考”，同义。
27. 选项A在原文中是指员工的表现是公司期待的，而不是管理者自身的行为表现。原文的this happens right at the beginning对应了选项encourage cooperation early on。C选项的financial incentives指金钱的刺激，原文中直接否定：and this isn't always just money（这并不总是仅仅指钱）。

28~30题为填空题。

28. 题干中的recognise一词在原文中出现，定位比较容易。题干的表述是原文的另一表达方式，都表达了管理者所该有的两大品质：理解员工和认同企业文化。
29. 本题的答案原文出现了两次。第一次说明there's a need to increase profit, 之后又确认了managers may have to give priority to profit，表明需要优先考虑profit，也就是题干所想表达的profit比个体员工的满足更为重要。
30. 题目问管理者需要解决什么问题。原文两次提到管理者们需要考虑员工的紧张情绪，分别用了stress和strain这对同义词，对这两个词的理解是解题关键。

SECTION 4

场景背景介绍

一位女士在一个小型研讨会中向听众介绍在纳米比亚考古的初步研究结果。在纳米比亚的石刻艺术中最著名的是石刻画和石雕。现代人对这些物件的理解是古纳米比亚人会利用这些图画对孩子进行简单的教学，但依然有许多的谜团和奇异的现象是不能够被解释的。这些考古遗迹被开发后还遇到了非常大的问题——人为破坏。演讲者向听众提出了一些要求，说明参观时的注意事项，这样才能更好地保护这些文化遗产。

本节必背词汇、词组

seminar	n.（小型）学术研讨会
archaeological	adj. 考古的，考古学的
fieldwork	n. 野外实地调查
fantastically	adv. 绝妙地，极好地
participation	n. 参与；出勤
introduction	n. 概括，介绍
contemporary	adj. 当今的，当代的
interpretation	n. 翻译，理解
engraving	n. 石刻
footprint	n. 足迹
scholar	n. 学者
track	n. 轨迹，足迹
mystery	n. 秘密；谜团
illustration	n. 说明
accurate	adj. 正确的
identifiable	adj. 可辨认的
unrealistic	adj. 非现实的
researcher	n. 研究人员
complex	adj. 复杂的
unintentional	adj. 非故意的，无意的
observe	v. 观察
disrespectful	adj. 忽视 不尊重
priceless	adj. 无价的
fragile	adj. 脆弱的
precious	adj. 珍贵的
intact	adj. 未开发的，原封不动的，完整的

词汇拓展

field observation	实地观察
field of view	视野；视场
field size	农地面积
field sketching	实地描绘
field study	实地考察
field survey	实地调查
environmental conservation	环境保护
environmental constraint	环境限制
environmental degradation	环境退化
environmental improvement	环境改善
environmental lapse rate	环境递减率
environmental risk	环境风险
humid climate	湿润气候
humidity	n. 湿度
humification	腐殖质化〔作用〕
marine climate	海洋气候
mountain climate	山地气候
mountain range	山脉

文本及疑难解析

1. I'm going to give you some do's and don'ts for our fieldwork trip in April—so please listen carefully. 我将要告诉大家一些我们在四月的野外实地调查中该做的和不该做的事项，请仔细听。do's and don'ts意为"该做的和不该做的"。
2. We are very fortunate to be going to an area where you can find some of the most important sites in the entire world. 非常幸运我们将要去一个大家能够找到一些全世界最重要的考察地点的区域。
3. ...this rock art was like a school book with pictures to teach children about tracks... 这些石刻艺术就像带有图片的教科书一样可以教给孩子们关于如何找寻踪迹。
4. And another mystery—some of these unrealistic animals—that's in the engravings—seem to be half human. 另一个神秘的地方是，石刻上的一些动物是虚幻的，看上去半人半兽。
5. Many researchers now think that these were pictures the wise men engraved of themselves. 许多研究人员现在认为这些图像是一些聪明的人按自己的样子刻上去的。Engrave on/upon 意为"深深铭刻在…"，be engraved in stone 意为"已定的，不可更改的"。
6. Rock art is fragile and precious. 石刻艺术很脆弱也很珍贵。
7. So no heroics in Namibia, please! 因此在纳米比亚不要逞英雄！heroics指(过分或出人意料的)大胆行为或言词，如perform heroics就可指过分地表现，哗众取宠地表现自己。
8. And lastly please don't even move rocks or branches to take photographs—you should leave the site intact—I'm sure I can rely on you to do that. 最后请不要为拍照而挪动任何石雕或树干，我们要保持其完好无损。相信大家都能做到。rely on sb. to do 意为"相信某人做到某事"。

题目解析

考古类的题材通常会令考生感到恐惧，但冷静下来会发现需要填写的词汇基本都属于大学英语六级范围。SECTION 4尤其着重考查考生的词汇。

31~40题为填空题。

31. 除词汇题以外有可能会出错的是31题，原题中的to Namibia in _____ 如果不能预测出 in 之后跟着的是什么信息，此题无论听多少遍都可能没有收获。因此，复习中需要加强对读题的训练。本题中对原题进行分析，初步推测出需要填写的很可能是交通工具、地点或时间。本节中几乎所有的题目都可以顺利预测所需词性，原文中的核心词在题干中只进行了少数替换。
32. 在SECTION 4中的填空题原文与题干的相似度会减弱，题干中to help____ learn，在预测时可以判断需要的是名词，而且应该是人。就对应到原文出现的to teach children about tracks，children是唯一出现的人物，因此就是题目的答案。
33. 原文中的you see the tracks are repeated出现时许多考生没有意识到答案在此时给出了，但如果能注意到副标题的But，以及它在原文中的出现对捕捉答案会有极大帮助。原文以but引出了好几个谜团，接着就提到了第一个谜团，这也就是题干所要表达的。在Section 4中的副标题通常对解题有很大的帮助，请考生一定要用笔特别勾出。
34. 审题的时候可以看出来，题干所指的是第三个谜团。此题没有用任何其他的词汇替代题干中的half，答案直接陈述，也就是原文提到的half human。另外一种用来表达half的方式是semi。
35. to control wild animals with... 与原文的they could use...(magic) to control the animals对应，完全相同的意思用不同的句型来表达了，答案就是原句的magic。
36. 题干将原文两句话合并成一句来表达，原文This can really help to reduce visitor pressure 中的this指代的就是前一句observing at a distance，observe与题干的look同义，对比之下，不难得出答案。

37. 题干中的people from that culture与原文的people of that culture仅差一个介词，意思相同。
38. Undiscovered material may be damaged by_______. 原文中首先提到了不要在野外生火（make fires），然后又出现了一个by doing so（这样做）会毁坏很多尚未发现的珍贵物质，此处的by doing so指代的就是前面所说的在野外生火，而且根据原文的you can easily burn中的burn也可以推断出by doing so指代的就是make fires。还可以填入burning，表达意思相同，且符合题干语法。
39. 本题在处理信息时需要理解题干表达的是未被发掘材料会被损害的负面含义，因此在参观的时候需要避免某些行为。原文的NEVER表达也是负面的，共同的介词by之后紧跟答案。
40. 此题不难，题干与原文的leave the site完全相同，本题的解题关键在于很多考生不熟悉单词intact而难以答题。

READING

READING PASSAGE 1

篇章结构

体裁 说明文

主题 走近蝙蝠

结构 A 段：为什么蝙蝠在夜晚捕猎。

B 段：蝙蝠以及其他夜行动物。

C 段：如何在黑暗中行动。

D 段：神奇的面感视觉。

E 段：雷达与声呐。

必背词汇

A 段

prey	*n.* 被捕食的动物，猎物	go way back in	追溯到
obstacle	*n.* 障碍物；障碍	ancestry	*n.* 祖先，世系
making	*n.* 构造，结构；天性	dominate	*vt.* & *vi.* 控制，支配，统治
daytime economy	白天的营生，这里指白天出来捕猎的行为	mammalian	*n.* 哺乳动物 *adj.* 哺乳动物的
		scrape	*vt.* 设法得到；刮，擦
exploit	*vt.* 开采；开发 *n.* 业绩，功绩	scrape a living	勉强够维持生活
alternative	*adj.* 两者择其一的；另外的	mass extinction	大规模灭绝
favour	*vt.* 青睐；有利于；便于	emerge into	出现/显露在……
make a go of	成功	substantial	*adj.* 大量的，可观的
nocturnal	*adj.* (动物)夜间活动的		

B 段

in the absence of	缺乏；没有	scatter	*vt.* & *vi.* (使)散开，(使)分散；驱散
muddy	*adj.* 泥泞的		
obstruct	*vt.* &*vi.* (阻)塞；遮住，阻挡		

C 段

manoeuvre	*vt.* 熟练而巧妙地操控	prohibitive	*adj.* 过分高昂的；负担不起的；这里引申为巨大的
occur to	发生在，被想起/到		
manufacture	*vt.* 制造 *n.* 制造品，产品	expose to	暴露于
lantern	*n.* 提灯；灯笼	detect	*vt.* 侦查；探测
searchlight	*n.* 探照灯	fraction	*n.* 一部分；一小部分
mate	*n.* 配偶 *vt.* & *vi.* (使)成为配偶，(使)交配	a fraction of	一小部分
		bounce	*vi.* 反跳/弹；颠簸弹起，反射

immensely	adv. 非常，极大地	weird	adj. 奇异的，离奇的
illuminate	vt. 使明亮；照亮	apart from	除……之外

D 段

uncanny	adj. 超人的；不寻常的	referred pain	莫名的疼痛，牵连痛
facial vision	【心】面感视觉	phantom limb	【心】幻肢
tricycle	n. 三轮脚踏车	rely on	依赖，依靠
sensation	n. 感觉，感受，知觉	codename	n. 代号，代码

E 段

natural selection	自然选择，物竞天择	navigation	n. 航海
perfect	vt. 使……完美；改善	admiration	n. 钦佩，赞赏；引人赞美的人或物
feat	n. 功绩，成果	underlying	adj. 根本的，基础的
detection	n. 探测，侦查	coin	vt. 创造；捏造

难句解析

1. Given that there is a living to be made at night, and given that alternative daytime trades are thoroughly occupied, natural selection has favoured bats that make a go of the night-hunting trade.

参考译文：鉴于有些生物要在夜间谋生，并且白天的猎物资源都已经被占用，自然选择最终使蝙蝠们在夜间捕猎行当里大显身手。

语言点：

（1）given that... 鉴于；考虑到；如果

Given that they are inexperienced, they've done a good job.

在缺乏经验的情况下，他们已经算做得不错了。

与given that功能相似的原因连接词还有：

seeing that , now that, considering that, inasmuch as, insomuch as, in that

（2）favour的用法：

favour作为名词的用法：

do sb. a favour 帮某人忙　　gain favour with sb. 赢得某人的欢心

fall from favour 失宠　　favours over prices 价格优惠

under favour of night 在夜幕的掩护下　　a man who acts only in his own favour 只为自己着想的人

favour作为动词的用法：

Kindly favour us with an early reply. 请早日回复。

He was favoured with intelligence. 他天赋聪明。

She favoured his cause with ample funds. 她慷慨解囊资助他的事业。

A teacher should not favour any of his pupils. 老师不应该偏袒任何一个学生。

Good weather favours the harvesting. 好天气有助于收割。

2. The Sonar and Radar pioneers didn't know it then, but all the world now knows that bats, or rather natural selection working on bats, had perfected the system tens of millions of years earlier, and their "radar" achieves feats of detection and navigation that would strike an engineer dumb with admiration.

参考译文：当时的雷达声呐技术先驱们毫不知情，但现在所有人都明白了正是蝙蝠，或者说是自然选择在蝙蝠身上的鬼斧神工，早在几百万年前就已经使这种技术达到完美境界，蝙蝠的“雷达”在探测及导航方面取得的完美成果足以让人类工程师佩服到哑口无言。

语言点：

（1）perfect作为动词的用法：

- 使完美；改善；提高：go to England to perfect one's English 为提高英语水平而去英国
- 使完全；使完成：perfect a plan 实现计划
- 使精通；使娴熟：perfect oneself in every aspect of one's job 使自己对工作各方面都得心应手

（2）strike sb. dumb（或strike sb. speechless）使某人哑口无言；使某人目瞪口呆

Your audacity would strike your family dumb. 你的胆大妄为会让你家人目瞪口呆的。

试题解析

Questions 1–5

- 题目类型：MATCHING
- 题目解析：

题号	定位词	文中对应点
1	wildlife other than bats... do not rely on vision...	B段： Bats are not the only creatures to face this difficulty today. 题目问哪一段举出了除了蝙蝠之外不需要视觉导航的物种的例子，B段中举出了被捕猎的昆虫、深海鱼类、鲸鱼、海豚等物种在鲜有光线或者完全黑暗的环境下是如何生活的例子。比较容易定位。
2	early mammals avoid dying out	A段： In the time when the dinosaurs dominated the daytime economy, our mammalian ancestors probably only managed to survive at all because... ancestors 等同于early mammals，survive等同于avoid dying out。
3	why ... hunt in the dark	A段： Given that there is a living to be made at night, and given that alternative daytime trades are thoroughly occupied, natural selection has favoured bats that make a go of the night-hunting trade. 这个对应句理解起来比较晦涩，需要联系上下文。考试中如果一时选不出来，建议暂时放弃。
4	a particular discovery	E段： ...and much of our scientific understanding of the details of what bats are doing has come from applying radar theory to them. 这一段意思比较散，需要通读全段才能够准确对应。
5	early military echolocation	D段： After this technique had been invented, it was only a matter of time before weapons designers adapted it for the detection of submarines. Both sides in the Second World War relied heavily on these devices, under such codenames as Asdic（British）and Sonar（American）, as well as Radar（American）or RDF(British), which uses radio echoes rather than sound echoes. 第二次世界大战可以对应early一词。

TIPS: 这是典型的段落搭配相关信息型MATCHING题目。
有效的解题方法是。
1. 浏览所有信息，找出关键字。
2. 精读各段首末句，泛读其他语句。
3. 对应相关信息。
建议各位考生先做完这种题目，再完成其他题目。

Questions 6–9

- 题目类型：填空题
- 题目解析：

题号	定位词	文中对应点	题目解析
6	facial vision / pain / arm or leg	D段 ...like the referred pain in a phantom limb	通过填空题的小标题“Facial Vision”，首先可以把此题迅速定位到文章的D段，紧接着可以在D段的第六行寻找到定位关键词referred pain。单词底子较弱的考生可以在pain的后面找到冠词a，这样即使不知道arm和leg是limb的另一种表达，也能够填写正确答案phantom。
7	perceiving / ears	D段 The sensation of facial vision, it turns out, really goes in through the ears. Blind people, without even being aware of the fact, are actually using echoes of their own footsteps and of other sounds, to sense the presence of obstacles.	此题需要将两句话放在一起理解：面感视觉是通过耳朵传输的。尽管盲人并没有意识到这一点，但现实生活中他们的确在运用自己的步伐以及其他声音的回声来感觉路上障碍物的存在。 perceive一词在雅思学术类阅读考试当中多次出现，是“感知；感觉；察觉” 的意思，相当于原文中的sense。 综上分析得出答案echoes或obstacles。
8	before / instruments / calculated / seabed	D段 ...for example to measure the depth of the sea under a ship	此空比较简单。按照解题顺序，找到介词before，接着找到instruments，并很快找到题目中关键词calculated的同义词measure，然后就可以顺利找到正确答案depth。
9	wartime / finding	D段： After this technique had been invented, it was only a matter of time before weapons designers adapted it for the detection of submarines.	看到weapons designers可以联想到wartime，detection是探测的意思，与题目中的finding同义，由此可知答案是submarines。这里特别提醒考生，如果不变复数是不得分的。

Questions 10–13

- 题目类型：完成句子
- 题目解析：

题号	定位词	文中对应点	题目解析
10	radar / resulted in/ radar-like / bats /	E段 ... or rather natural selection working on bats, had perfected the system tens of millions of years earlier...	题目：早在雷达发明之前，是什么在蝙蝠身上进化出了复杂的类雷达系统呢？ sophisticated一词指“精密的；复杂的”。根据题意，考生需要寻找一个蝙蝠拥有精确定位本领的原因，原因连接词在这里并没有出现，但是perfect一词却可以告诉我们是自然选择使然。所以正确答案是natural selection。
11	not used	E段 It is technically incorrect to talk about bat “radar”, since they do not use radio waves.	题目：说蝙蝠也使用雷达实际上是不正确的，因为在导航的时候它们根本没有使用______。 not used是关键词，题目中以被动语态的形式出现，文章中则变成主动语态，但因为核心动词use没有改变，所以此题很简单。正确答案是radio waves。
12	radar / sonar/ similar	E段 But the underlying mathematical theories of radar and sonar are very similar...	题目：雷达和声呐是基于相似的______。 先在E段后部找到radar和sonar两个关键词，接着找到similar，空里要填的名词应该就不远了。此处语序有所变动，但是仍然很容易找到答案mathematical theories。因为题干中要求最多用两个词填空，因此前面的underlying就不能填了。
13	echolocation/ first / someone	E段 The American zoologist Donald Griffin, who was largely responsible for the discovery of sonar in bats, coined the term “echolocation” to cover both sonar and radar, whether used by animals or by human instruments.	题目：第一次使用声呐一词的人的职业是______。 这道题既简单又可爱，简直是来给考生送分的。只要知道coin一词有“发明；创造；杜撰”的意思，就能轻易联想到first used。而根据文章，这个词是由一个叫Donald Griffin的zoologist发明的，由此得出答案。

参考译文

走近蝙蝠

A 在黑暗中如何找到方向是蝙蝠面临的一大问题。它们在夜间捕食，而且无法利用光搜寻猎物或躲避障碍物。也许你会说它们天生就是这样的，只要改变生活习性在白天出来捕食就可以了。但事实上白天的猎物已经被鸟类开发殆尽。鉴于有些生物要在夜间谋生，并且白天的猎物资源都已经被占用，自然选择最终使蝙蝠们在夜间捕猎行当里大显身手。夜间狩猎群体的出现可能要追溯到哺乳动物的先祖。在恐龙统治地球白昼的时代，我们的哺乳动物祖先只能想方设法在夜间求得一线生机。直到六千五百万年前，恐龙神秘地大规模灭绝之后，我们的祖先才敢成群结队地在大白天出没。

B 蝙蝠面临着一个“工程”方面的问题：那就是在没有光线的情况下如何辨识方向并寻找猎物。蝙蝠不是当今世界上唯一面临此问题的物种。显而易见，蝙蝠所捕食的夜间昆虫肯定能以某种方式在黑暗中找到方向。深海鱼类、鲸等物种无论是白天还是黑夜都几乎见不到任何光线。生活在浑浊水域中的鱼和海豚也看不见，因为即使有光线，也被水中的淤泥阻挡分散开了。现代的许多物种都生活在很难见到光线或者完全黑暗的环境中。

C 关于如何在黑暗中巧妙移动这个问题，工程师们会给出怎样的答案呢？第一个能想到的办法可能就是要制造光线了，比如用灯笼或者探照灯。萤火虫和某些鱼类可以自己制造光亮(通常是在细菌的帮助下)，但这一过程要耗费很多能量。萤火虫用光线吸引配偶，而这一过程并不需要很多能量。暗夜中，雌性萤火虫远远地就可以看见雄性萤火虫微小的光芒，因为雌性的眼睛就直接暴露在光源内。然而利用自身的光线寻找方向却要耗费更多能量，因为此时生物的眼睛需要探测到通过物体反射回来的微弱光芒。如果要作为灯光来照亮道路的话，就要求光源比作为信号灯时明亮许多。无论是不是能量消耗的缘故，事实是，除了一些深海大怪鱼之外，绝没有其他任何一种生物像人类这样自己制造光源来找寻方向。

D 工程师们还能想到什么呢？比如盲人，他们好像对路上的障碍有着不可思议的直觉。人们把这叫做“面感视觉”，因为据盲人说感觉到有障碍物的时候就像脸部被触摸一样。一则报道称一位完全失明的男孩能凭借面感视觉绕着附近街区快速骑三轮车。实验表明面感视觉实际上与“感”和“面”没有任何关系，尽管这种感觉可能被认为源自面部正前方，正如幻肢中的牵涉性痛感一样。事实上，面感视觉是通过耳朵传输的。尽管盲人并没有意识到这一点，但实际生活中他们的确在运用自己的步伐以及其他声音的回声来感觉路上障碍物的存在。在这个事实没有被发现之前，其实工程师们已经利用这条原理制造了很多设备，比如用回声来测量船底海洋的深度。在这项技术发明之后，武器制造者很快就将其改良来侦测潜水艇。二战期间，交战双方都充分运用了这些设备，代号分别是英国的Asdic和美国的Sonar以及美国的Radar或是英国的RDF，后两者使用了雷达回声技术而非声波回声技术。

E 当时的雷达声呐技术先驱们毫不知情，但现在所有人都明白了正是蝙蝠，或者说是自然选择在蝙蝠身上的鬼斧神工，早在几百万年前就已经使这种技术达到完美境界，而蝙蝠的“雷达”在探测及导航方面取得的完美成果足以让人类工程师佩服到哑口无言。从技术角度讲，说蝙蝠有雷达功能是不准确的，因为它们并没有运用无线电波，而只是运用了声呐系统。但实际上雷达和声呐的基本原理是非常相似的，而且大多数关于蝙蝠行为细节的科学理解都是利用雷达理论完成的。美国动物学家 Donald Griffin教授第一个发现蝙蝠利用声呐技术，由此，他创造出了一个新的词汇：回声定位。这个词涵盖了动物和人类所利用的雷达及声呐系统。

背景知识

Human Echolocation

Human echolocation is the ability of humans to sense objects in their environment by hearing echoes from those objects. This ability is used by some blind people to navigate within their environment. They actively create sounds, such as by tapping their canes or by making clicking noises with their mouths. Human echolocation is similar in principle to active sonar and to the animal echolocation employed by some animals, including bats and dolphins.

By interpreting the sound waves reflected by nearby objects, a person trained to navigate by echolocation can identify the location and sometimes size of nearby objects and use this information to steer around obstacles and travel from place to place. However, since humans make sounds with much lower frequencies and slower rates, human echolocation can only picture comparatively much larger objects than other echolocating animals.

Background

Human echolocation has been known and formally studied since at least the 1950s. Before it was known to be based on localization of echoes, human echolocation was sometimes described as "facial vision". The field of human and animal echolocation was surveyed in book form as early as 1959. See also White, et al., (1970)

Some blind people have described the phenomenon not as a learned method of navigation, but as an inherent and intuitive extra sense. For example, a blind person could walk past a line of trees and feel a "pressure" at their side as they passed each tree. The cause of this would be the echo of the sound of their footsteps; however, they may not consciously be aware of this mechanism, only that the phenomenon exists and can often be relied upon to detect obstacles.

Mechanics

Vision and hearing are close cousins in that they both can process reflected waves of energy. Vision processes light waves as they travel from their source, bounce off surfaces throughout the environment and enter the eyes. Similarly, the auditory system processes sound waves as they travel from their source, bounce off surfaces and enter the ears. Both systems can extract a great deal of information about the environment by interpreting the complex patterns of reflected energy that they receive. In the case of sound, these waves of reflected energy are called "echoes".

Echoes and other sounds can convey spatial information that is comparable in many respects to that conveyed by light. With echoes, a blind traveler can perceive very complex, detailed, and specific information from distances far beyond the reach of the longest cane or arm. Echoes make information available about the nature and arrangement of objects and environmental features such as overhangs, walls, doorways and recesses, poles, ascending curbs and steps, planter boxes, pedestrians, fire hydrants, parked or moving vehicles, trees and other foliage, and much more. Echoes can give detailed information about location (where objects are), dimension (how big they are and their general shape), and density (how solid they are). Location is generally broken down into distance from the observer and direction (left/right, front/back, high/low). Dimension refers to the object's height (tall or short) and breadth (wide or narrow).

By understanding the interrelationships of these qualities, much can be perceived about the nature of an object or multiple objects. For example, an object that is tall and narrow may be recognized quickly as a pole. An object that is tall and narrow near the bottom while broad near the top would be a tree. Something that is tall and very broad registers as a wall or building. Something that is broad and tall in the middle, while being shorter at either end may be identified as a parked car. An object that is low and broad may be a planter, retaining wall, or curb. And finally, something that starts out close and very low but recedes into the distance as it gets higher is a set of steps. Density refers to the solidity of the object (solid/sparse, hard/soft). Awareness of density adds richness and complexity to one's available information. For instance, an object that is low and solid may be recognized as a table, while something low and sparse sounds like a bush; but an object that is tall and broad and very sparse is probably a fence.

READING PASSAGE 2

篇章结构

体裁 议论文

主题 高效利用水资源。

结构 A 段：古代供水设施。

B 段：现代社会的供水挑战。

C 段：缺水严重影响人类健康。

D 段：用水政策严重影响地球环境。

E 段：科学家们呼吁改变用水政策。

F 段：用水需求惊人的下降。

G 段：对用水需求下降的合理解释。

H 段：建设高标准水利设施。

必背词汇

A 段

be entwined with	与……交织在一起	innovative	*adj.* 革新的，改良的
manipulate	*v.* 巧妙地使用，利用	layout	*n.* 规划图；布局
sophisticated	*adj.* 复杂的；精密的	sewer	*n.* 下水道，污水管道
aqueduct	*n.* 水渠，导水管	occupant	*n.* 居住者，居民

B 段

unprecedented	*adj.* 空前的，前所未有的	artificial	*adj.* 人造的，人工的
monumental	*adj.* 雄伟的，巨大的	generate	*vt.* 生成，产生
hydropower	*n.* 水力发电	turbine	*n.* 涡轮机
keep pace with	能跟得上，保持同步	spin (spun, spun)	*vt.* & *vi.* 使……旋转，推动
soaring	*adj.* 猛增的，剧增的		

C 段

dark side	不足之处	sanitation	*n.* 公共卫生，环境卫生
inferior to	比不上，劣于	preventable	*adj.* 可预防的
reiterate	*vt.* 重复，反复；重申		

D 段

jeopardize	*vt.* 危及，损害	thrive	*vi.* 繁衍生息，兴盛；兴隆
compensation	*n.* 补偿(物)；赔偿(金)	aquifer	*n.* 含水层，蓄水层
make way for	为……腾出地方；让路	replenish	*vt.* 补充
reservoir	*n.* 水库；蓄水池	dispute	*n.* 争端，争论
water withdrawal	水资源开采	tension	*n.* 紧张
ecosystem	*n.* 生态系统		

E 段

outset	*n.* 开始，开端	last resort	最后的手段
millennium	*n.* 千禧年，一千年	philosophy	*n.* 人生观；观念
shift back to	转回到	established	*adj.* 已制定的，确定的；既定的
ensure	*vt.* 确保，担保	address	*v.* 处理，对付
infrastructure	*n.* 基础设施		

F 段

diminish	*vt.* & *vi.*（使）减少；缩小	soar	*vi.* 猛增，高涨

G 段

remarkable	*adj.* 卓越的；显著的	tenfold	*adj.* 十倍的 *adv.* 成十倍地
efficiently	*adv.* 有效率地	quadruple	*vi.* 成四倍，翻两番
rethink	*vt.* & *vi.* 重新考虑	gallon	*n.* 加仑

H 段

specification	*n.* 详细说明，明确说出	warrant	*vt.* 保证，确保
accountability	*n.* 有责任，有义务	criteria	*n.* 标准，准则

难句解析

1. At the height of the Roman Empire, nine major systems, with an innovative layout of pipes and well-built sewers, supplied the occupants of Rome with as much water per person as is provided in many pats of the industrial world today.

参考译文：在罗马帝国鼎盛时期，人们修建了9条主要水利系统，其疏水管道和污水管道均以革新的方式铺设，为城区居民提供用水。当时罗马城内居民人均用水量和现今工业社会很多地区的人均用水量相当。

语言点：

（1）at the height of 在……的鼎盛时期；达到高峰 height 顶峰，顶点

The movement reached the height that year. 运动在那一年达到了高潮。

They take their holidays in the height of summer. 他们在盛夏时节休假。

It would be the height of folly for us to accede to their unreasonable demands.

如果我们答应他们的不合理要求，那我们就蠢到极点了。

（2）as作连词的用法

a. as... as

as... as意为"和……一样"，表示同级的比较。使用时要注意第一个as为副词，第二个as为连词。

其肯定式结构为：as + adj. / adv. + as。

This book is as interesting as that one. 这本书和那本一样有趣。

Your pen writes as smoothly as mine. 你的钢笔写起来和我的一样流畅。

其否定式结构为：not as/so + adj. / adv. + as。

This dictionary is not as/so useful as you think. 这本字典不如你想象的那样有用。

若有twice, three times, half, a quarter等修饰成分，则须置于第一个as之前。

Your bag is twice as expensive as mine. 你的袋子比我的贵一倍。

b. 几个关于as... as的常见句型：

- as... as possible：Please answer my question as soon as possible. 请尽快回答我的问题。
- as... as usual/before：She looks as pretty as before. 她看起来和以前一样漂亮。
- as long as...（引导条件状语从句）：It took us as long as three years to carry out the plan.
  我们花了长达三年的时间才完成这项计划。
- as far as：He walked as far as the railway station yesterday evening.
  昨天晚上，他一直散步到火车站。
- as well as：She cooks as well as her mother does. 她做菜做得和她母亲一样好。

2. In the USA, water withdrawals increased tenfold while the population quadrupled.

参考译文：在美国，人口增长了4倍，而用水量竟然翻了10倍。

语言点：

比较与倍数的表达：

（1）twice /double 两倍

His income is twice as large as mine. 他的收入是我的两倍。

She has twice as many books as I do. 她的书籍比我多一倍。

The number of members has doubled in five years. 五年内会员人数翻了一番。

Their room is twice as big as ours. 他们的房间大出我们的一倍。

（2）three times / triple 三倍

This box is three times as heavy as that one. 这个箱子有那个箱子的三倍重。

Last month's snowfall was triple the average. 上月的降雪量是平常的三倍。

（3）five times 五倍

Those shoes only cost 20 bucks two years ago. Now I have to pay five times as much for a same pair.
这种鞋两年前只要20块，现在我却得付五倍的价钱。

（4）还有倍数：比如500倍

magnify objects 500 times 将物品放大500倍

The factory increased its output by a factor of five. 这家工厂产量增加了五倍。

（5）half as much/many again...as 一倍半

Maybe the children are working at construction sites, holding on their heads baskets of bricks weighing half as much as again as themselves. 也许这些孩子正在建筑工地上当苦力，头顶篮子里的砖相当于他们体重的一倍半。（即如果孩子重20公斤的话，砖就有30公斤重）

（6）~fold ~倍的（地）

a fourfold increase 增加四倍 increase tenfold 增加十倍

试题解析

Questions 14–20

- 题目类型：List of Headings 段落标题
- 题目解析：首先，考生应该去掉例子当中已经选过的heading iii。
  接着，浏览所有的headings，找出关键词。headings翻译如下：
  i. 科学家们呼吁改变政策（关键词revision, policy）
  ii. 对用水量下降的解释（关键词explanation, reduced）
  iii. 如何迎接全球挑战（已经被排除）
  iv. 灌溉系统被弃用（关键词disuse）
  v. 环境影响（关键词effects）

vi. 近期技术进步的经济影响（关键词recent, financial）

vii. 与健康的关联（关键词health）

viii. 表达对人口增长的关注（关键词increasing populations）

ix. 水需求量惊人的下降趋势（关键词surprising, downward）

x. 需要提高标准（关键词raise standards）

xi. 古代供水系统（关键词ancient）

题号	定位词	文中对应点	题目解析
14	ancient	A段倒数第四行出现了the Roman Empire	本段第一句定下了段落的主要内容为古代对水资源的管理，接下来讲了城镇的发展带来的大坝和引水渠的发展，最后讲述了罗马帝国鼎盛时期的水利系统。因此本段的主题就是古代的供水系统。
15	health	C段倒数第四行出现sanitation / preventable water-related diseases kill...	Preventable water-related diseases kill an estimated 10,000 to 20,000 children every day, and the latest evidence suggests that we are falling behind in efforts to solve these problems. 原文翻译为：每天有1~2万名儿童死于与水相关的各种可预防性疾病，而最新证据表明我们解决上述问题的力度还远远不够。虽然不能够在首句就感觉到这一段是在谈健康与水供给之间的关系，但是看了下面的文字，就可感觉到作者在谈健康，特别是sanitation一词出现后，基本可以确定答案是vii。
16	effect	D段 从第二句开始的整个段落	D段是一个描述性段落，第一句话就说“我们水资源政策的后果远非仅仅危及人类健康那么简单”，承上启下，显然这一段不是在讲健康了，但同时我们也更加确认C段是在讲健康方面的问题。那么个人健康讲完了，要不要讲一下地球的健康呢？于是考生在这一段找到了freshwater fish...threatened...endangered...degrade...soil quality...reduce... agricultural productivity... 等等与环境相关的词语，所以不必读到最后，考生应该已经能够看出这道题目的答案是v。
17	revision, policy	E段 第一句	E段首句说：At the outset of the new millennium, however, the way resource planners think about water is beginning to change. 这句话当中的change正好可以与revision相对应。在第四行考生还可以找到Some water experts are now demanding... 这就对上了答案中的scientists call for。在下面考生还可以找到this shift in philosophy，这一点又可以对应policy。纵观全段，shift, shifting等表示变化的词不断出现，所以最合适的答案就是i。
18	surprisingly, downward	F段 第一句	F段首句说：Fortunately—and unexpectedly—the demand for water is not rising as rapidly as some predicted. F段末句提到：And in a few parts of the world, demand has actually fallen. 这一段的首末句合起来看，正好可以与heading当中的“令人惊奇的下降趋势”相对照，属于很好选择的一题。
19	explanation, reduced	G段第一句	What explains this remarkable turn of events? 此句中的turn of events指的就是F段中提到的And in a few parts of the world, demand has actually fallen. 水需求量下降一事。所以答案应该选择ii。如果考生把F段和G段连起来看的话，会发现选项的逻辑连贯性。 ix: a surprising downward trend in demand for water ii :an explanation for reduced water use

题号	定位词	文中对应点	题目解析
20	raise, standard	H段第三行But后面的句子	But such projects must be built to higher specifications and with more accountability to local people and their environment than in the past. 这句话中的higher specifications等于选项中的raise standards，也比较容易理解。答案是x。

Questions 21–26

- 题目类型：YES/NO/ NOT GIVEN 判断题
- 题目解析：

21. Water use per person is higher in the industrial world than it was in Ancient Rome.

参考译文	现代工业社会的人均用水量比古罗马时期要高。
定位词	Ancient Rome
解题关键字	higher
文中对应点	A段：At the height of the Roman Empire, nine major systems, with an innovative layout of pipes and well-built sewers, supplied the occupants of Rome with as much water per person as is provided in many parts of the industrial world today. 在罗马帝国鼎盛时期，人们修建了9条主要水利系统，其疏水管道和污水管道均以革新的方式铺设，为城区居民提供用水。当时罗马城内居民人均用水量和现今工业社会很多地区的人均用水量相当。关键词是as much...as，这个词组与题干中的higher than相抵触，两者明显不符。所以答案为NO。 考生应该注意两件事： • 读题干，好好翻译是根本，不要上来就求助于什么技巧； • 做T/F/NG或者Y/N/NG题目的时候，思维要尽量简单，尽量贴近原文，不要想得太多太细太远。如果考生非要把注意力集中在文中的many parts上，那就有钻牛角尖的嫌疑了。
答案	NO

22. Feeding increasing populations is possible due primarily to improved irrigation systems.

参考译文	改良后的灌溉系统使我们得以养活越来越多的人口。
定位词	irrigation system / 或者按照顺序原则定位在B段
解题关键字	possible
文中对应点	B段：Food production has kept pace with soaring populations mainly because of the expansion of artificial irrigation systems that make possible the growth of 40% of the world's food. 食品供应能跟得上人口猛增主要是由于人工灌溉系统的增长使得世界粮食产量提高了40%。这是一道模范版的同义词对应型TRUE。TRUE的原则在这里显得很苍白，possible也显得英雄无用武之地。 题中的feeding increasing population在文中对应Food production has kept pace with soaring populations，题中的due primarily to变成文中的mainly because of，而题中的improved irrigation system则成了文中的expansion of artificial irrigation systems。
答案	YES

23. Modern water systems imitate those of the ancient Greeks and Romans.

参考译文	现代人仿造古希腊和古罗马的供水系统。
定位词	ancient Greeks and Romans
解题关键字	imitate
文中对应点	按照顺序原则，此题应该出现在22题之后的段落，即C段。在C段第二行考生可以找到这样一句话：...with water services inferior to those available to the ancient Greeks and Romans. 世界上有一半的人口享受的供水服务还比不上古希腊和古罗马时期。题干中的古希腊、古罗马终于出现了，但是周围根本没有任何语句表明现代人模仿了他们的水利系统，从上面这句话也完全无法推出这个结论，可见题目是无中生有，属于完全没有提及型的NOT GIVEN。
答案	NOT GIVEN

24. Industrial growth is increasing the overall demand for water.

参考译文	工业增长使水需求量整体上升。
定位词	industrial growth
解题关键字	increasing
文中对应点	F段：Although population, industrial output and economic productivity have continued to soar in developed nations, the rate at which people withdraw water from aquifers, rivers and lakes has slowed. And in a few parts of the world, demand has actually fallen. 尽管在发达国家，人口仍然急剧膨胀，工业和经济依然高速发展，但人们开采地下水和地表水的速度却减缓了下来。在全球某些地区，人们对水资源的需求量甚至下降了。 题目中称工业增长使水需求量整体上升，而文中却说速度放缓，甚至需求量下降，两者显然是抵触的，所以答案是NO。 此题的真正重点不在于判断，而在于寻找。第22题位于文章B段，第23题无迹可寻选了NOT GIVEN，按说24题应该位于D段，或者至多位于E段，但是此题却跳跃至F段，的确很难定位。不过考生可以联想到此前做过的List of Headings第18题，答案恰是 a surprising downward trend in demand for water。这就表明F段提到了水需求量上升或者下降的问题，和此题暗合。这样，List of Headings题目的答案暗中辅助了Y/N/NG的解题。
答案	NO

25. Modern technologies have led to a reduction in domestic water consumption.

参考译文	现代技术使得国内需水量有所下降。
定位词	modern technologies, domestic 或者跟随24题顺序找到G段
解题关键字	reduction
文中对应点	G段：But since 1980, the amount of water consumed per person has actually decreased, thanks to a range of new technologies that help to conserve water in homes and industry. 但自从1980年以来，人均用水量确实是下降了，这主要得益于一系列新技术在家庭及工业节水方面的作用。文中的decreased对应题目中的reduction，都指需水量的下降。这是一道很容易辨别的YES。此处不再赘述。
答案	YES

26. In the future, governments should maintain ownership of water infrastructure.

参考译文	未来，政府仍然应该保持对水利基础设施的所有权。
定位词	government, water infrastructure
解题关键字	should , ownership
文中对应点	在H段当中，考生找到了位于第一行的infrastructure，这可以说是文章与此题的唯一联系。再向下找，就再也找不到任何蛛丝马迹了。有的考生可能会认为此题会杀回马枪，考回前面的段落中去。但是实际上，这种情况在真实考试中十分罕见。考生应该记住TRUE/FALSE/NOT GIVEN。 题目解题的两大潜规则： • 一段出一题，按顺序出题 • 每题考查一到两句话，至多一段话
答案	NOT GIVEN

参考译文

节约每滴水

A 人类的文明史总是与学习利用水资源的历史交织在一起的。随着城镇规模的不断扩大，水被从遥远的源头引流到城镇，这促成了水坝和水渠等复杂工程的修建。在罗马帝国鼎盛时期，人们修建了9条主要水利系统，其疏水管道和污水管道均以革新的方式铺设，为城区居民提供用水。当时罗马城内居民人均用水量和现今工业社会很多地区的人均用水量相当。

B 在19世纪和20世纪工业革命及人口扩张时期，水的需求量急剧增长。此时，出现了史无前例的大型水利工程：这些数以万计的水利工程旨在防洪，保证清洁水资源的供应，提供足够的水以用于农田灌溉和水力发电，这造福了上千万人。食品供应能跟上人口剧增主要是由于人工灌溉系统的增长使得世界粮食产量提高了40%。世界上五分之一的电都是通过水力推动涡轮机而产生的。

C 当然我们也要看到事情不足的一面：虽然我们取得了进步，但世界上仍有一半的人口享受的供水服务还比不上古希腊和古罗马时期。正如联合国2001年9月在关于饮用水权利的报告中指出的那样：全世界仍然有超过10亿的人口无法获得干净的饮用水，25亿人缺乏充足的卫生设施。每天有1~2万名儿童死于与水相关的各种可预防疾病，而最新证据表明我们解决上述问题的力度还远远不够。

D 我们水资源政策的后果远非仅仅危及人类健康那么简单。为了修建大坝和水库，上千万人在未被告知或补偿的情况下被迫背井离乡。超过20%的淡水鱼类现在正面临威胁或是濒临灭绝，原因是修建水库及水资源开采破坏了它们繁衍生息的天然河流生态系统。有些灌溉系统破坏了土壤的质量，从而导致农业产量下降。在印度、中国、美国的某些地区以及世界其他地方，地表水含水层正在快速下降，下降的速度已经超出了它们自我更新和补充的能力。而关于水资源如何合理分配的争议也在不断导致暴力事件的出现，从而加剧了地区、国家乃至国际间的紧张局势。

E 然而，新千年伊始，资源规划者关于水资源的思路开始有了改变。焦点慢慢转回到了保证基本水资源供应和满足环保需要这两大当务之急上，将过去"少部分人先用起来"的水资源政策变成了现在的"人人有水用"政策。一些水利专家强调现有的水利设施应该更好地被利用起来，而不是再建新项目——新建水利项目应该被作为最后一根救命稻草而不是第一要务。这种观念上的转变并没有被普遍接受，相反却遭到了很多水利建设部门的强烈反对。然而，也许这正是能够成功解决燃眉之急的唯一出路，确保每个人都有纯净水可喝，有充足的水源用于农业种植以，使人们免受各种与水相关病症的困扰。

F 出人意料的是，人们对水的需求量所幸并没有像某些人预测的那样剧增。因此过去20年中，建设新水利项目的压力也随之渐渐消退。尽管在发达国家，人口仍然急剧膨胀，工业和经济依然高速发展，但人们开采地下水和地表水的速度却减缓了下来。在全球某些地区，人们对水资源的需求量甚至下降了。

G 这个显著的转变究竟该如何解释呢？我想大致有两个因素：其一，人们已经懂得如何更有效地利用水资源，社会各界也在重新思考各自用水的优先权。在20世纪的前75年间，人均用水量增加了一倍。在美国，人口增长了4倍，而用水量竟然翻了10倍。但自从1980年以来，人均用水量下降了，这主要得益于一系列新技术在家庭及工业节水方面的作用。例如，在1965年，日本要用1300万加仑的水才能产出100万美元的商业价值，而截止到1989年，就算算上了通货膨胀，只用350万加仑的水就足以产出相同的商业价值了，这几乎相当于原来产出的4倍。在美国，水资源的使用量已经从80年代的顶峰时期下降了20%。

H 另一方面，水库、引水渠以及其他水利设施还是需要修建的，特别是在发展中国家基本水资源仍不能保证供应的地区。但与过去相比，这些水利设施的建设一定要更加规范化，要对当地的人们做出更加细致的说明，同时还需要考虑环保的要求。即使既定地区水利工程建设似乎已得到保证，我们也要想办法用较少的资源满足较多需求，保护当地生态，并做到少花钱、多办事。

背景知识

Roman Aqueducts

The word aqueduct comes from the Latin words *aqua*—water, and *ductum*—led. Indeed it is a channel by which water is led from its source to the user. Most aqueducts ran underground. However, if it became necessary to cross a valley or river, the aqueduct was elevated on a bridge of stone arches that enabled the water flow at a constant rate. Depending on the topography, an aqueduct may have had to be constructed with multiple tiers of arches.

There are basically three types of aqueducts: masonry conduits, lead pipes, and earthenware pipes. The most common in Rome were masonry conduits. The nucleus of the masonry aqueduct was the specus, or the water channel. The specus was about the size of our present day doorway. The specus always had stone walls, stone floors, and a stone roof regardless if it ran underground or was built upon tiers. The specus was always covered. The purpose of the covering was originally to shield the channel from the sun. However, with the possibility of enemy intrusion through poisoning the water, the covering later became an important means of defense. These coverings were constructed of one of three types:

Flat slabs

A specus with flat slab construction was very common and easily constructed. It was frequently used for above ground aqueducts.

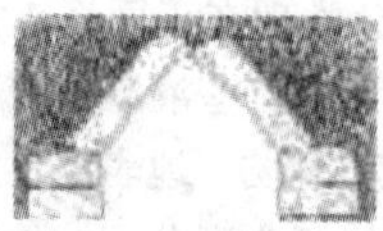

Twin slabs, a pointed arch

A specus with twin slab construction.
This could be used when terrain proved difficult to tunnel through and height was important.

Half-round arch

A specus was often designed in the form of an arch. Romans perfected the arch designed which they saw used by Etruscans. An arch in the specus allowed the channel to be high enough for a man to enter in order to maintain the channel.

Before construction could begin, the Romans had to find water. The land which surrounded Rome was abundant with springs, which were fed by water from rain and melted snow that would seep into the earth. These springs were often hidden, so the Romans had to search for them underground. There were many methods for water detection. Vitruvius, a retired military engineer, gave several detection clues: "Just before sunrise, lie face downwards on the ground, resting your chin on your hands. Take a look over the countryside: where you see vapor curling up from the ground you will find water where you dig... " He also suggested placing a bronze bowl in a pit overnight. If the bowl had condensation in it in the morning, there was underground water. After water was found and the aqueduct was commissioned to be built, the Senate assessed the cost of construction. They decided which spring to tap and obtained a librator (surveyor) to design a practical route. The librator's first task was to find a route with a relatively even gentle slope, between the source and the city. The route was then marked with wooden stakes. When it was necessary to sight a straight run of aqueduct with an existing road or path, the surveyors might use a groma to determine the right angles. From this configuration other angles could also be set. The groma was used most often to set crossroad dimensions. After the source of the water and the city was determined, the liberator calculated the elevation of each end of the aqueduct. How did the librator actually make these measurements and calculations? A levelling instrument, dioptra, was needed to take the measurements. This tool had a very limited sighting distance of about 40 yards and required the librator to move the tool up to hundreds of times over the distance of the proposed aqueduct. With the approximate length of the aqueduct and the difference in height between the source and the city, the librator could calculate the overall fall and begin marking the final route. Building could then start. While building an aqueduct, the men would be housed and fed in camps that were scattered along the route. Workers consisted of slaves, day laborers from small towns and unemployed workers from Rome. As may well be expected, slaves were found in the most grueling jobs such as tunneling and stone breaking.

Work on the aqueduct would begin concurrently at various points along the route. Every 20 yards shafts were dug from the surface to the route of the aqueduct. At this time the roads for heavy equipment and animals would be constructed to expedite the slow transportation of stone. Soft ground would be trenched and the sides would be supported by timber props. Often times the trenching would run through stone, hence the hewn stone had to be hauled out in baskets up shafts. At every stage the librators checked the progress. Once a channel had been roughed out, a chorobates would be lowered into the trench to check the slope. If the choborate was too large to lower into the shaft, the alternate method was to observe water levels.

Arches were created by the use of wooden supports that created the shape of the arch and were removed after construction. The water channel was often lined with concrete. Yes, the Romans did use concrete, a combination of stones of varying sizes held together with mortar made of sand, lime and water. The finished aqueduct would run across the terrain at a slight incline that allowed the water to flow slowly to its destination.

Water could be diverted from an aqueduct into other channels by creating cisterns. The main flow could continue while some of the water was sent through small openings to supply baths or fountains. At the terminus of the aqueduct, a huge cistern would hold the water until it was needed. When visiting Misenum at the end of the north eastern edge of the bay of Naples, one can see the Piscina Mirabilis which held the fresh water supply for the Roman fleet.

Once complete and working, aqueducts had long working histories. They were maintained, inspected, repaired and improved. For example, chalk deposits built up and would decrease water supply and eventually block the aqueduct. Consequently, the channels, as well as the traps, had to be cleaned regularly for sediment deposits. It was necessary to build accesses at regular intervals to facilitate the cleaning. As the wars in Italy ended it was no longer necessary for the channels to be secret. Many were marked with milestones called cippi. Cippi were used to locate specific points along the aqueduct making these repairs practical. The business of aqueduct regulation became a venture. Private and commercial consumers paid for their water, but it was common to steal water by connecting a pipe to the aqueduct. Curator Aquarum - Frontinus became a "water commissioner" to guard against people piping water directly into their homes without permission of the emperor, or drawing off public water. Pipe sizes were regulated and the pipes were stamped and recorded to ensure no larger pipes were installed later.

Ordinary people were permitted to draw water from street fountains. It was of great importance that the water for these street fountains and the public baths be protected

READING PASSAGE 3

篇章结构

体裁 议论文

主题 暗示教学法

结构 第一段：对一本揭示新型教学方法专著的简单介绍。
第二段：暗示教学法建立的依据。
第三段：暗示教学法的诞生。
第四段：如何实施暗示教学法。
第五段：暗示教学法中预备课程的重要性。
第六段：暗示教学法中的跟进课程及课程效果。
第七段：暗示教学法中安慰剂的作用。
第八段：暗示教学法的弊端。

必背词汇

第一段

look at	评判；审视；着眼于	propose	*v.* 提议；建议
unconscious	*n.* 〈心〉潜意识	suggestion	*n.* 暗示

第二段

instructional	*adj.* 教学的，教授的	typeface	*n.* 字体
connection	*n.* 联系，关系	mannerism	*n.* 言谈举止
process	*n.* 过程，进程	elusive	*adj.* 难以捉摸的；易忘的
non-specific	*adj.* 非特异性的	readily	*adv.* 容易地；迅速地
mental reactivity	心理反应	hypnosis	*n.* 催眠；催眠状态
durable	*adj.* 持久的	relive	*vt.* 再现，再经历
perceive	*vt.* 感觉，察觉	imaginatively	*adv.* 想象上地
peripherally	*adv.* 周围地，外围地	psychodrama	*n.* 心理剧
binding	*n.* 装订；装帧		

第三段

be attributed to	归因于	tense	*vt.* (使某人或某物)变得紧张
counterproductive	*adj.* 起反作用的	induce	*vt.* 引起，导致
memorise	*vt.* 记住，熟记	fatigue	*n.* 疲劳

reflect	*vt.* 表达；反映	shift (sth.) away 搬走，移走	
indirect instruction	间接教学法	curriculum	*n.* 课程
suggestopedia	暗示教学法	reserve capacity	储备容量
consciousness	*n.* 意识，观念		

第四段

suggestopedic	*adj.* 暗示教学法的；与暗示教学法有关的	solemnly	*adv.* 庄严地，严肃地
		dynamics	*n.* 旋律
illustration	*n.* 例证，实例	baroque music	巴洛克音乐
variant	*n.* 改编，改写；变形	make (no) attempt to do sth. (不)尝试做某事	
classical	*adj.* 古典的；经典的		

第五段

beforehand	*adv.* 预先，事先	cover	*vt.* 涉及，包含
preliminary	*adj.* 初步的，开始的，预备的		

第六段

follow-up class	跟进课	recall	*n.* 回忆
stimulate	*vt.* 激励；刺激	automatic	*adj.* 自动的
improvised	*adj.* 即兴的	effortless	*adj.* 不费力的，轻松的
dramatization	*n.* 表演	accomplish	*vt.* 完成，实现
distinctive	*adj.* 独特的	paraconsciously	超意识状态下
devote	*vt.* 致力于	accessible	*adj.* 容易取得的，容易达到的

第七段

trance	*n.* 催眠状态	authority	*n.* 权威，专家
faith healing	信仰疗法	call on	要求，请求
essential (to)	*adj.* 必要的，必不可少的	autocratic suggestion	权威暗示
placebo	*n.* 安慰剂	precisely	*adj.* 精确的，准确的
acknowledge	*vt.* 承认，供认	categoric	*adj.* 坚决的，绝对的
tap	*n.* 开发；利用	designate	*vt.* 标明，指明
be dispensed with	放弃；弃用	accredited	*adj.* 被正式认可的；公认的

第八段

notoriety	*n.* 名气	associate	*n.* 伙伴，同事
emulate	*vt.* 努力赶上	mediocre	*adj.* 平凡的，平庸的
spectacular	*adj.* 轰动的，惊人的	mind set	思维定势，思维体系

难句解析

1. What is distinctive in the suggestopedic methods is that they are devoted entirely to assisting recall.

参考译文：间接暗示法的特殊之处就在于它完全致力于帮助回忆。

分析：What is distinctive in the suggestopedic methods 是一个主语从句，后面部分是表语。

语言点：

（1）主语从句：

1）引导主语从句的连接词有：what / who / whom / whose / which 以及whatever / whoever / whomever / whichever / whosever，它们在从句中会充当一定成分，均不能省略。

What you have said is convincing. 你刚才说的话很让人信服。

Who will chair the meeting has not yet been decided. 谁来主持会议还没有确定。

2）为了防止句子头重脚轻，通常可以把形式主语it放在主语位置，真正的主语搁置于句末。

其常见的句式结构为：It is+形容词/名词短语/某些动词ed+that从句。

这一结构中常用的形容词为：easy, certain, difficult, unlikely, possible

名词短语为：a pity, a shame, an honour, a good idea, no wonder

动词ed形式为：reported, believed, said, expected, estimated

（2）表语从句：表语一般用来说明主语的状态、性质、特征或者内容，是对主语的进一步说明和补充，一般也被称为主语补足语。它不用来说明谓语动词，不是谓语动作的承受对象。表语从句一般位于系动词的后面，英语中除了be动词以外，还有如下动词具有系动词的功能和作用：feel/look/sound/taste/ smell/seem/appear等。

可以引导表语从句的连词有：

- that/whether

  My opinion is that we should stick to our original plan. 我的意思是我们应该坚持原计划。

  The issue here is whether he is reliable or not. 问题是他可不可靠。

- what/who/which
- where/when/how/why

2. Just as a doctor calls on the full power of autocratic suggestion by insisting that the patient take precisely this white capsule precisely three times a day before meals, Lozanov is categoric in insisting that the suggestopedic session be conducted exactly in the manner designated, by trained and accredited suggestopedic teachers.

参考译文：正如医生充分利用权威暗示的力量，要求病人必须每天三次餐前服用某种白色胶囊一样，Lozanov也坚决要求暗示教学法一定要按照事先指定好的方式进行，并且要由培训过的合格教师来执行。

分析：这是一个类比结构，just as 引导比较状语从句，主语是a doctor，谓语是call on, the full power of autocratic suggestion是宾语，后面的insist接的是宾语从句that the patient take precisely this white capsule precisely three times a day before meals。宾语从句中的主语是patient，谓语是take，宾语是this white capsule，three times a day before meals在句中作状语。主句的主语是Lozanov, is categoric是表语，insist后面再次接了宾语从句，在这里suggestopedic session be conducted 是省略了should的虚拟语气。原句应该是that the suggestopedic session should be conducted。

语言点：

（1）just as的用法

just as表示类比，意为“正如”。

Just human cultures have changed inevitably with the passing of time, so has the environment.

正如人类文明会随着时间的推移而不可避免地改变一样，环境也在变化着。

常用结构：just as..., so... 意为“就像……一样，……也”

Just as you sow, so will you reap. 种瓜得瓜，种豆得豆。

Just as you hate math, so I dislike chemistry. 就像你不喜欢数学一样，我不喜欢化学。

（2）宾语从句中的虚拟语气

在下列动词后所接的宾语从句中，谓语一般为省略should的虚拟语气：ask / advise / beg / command

/ demand / decide / deserve / desire / determine / insist / move（动议；提议）/ order / prefer / propose / require / recommend / request / suggest / urge

I suggest we finish this first. 我建议我们先把这份工作做完。

试题解析

Questions 27–30

- 题目类型：Multiple Choices
- 题目解析：

题号	定位词	题目解析
27	斜体的 Educating Psyche	题目翻译：Educating Psyche一书主要是关于： A 暗示在学习中的影响力 B 以情感为基础的特殊学习方法 C 情感对想象力及潜意识的影响 D 非传统学习方法 文中对应点：第一段 Educating psyche by Bernie Neville is a book which looks at radical new approaches to learning, describing the effects of emotion , imagination and the unconscious on learning. 作者开篇就揭示了本书的主要内容，是关于激进的新型教学法的。题干中的mainly concern等同于文中的look at；radical new两个形容词等同于D选项中的not traditional, 因此可以判定正确答案是D。个别同学会被C困扰，因为貌似emotion, imagination, unconscious这样的词在文中第一段也出现了，仔细辨别the effects of emotion, imagination and the unconscious on learning这句话，就会发现它说的是情感、想象力和潜意识对学习的影响，而不是C答案中情感对想象力及潜意识的影响，这是典型的混淆项。 ***TIPS:*** 如果纵观四个选项，会发现D比其他三个选项都具概括性。单项选择题的解题技巧之一就是概括的选项一般是正确答案，过于具体的选项往往不是正确答案。
28	Lozanov's theory/也可以根据上一题按照顺序定位到第二段	题目翻译：Lozanov的理论认为当我们努力要记起什么事情的时候： A 最容易回想起无关紧要的细节 B 聚精会神就会记得牢 C 最容易回想起最重要的事实 D 周边信息不重要 文中对应点：第二段 Besides the laboratory evidence for this, we know from our experience that we often remember what we have perceive peripherally, long after we have forgotten what we set out to learn. 这句之后，作者马上举出两个例子：读书和听演讲，我们没有记住书的内容，也没记住演讲的主题，却能够轻易回忆起书的颜色、装订、字体以及演讲者的容貌举止，甚至是礼堂里坏掉的空调，这些小细节与主题相比微不足道。作者所举的例子形象地说明了题干中所说的“当我们努力要记起什么的时候，我们记住的往往是些无关紧要的细节”，所以正确答案是A。

<table>
<tr><th>题号</th><th>定位词</th><th>题目解析</th></tr>
<tr><td></td><td></td><td>这一题要求考生通读全段，但是因为段落中多是描述语句，相对好理解一些。选项B被文章中than the content on which we were concentrating否定掉了，选项C则被演讲例子中的the details of the content of the lecture, on the other hand, seem to have gone forever否定掉了。至于选项D则是对文中even if these peripheral details are a bit elusive的曲解，可以直接排除。</td></tr>
<tr><td>29</td><td>book/lecture</td><td>题目翻译：本文中，作者引用了一本书和一次演讲的例子来说明:
A 两者对集中注意力的培养都十分重要
B 他关于教学方法的理论是有充分根据的
C 读是比听更好的学习方法
D 在催眠状态下我们更容易记住事情
文中对应点：第二段
首先，考生可以将C排除，因为文章并未涉及这个选项的内容。D选项所提到的催眠在第二段根本未被提及，也可以直接排除。A和B两项中，A与文中所述内容不符，文中是用两个例子来说明当我们记忆的时候，记住的往往是无关紧要的细节，而不是用来说明书和演讲对于促进注意力集中的重要性。因此B是正确答案，文中所举的两个例子相当于论据，用来证明他关于教学方法的理论是有充分根据的。</td></tr>
<tr><td>30</td><td>Lozanov/或按照顺序原则定位在第三段</td><td>题目翻译：Lozanov认为教师应该训练学生去：
A 记住课程的细节
B 开发自己的间接教学模式
C 思考课程以外的内容
D 避免过度用脑
文中对应点：第三段
In suggestopedia, as he called his method, consciousness is shifted away from the curriculum to focus on something peripheral.
选项C中something other than the curriculum content刚好可以和上句中的shifted away from the curriculum to focus on something peripheral相对应。即使考生根本不认识peripheral一词，也可以从shift away 这个词组猜测出来重点被从curriculum上转移到别的东西上去了，然后可以推出正确答案是C。
原文第三段中出现了the reserve capacity of the brain，此时考生很容易误选D，因为选项D中也出现了capacity和brain这两个词，但原文表达的意思是“由大脑的储备功能来处理课程”，同D项内容完全不同，故排除。
选项B比较不切实际，一个学生不可能会开发自己的教学模式。这一点在第三段中也完全没提到。
选项A中的details一词在第三段中也完全没有出现，因此也比较好排除。</td></tr>
</table>

Questions 31–36

- 题目类型：TRUE/FALSE/NOT GIVEN
- 题目解析：

31. in the example of suggestopedia teaching in the fourth paragraph, the only variable that changes is the music

参考译文	在第四段中所提及的暗示教学法例证中，音乐是唯一变化的元素。
定位词	in the fourth paragraph
解题关键词	only
文中对应点	通常情况下，如果选项中出现过于绝对的词，如only，never或all的时候，那么这个选项往往是错误的。本题中出现了only一词，这可以作为一个解题依据。 在解题时，不要被题干中variable（变量）一词吓到，只要盯准only和music就可以了。回文中第四段，通过阅读整段中提到的教学的两个阶段：音乐从第一阶段的古典音乐到了第二阶段的巴洛克式音乐，老师也从第一阶段的"用缓慢且庄严的语调朗读课文"变成了第二阶段的"用正常声调朗读课文"。这就证明改变的不仅仅是音乐，还有老师的朗读方法。 The teacher reads the text slowly and solemnly, with attention to the dynamics of the music. ... in the second part...while the teacher reads the text in a normal speaking voice.
答案	FALSE

32. Prior to the suggestopedia class, students are made aware that the language experience will be demanding.

参考译文	暗示教学法课程开始之前，学生就被提醒语言学习将会是费力的。
定位词	prior to / 也可以根据上一题按顺序法定位在第五段
解题关键词	demanding
文中对应点	首先，考生使用prior to一词与beforehand对照，定位到文章第五段。接着可以找到文中原句：through meeting with the staff and satisfied students, they develop the expectation that learning will be easy and pleasant and ... 这句话表明通过与老师以及对这种语言学习方式感到满意的学生的交流，他们形成了一种期待：那就是接下来的学习将是简单轻松的。原文中的easy and pleasant与题目中的demanding互相矛盾，由此可知答案应为FALSE。 此题解题关键还是在于词汇：demanding 一词英文的解释是effort-intensive: requiring a lot of time, attention, energy, or resources。 同义词有：difficult/hard/challenging/tough/severe/serious/arduous/stressful/taxing/exacting 反义词是easy ***TIPS:*** 这道题目的风格就是love it or hate it。有词汇量的同学会love it, 而词汇量小的同学则会hate it。提高雅思成绩的根本，或者说解决T/F/NG题目的根本是扩充词汇量。
答案	FALSE

33. In the follow-up class, the teaching activities are similar to those used in conventional classes.

参考译文	跟进课程使用了与传统课堂相似的教学方法。
定位词	follow-up / 也可以根据上一题按顺序法定位在第六段
解题关键词	similar to

文中对应点	对于想使用并不存在比较关系法解题的考生来讲，这道题目无疑会滑铁卢。尽管题干中带着similar，但是最终答案却是TRUE。 第五段中有这样一句话：Such methods are not unusual in language teaching. 这些方式在语言教学中十分寻常。言外之意，暗示教学法跟进课程中所用的教学方法比如games 或者improvised dramatisation，在普通教学中也被用到，推测一下，即为跟进课程使用了与传统课堂相似的教学方法。俗话说，凡事无绝对，解题技巧更是如此。其实，如果按照常规方法解题，按照文章语流找下去的话，不难找到此题答案。所以，在有时间有精力的情况下，还是建议考生按照常规方法解题。只有在时间十分急迫，而所剩的T/F/NG题目又实在过多的情况下，才可以采用猜测法。 ***TIPS:*** Similar / other / another / second / next 等词一般是该题选NG的标志
答案	TRUE

34. As an indirect benefit, students notice improvements in their memory.

参考译文	作为间接益处，学生注意到他们的记忆力提高了。
定位词	按照顺序原则，此题在文中的对应内容应该紧随33题所对应内容。
解题关键字	improvements in their memory
文中对应点	按照顺序原则，从33题所在句子往后找，有的考生可能会找到这句话：Another difference from conventional teaching is the evidence that students can regularly learn 1000 new words of a foreign language during a suggestopedic session, as well as grammar and idiom. （与传统教学模式不同的是，在间接暗示方法下，学生通常可以轻易记住1000个生词以及语法点和成语。） 有的同学看到这句话，认为这就表明学生的记忆力提高了，其实这是典型的偷换概念：作者仅仅是说采用暗示方法的学生记住了1000个单词，这高于传统教学方法的成果，但是并没有说记住1000个单词，就代表他们的记忆能力有了所谓的提高，从文中给出的证据，我们是无法推知这个结论的。因此答案是NOT GIVEN。
答案	NOT GIVEN

35. Teachers say they prefer suggestopedia to traditional approaches to language teaching.

参考译文	教师们说较之传统教学方法，他们更喜欢暗示教学法。
定位词	teachers
解题关键字	prefer...to...
文中对应点	这是个典型的不存在比较关系的NOT GIVEN题。此类型题目一般都是在拿一些无关紧要，不合常理，或与文中所述内容矛盾或无关的东西做比较。 “剑3”有： Bush flies are easier to control than buffalo flies. “剑4”有： Girls are more likely than boys to hold mistaken views about the rainforests’ destruction. Alternative therapists earn higher salaries than doctors.

文中对应点	"剑5"有： Toughened glass has the same appearance as ordinary glass. 这些题目的共同特点是，用文中出现过的两样事物做比较，但所表达的意思却并不符合原文。正如本题，文中提到了suggestopedia及conventional teaching，但主要讲了两者的区别与联系，并未表明教师对两者的偏好，因此答案为NOT GIVEN。 如果按照传统方法回文中寻找此题定位词的话，考生基本会读到最后一段，这样既耽误时间也无益于解题，建议这道题目先暂时放弃，转回头再来完成。
答案	NOT GIVEN

36. Students in a suggestopedia class retain more new vocabulary than those in ordinary class.

参考译文	暗示教学班的学生记住了比普通班学生更多的新单词。
定位词	new vocabulary
解题关键字	retain / more
文中对应点	在文章第六段的跟进课程中有这样一句话： Another difference from conventional teaching is the evidence that students can regularly learn 1000 new words of a foreign language during a suggestopedic session, as well as grammar and idiom.（与传统教学模式的另外一点不同就是在间接暗示方法下，学生通常可以轻易记住1000个生词以及语法点和成语。） conventional teaching等同于题目中的ordinary class, difference一词就暗示了暗示教学法比传统教学方法的进步，而后面强调学生在暗示方法下可以记住多达1000个新词，显然比在传统教学方法下记忆的更多。因此答案是TRUE。 如果考生做到这一题，再回顾整个六道TRUE/FALSE/NOT GIVEN题目，就会发现33，35和36题都是在比较关系上做文章，如果一个大题中比较关系以这样密集的程度出现，关于比较关系的技巧也就往往失灵了，这时就需要具体情况具体分析，而不能鲁莽地把所有比较都归类为NOT GIVEN。 从回顾中我们能够得到的第二个启示是，在33和36题的夹缝中，根本没有34和35题的生存空间，如果TRUE/FALSE/NOT GIVEN按照顺序出题的原则，对应点不存在的题目只能选择NOT GIVEN答案，这样34和35题则显得也没那么困难，可以直接判断了。 *TIPS*：一个大题是一盘棋，题目之间往往会互相影响，互相制约，纵观全局，则会有新的收获。
答案	TRUE

Questions 37–40

- 题目类型：SUMMARY
- 题目解析：

先做两个热身准备：

第一，先用hypnosis一词把该题定位到文章最后两段。当然，如果联想到上一大题，这个填空题目也只有最后两段可用于出题了。

第二，先将词库里的单词进行词性归类，以备后用。比如可以分成：

形容词组：A/D/E/G/I/J/K

名词组：B/C/F/H

在分组过程中，考生可以轻易看出A和G是一对标准反义词（spectacular和unspectacular），根据两个相似选项中必会有一个是正确答案的原则，可以将这对反义词单独列在一边。

热身工作做好了，就可以开始了。

题号	定位词	文中对应点	题目解析
37和38	hypnosis/however/a certain amount/convince/a	Lozanov acknowledges that the ritual surrounding suggestion in his own system is also a placebo, but maintain without such a placebo, ...	这两个空位于题目同一句话当中，因此应该被作为整体来看待，而且考生要预见到出题人有可能会将两者顺序调换。两个空都要求填名词，而刚才名词组里一共有四个词：teaching, lesson, ritual和placebo。teaching很有可能被个别同学认为是动词而出局，那么歪打正着，名词组里就只剩下三个词了：lesson, ritual和placebo。lesson这个词放在37和38任何一个空在意思上都显得别扭，包围圈逐渐缩小到ritual和placebo身上，现在要决定的就是顺序了。 题干说：与其他如催眠那样的方法相比，暗示教学法使用了一种不那么直接的暗示方法。然而，Lonazov承认为了说服学生，一定量的__37__还是必要的，尽管__37__只是一种__38__。 从Lozanov acknowledges向后寻找，很快找到a这个冠词，后面就是38空要填的词H placebo，返回头寻找曾经出现在词库里的名词，考生就得到了F ritual。尽管两个词都不太认识，此题仍可以猜测出来。
39和40	follow a set procedure/although/most other teacher	While suggestopedia has gained some notoriety through success in teaching of modern languages，few teachers are able to emulate the spectacular results of Lozanov and his associates.	首先，要确定这两个空要填的都是形容词，而且两个空里还必须有个空填A和G当中的某一个，这些条件就使得脱离或者半脱离文章填空成为可能。 题目中的句子翻译为： 再者，如果暗示教学法要取得成功，教师就必须遵循一套教学流程。尽管Lozanov的方法已经变得很__39__，然而大多数其他教师的使用结果都是__40__。根据上述翻译，39和40应该填上一对反义词，根据文章，L的方法是spectacular的，那么教师的结果应该与之相反，因此40空应该填G unspectacular。那么39空应该填什么呢？有的考生可能觉得为什么不可以填spectacular。这是因为文章中说暗示教学法gained some notoriety。notoriety是此题关键，本来此词是臭名昭著的意思，但在这里贬义褒用，取著名之意。那么K well known 显然就比spectacular更合适了，故39题应该选K。

参考译文

暗示教学法

Bernie Neville的《暗示教学法》一书，主要着眼于激进的新式学习方法，讲述了情感、想象力以及潜意识在学习过程中所起的作用。书中讨论到了由George Lozanov提出的一个理论，那就是暗示的力量。

Lozanov的教学技巧主要基于这样的证据：在无意识状态下（他称此为非特异性心理反应）大脑所作出的各种联系要比在有意识状态下作出的持续更长时间。除了实验室证据可以证明这一点之外，我们自身的经历也表明我们通常会记住自己所观察到的周边信息，而忘记最开始的学习目的。回想一下几个月前或是几年前学过的课本，会发现我们能够轻易地回想起一些无关紧要的细节，比如书的颜色、装订、字体或是我们当时在图书馆阅读此书时所坐过的桌子，而不是回想起当时我们集中精力所看的课本的内容。再试着回想一下我们曾经认真聆听过的讲座，较之应该听到的演讲主题而言，我们会更容易回想起演讲者的容貌和举止风度，我们在报告厅的位置甚至是当时坏掉的空调。即使这些周边细节是比较容易忘掉的，但在催眠状态下，或是当我们像演心理剧那样在想象中重温当时的情景时，这些周边信息就能很快地被回想起来。而另一方面，演讲内容的细节信息早就被抛到九霄云外了。

这种现象的产生有一部分归因于常见的起反作用效果的学习方法（拼尽全力去记忆，令肌肉紧张，最终导致疲惫）。但同时它也恰恰反映出大脑运转的方式。据此Lozanov建立了他教育系统的核心：间接教学法，也叫暗示法。在他称之为暗示教学法（suggestopedia）的方法中，学生的注意力被从本该集中精力学习的课程上转移到了外部信息上。这样课程本身就成了外部信息，由此就可以被大脑的储备功能来处理。

外语学习中的暗示教学法是这一理论的绝佳例证。这种方法最新的改良版本（1980年）是学生边听音乐边朗读单词和课文。第一节课被分成了两部分：第一部分中，教师会伴随着古典音乐（莫扎特，贝多芬，勃拉姆斯）的旋律以缓慢且庄严的语调朗读课文。学生则跟着看课文。接着是数分钟的静默。下一部分中，学生们要听的是巴洛克音乐（巴赫，柯瑞里，亨德尔），此时教师用正常的语音语速朗读，而学生将书本合上。整节课上学生的注意力都是被动的，他们只是在听音乐而并不学习课本内容。

事先，学生们已经为这种语言学习体验做足了准备。通过与老师以及对体验效果感到满意的学生的交流，他们形成了一种期待，那就是接下来的学习将是简单轻松的，他们在一节课的时间里就可以成功记忆几百个外语词汇。在上课之前的讲话中，教师会向学生们简单介绍要讲的内容，但不是去“讲授”内容。同样，学生也会被告知在这个介绍的过程中，不要试图记住所介绍内容。

两段式课程结束几小时后，会有一个跟进课程鼓励学生们回忆刚才课上所学的内容。教学方法同样是间接的。学生还是不必集中精力去记忆这些词汇，而是尝试将这些词汇用于交流（比如通过游戏或是即兴演出）。这些方式在语言教学中十分常见。但间接暗示法的特殊之处就在于它完全致力于帮助回忆。对内容的学习是自动的，不费吹灰之力的，听着小曲儿就搞定了。教师的主要任务就是辅助学生将他们在模糊意识状态下所学的东西进行应用，因而使得学到的东西在有意识状态下也可以轻易获得。与传统教学模式的另外一点不同就是在间接暗示方法下，学生通常可以轻易地记住1000个生词以及语法点和成语。

Lozanov试验过在睡眠状态下、催眠状态下或精神恍惚之际给出的直接暗示的教学法，结果发现这些过程都是没有必要的。催眠术、瑜珈、西瓦心灵术、宗教仪式以及精神疗法都与成功的暗示相关，但看上去好像没有哪一种技巧是在使用暗示法时必不可少的。这些仪式可能被视作安慰剂。Lozanov认为他的体系中围绕暗示所进行的仪式实际上也是安慰剂。但同时也指出如果没有这种安慰剂，人们就不能甚至惧怕使用他们大脑的储备容量。正如任何一种安慰剂一样，它也要获得权威部门的认可才能有效果。正如医生充分利用权威暗示的力量，坚持要求病人必须每天三次、餐前服用某种白色胶囊一样，Lozanov也坚决要求暗示教学法一定要按照事先指定好的方式进行，并且要由培训过的合格教师来执行。

尽管凭借现代语言教学中的成功案例，暗示教学法有了一定程度的名气，但几乎没有一个教师能够取得像Lozanov和他的同僚那样显著的成就。也许我们可以将这些平庸的成果归咎为安慰剂效果不足。学生还没有形成适当的思维体系，在运用这种方法学习的时候他们没有充分被激发，他们没有足够的“信念”。

他们认为这不是真正的教学，尤其是因为这种教学方法并没有涉及他们学会相信的学习之根本——那就是“学”。

背景知识

Educating Psyche

Emotion, Imagination, and the Unconscious in Learning

Bernie Neville

In Educating Psyche, Bernie Neville, who teaches at La Trobe University in Melbourne, Australia, has integrated the most penetrating and original psychological thinking of the twentieth century into a theory of education. This book is an illuminating journey into the deeper regions of the human mind guided by the work of Jung, Freud, Assagioli, Milton Erickson, J. L. Moreno, Georgi Lozanov, and other pioneering theorists.

The book explores the educational applications of archetypal psychology, psychodrama, neuro-linguistic programming, meditation, autogenic training （ranging from affirmations to biofeedback）and a great deal more. The scope of this book is breathtaking.

For Neville, the ultimate goal of human development is wholeness integration and balance of the diverse possibilities and energies of which we are constituted. Drawing upon Greek mythology to explore the universal archetypes of human experience, Neville demonstrated that different understandings of education cultivate different avenues of human possibility. He provides a poetic and passionate defense of learner-centered pedagogies, for example, as a counterweight to a largely Promethean system of schooling dominated by technological and economic interests. A major purpose of the book is to call attention to the neglected functions of play, spontaneity, intuition, imagination, nurturing, love, ecstasy, and transcendence—all of which are essential to a full and meaningful life. Yet he warns that an education completely under the spell of Eros or Dionysus is similarly single visioned and would lead to its own distortions of human development.

The early chapters of the book describe various techniques that have grown out of the depth psychologies Neville considers. Short of a complete transformation of educational institutions, the selective use of these techniques may be a powerful way to open new horizons for educators and young people. But Neville goes further and considers the philosophical and cultural ramifications of these deep understandings of the mind: It may not seem to have much practical application for the ... teacher to envision her pupils as the critical point in the universe where evolution is in process, where matter is evolving into consciousness, where universal mind is emerging, but it certainly gives her activity some significance（p. 154）. Indeed, these psychological inquiries suggest a far deeper and more complex significance to human development than contemporary approaches to schooling even begin to suspect. In this light, education must be conceived as a quest for meaning, integration, and wholeness.

WRITING

TASK 1

题目要求（见“剑7”P30）

审题

此题为表格题，是关于2002年五个国家在不同消费品上的开支。表格纵列为五个不同国家，分别是爱尔兰、意大利、西班牙、瑞典和土耳其；横列为三类不同的消费品，分别为食物/饮料/香烟、服装/鞋子、休闲/教育。数据形式为百分比。

写作思路

表格题的写作思路的关键首先在于分析横、纵列，然后得出写作的顺序。分析的重点在于动态的变化和静态的比较。本题为固定时间段内的比较，不涉及动态变化。在静态比较方面，有两个思路：一是每个国家在不同消费品上的开支的比较；二是不同国家在同一消费品上的开支的比较。从两个思路中的任意一个切入，都可以描述出表格的核心信息。

考生作文（见“剑7”P162）

参考译文

不同国家的消费开支各不相同。表格显示了2002年五个国家(即爱尔兰、意大利、西班牙、瑞典和土耳其)在一系列物品上的消费开支。

在这五个国家里，食物、饮料和香烟都是消费开支里最重要的，比例各不相同。在爱尔兰和土耳其，所占百分比近30%，而在其他三个国家则不到20%。

服装和鞋类是这些国家中第二重要的消费支出。在意大利，所占百分比为9%，瑞典为5.4%。而在其他三个国家，数字非常相近，都为约6.5%。

最后一项消费开支是在休闲和教育上。在土耳其为4.35%，在其他四个国家，都不到4%。

总之，我们可以说，在2002年，食物、饮料和香烟是五个国家里最重要的消费支出，而不同国家的消费支出也截然不同。

分析

本文为5.5分。

考官点评（见“剑7”P162）

参考译文：本文集中描写了核心信息，把国家进行归类，使用了支持性的数据，并进行概括总结。但是，文中没有清楚地提到这些百分比代表什么，也需要进一步展开叙述核心比较。

考生通过标志词和一些有效的指代和关联组织文章，虽然并非所有的观点都是清晰地关联在一起的，而且结尾有重复。

词汇量相当有限，刚能满足要求。对题目文字的变换表明用词不够灵活。有一些拼写和词形方面的错误，而且多处重复。同样，句型缺乏变化，几乎没有什么复杂结构。不过，除了基本语法方面的一两个错误，简单结构用得比较准确，也易于理解。

内容

这篇文章的内容基本完备，也有比较。但问题在于只是罗列数据，而没有说明。比如，需要指出百分比为percentage of national consumer expenditure，也就是在这些消费品方面的花费占国民消费总支出的比例。核心信息的比较也需要更加充分。以第二段为例：Food, drinks and tobacco were in the most important position on consumer spending in all of the five countries, and in a different percentage. In Ireland and turkey, they were near 30%, while in the other three countries they are under 20%. 这样写只是6分的水准。可以改进如下：Food, drinks, and tobacco constituted the largest proportion of national consumer expenditure. The largest percentage of consumer spending was in Turkey （32.14%）. It was followed by Ireland, Spain, and Italy, with 28.91%, 18.80%, and 16.36% respectively. Sweden had the smallest percentage at 15.77%.

结构

The most important, the second important（应为the second most important）, the last, in conclusion等起到标志词的作用。文章中也通过they, it等指代词和while等关联词起到了连接上下文的作用。但文章的结尾是通过重复，而不是改写来进行归纳的。

用词

词汇量有限。例如，在表达百分比的时候，只是一味使用was, were等系动词，没有能够使用make up，constitute，account for等比较复杂的词汇。

文章开头对于题目说明性文字的改写不好。题目原文为：The table below gives information on consumer spending on different items in five different countries in 2002. 本文开头为：The table shows the vary consumer spending on a seires of intems in the five countries, namely, the Ireland, Italy, Span, Sweden and Turkey in 2002. 更好的写法是：The chart describes the percentage of different countries' spending on three kinds of consumer items in the year 2002. 也就是说，开头的信息交代应该涉及四个核心内容：时间、地点、数据形式和描述对象，而且要注意词语的替换。

除了重复过多以外(如consumer spending和the figure)，文章有一些拼写和词形方面的错误。例如：

拼写错误：seires(应为series)；intems(应为items)

词形错误：vary consumer spending(应为various consumer spending；various为形容词，而vary为动词)

语法

简单句基本准确，但复杂句子极少(只有一个宾语从句和一个状语从句)，限制了得分。

本文语法错误不多，但也存在。例如：

单复数：spendings(应为spending，不可数名词)

主谓一致：the figure were(应为the figures were)；The last consumer spending were(应为the last consumer spending was)

TASK 2

题目要求（见“剑7”P31）

审题

题目翻译：普遍认为一些人生来就有某方面的天分，比如在体育或是音乐方面；而另一些人则没有。

但是，有些人认为通过教育可以使任何孩子都成长为优秀运动员或者杰出音乐家。讨论双方观点并给出你的看法。

本题在题材上属于教育类话题，题型上属于讨论类(Discuss)。有关天分和教育的关系，是雅思常考话题之一。本题的关键点在于体育和音乐上能否取得成就是取决于天赋还是后天的培养。值得考生注意的是，讨论类题型在07年和08年占到留学类议论文的三分之一左右，而在09年上半年已经增加到近一半。讨论类作文最重要的是不能只提出自己的观点，而要先分析对立双方的观点。

写作思路

本文需要讨论要成为出色的运动员或是音乐家，是天分依靠，还是靠后天的教育和训练才能做到。构思时，考生应该从两方面进行分析和论证，然后在此基础上得出自己的倾向。最简单的写法是文章分为四段：第一段引出话题，第二、三段分别讨论两个方面的观点和各自的理由，第四段提出自己的观点。更加复杂一点的写法是把自己的观点结合进第二、三段，也就是说，在讨论别人观点的时候就进行有倾向性的评价。

考官范文（见“剑7”P163）

参考译文

天赋和训练哪个更重要，是人们在试图解释体育、艺术、音乐等方面的不同能力水平的时候经常讨论的话题。

显然，教育体系是建立在这样的信念的基础上的：所有的孩子都可以通过教育有效地获得不同的技能，包括那些和与体育、艺术或音乐相关的技能。所以，从我们自己的学校经历中可以发现大量的证据来支持这一观点：孩子可以通过持续的教育和有指导的练习获得这些技能。

然而，一些人认为正是先天的才干把通过训练掌握一项运动或是一件乐器的人和那些高手区别开来了。换句话说，技能不仅仅是后天习得的技巧，而这种特殊的才干没法教会，无论老师有多优秀，或者孩子有多么勤于练习。

就我个人而言，我认为一些人的确有着可能通过基因遗传得来的才干。这种才干能让他们拥有一些技能，凭借这些技能他们能够超越他人，而那些更加勤奋的学生永远没法达到相当的程度。不过，如同所有涉及先天与后天的问题，两者不是相互排斥的。杰出的音乐家或艺术家和非凡的体育明星之所以成功，可能是因为良好的训练和天赋的共同作用。没有天赋，不断的训练可能既乏味，又没有效果；而没有训练，孩子则没法学会如何运用和发展天分。

总之，我同意任何孩子都能够学会特殊技能，但要想在音乐、艺术或体育等领域真正有所成就，是需要一些天赋的。

分析

这篇考官范文的第一段直奔主题，简明扼要地引出话题。值得考生注意的是，讨论类文章的第一段话不一定需要提出正反两方的观点，也不一定要摆明作者自己的立场。可以只是提出话题，也就是讨论的问题(issue)就可以了。

文章第二段涉及的是作者相对而言不太同意的观点（反方），而第三段则提出作者相对比较同意的观点（正方）。这样写的好处是正方观点和作者自己的观点在文气上可以连成一体，使得论证更加充分。

文章第二、三段分别运用了事实论证（from our own school experience）和解释说明论证（in other words）。

文章第四段作者提出自己的观点：音乐、艺术和体育等的杰出成就往往和天赋有关。但值得考生注意的是，许多人在提出自己的观点时，往往过分绝对化，完全倾向于正方观点。而这篇范文则不是这样。虽然作者有明显的倾向，但还是分析了两种观点之间的复杂关联，认为先天因素和后天因素不是互斥的。作者在观点和论证上都体现了部分的折中。

文章的结尾通过让步和反驳论证，总结了作者的观点，回应了题目的要求。

文中句型

（1）...be based on the belief that... ……是建立在……的信念的基础上的。例如：

Democracy is based on the conviction that man has the moral and intellectual capacity, as well as the inalienable right, to govern himself with reason and justice.（出自美国杜鲁门总统的就职演说）民主是建立在这样的信念的基础上的：人类拥有道德和理智的能力，以及不可剥夺的权利，来用理性和正义管理自己。

（2）differentiate...from... 把……和……区别开来。例如：

A child may not differentiate his imagination from the real world. 孩子可能无法把想象和现实区分开来。

These distinctive policies differentiate them from the other parties. 这些鲜明的政策把他们和其他党派区分开来。

（3）There is more to...than... ……不仅仅是……。例如：

There is more to the game than winning. 玩游戏不仅仅是为了赢。

There is more to sustainable development than combating climate change. 可持续发展不仅仅是与气候变化作斗争。

（4）Without..., ...would... 没有……，……就会……。例如：

Without water, man cannot survive. 人没水活不了。

Without more training, they would lose their jobs. 如果没有进一步的培训，他们可能会失去工作。

其他常用句型：

讨论类文章开头常用的套话：...is a frequent topic of discussion. ……是人们经常谈论的话题。

表示论证的句型：We can find plenty of evidence to support the view that... 我们可以找到大量的证据来支持这一观点……

SPEAKING

PART 1

在第一部分，考官会介绍自己并确认考生身份，然后打开录音机/笔，报出考试名称、时间、地点等考试信息。考官接下来会围绕考生的学习、工作、住宿或其他相关话题展开提问。

话题举例

Keeping in contact with people

1. How do you usually contact your friends? (Why?)

答题技巧：此题考官考查日常生活中与朋友联系的方式，并且解释一下原因。考生可以思考一下现实生活中我们都用什么手段或者工具和朋友保持联系，比如：上网同步聊天 (synchronous chat)，在论坛(discussions forums)上交流，写信(letters)，打电话(phone calls)，发短信(short messages)等等。

Well, I usually chat with my friends by MSN Messenger or by Email because I'm a **mouse potato**. I spend a great deal of time on the computer every day. If there's a serious topic to talk about, I will choose face-to-face communication because **eye contact** and **body language** can avoid **misunderstanding**.

mouse potato 电脑迷(仿couch potato构词)　　eye contact 眼神交流
body language 肢体语言　　misunderstanding 误解

2. Do you prefer to contact different people in different ways? (Why?)

答题技巧：针对不同的人，我们用什么不同的方式去联系呢。有些人距离较远不方便见面，可能会选择写信或者打电话。有些人是挚友，可能经常一起出去玩。

Yes, I do. For those **acquaintances**, I don't see them face-to-face very often, just **greet** them on some festivals by telephone. I like to meet my close friends every weekend because I know they are my real friends and will **last forever**.

acquaintance 认识的人　　greet 问候
last forever 永远持续

3. Do you find it easy to keep in contact with friends and family? (Why/Why not?)

答题技巧：与家人朋友联系是否容易。在信息社会，相信人与人之间的联系会非常容易。反过来想一下，有什么困难可以跟考官说说？

Yes. It's easy for people to keep in touch with each other by many ways: letters, digital cameras, **cell phones**, **blogs**, and **so on and so forth**. Email is the most convenient way to contact people if you have their email addresses. But the only **pain** for me is that sometimes I have to email too many people back, whatever **hypocritically** or sincerely.

cell phone 手机　　blog 博客
so on and so forth 等等　　pain 痛苦
hypocritically 虚伪地　　sincerely 真诚地

4. In your country, did people in the past keep in contact in the same ways as they do today? (Why/Why not?)

答题技巧：人们在过去互相联系的方式和现在有什么不同？这是个典型的对比问题，需要考生回答问题的时候比较出过去和现在人们联系方式上的不同，回答此题时要注意时态的运用。

People in the past contacted each other mainly by **handwriting letters**. Today, emails are used more because they don't have to go wait a day and have a **stamp**. But getting a hand written letter seems to **spark** a more **personal feeling**. I think it is a **lost art** in this modern world of **text messaging** and emails.

handwriting letters 手写的书信　　stamp 邮票

spark 闪烁，闪耀　　personal feeling 个人感觉

lost art 失传的艺术　　text messaging 手机短信

PART 2

考官给考生一张话题卡(Cue Card)。考生有1分钟准备时间，并可以做笔记(考官会给考生笔和纸)。之后考生要做1~2分钟的陈述。考生讲完后，考官会就考生的阐述内容提一两个相关问题，由考生做简要回答。

> **Describe a party that you enjoyed.**
> **You should say:**
> **whose party it was and what it was celebrating**
> **where the party was held and who went to it**
> **what people did during the party**
> **and explain what you enjoyed about this party.**

话题卡说明

话题卡"Describe a party"是事件题中较为重要的一个，考官主要考查考生是否能描述各种事件经历的能力。类似的话题卡还有"Describe a happy event"，"Describe a local event"等。考生在描述这个话题卡时要注意的是突出强调enjoyable的感觉。

点题	OK, I'd like to talk about a party I attended last year, it was enjoyable.
聚会目的	One thing our family does every year is to all come together in my grandmother's house celebrate her birthday. Her birthday comes in December, just 2 days after the Christmas.
地点人员	The whole **clan** was there. That is, my entire **extended family** including my uncles, aunts, cousins, and grandparents. We go to my grandmother's house because she's old and finds it difficult to travel very far, so it's easier if we come to her. I also saw my Uncle Bernard who's living in Germany. He can tell some **side-splitting jokes**.
活动	We had a huge meal with my grandmother which everyone helped to cook. We **sat around** our dinner table eating delicious food and **catching up on** all our news. Every family member gave my grandmother a gift and a best wish.
为何喜欢	I love these big **get-togethers** because it's the only time I get to see some of my relatives. We live all over the country so without family events like this one we might not see each other at all. I like the way everyone is relaxed and enjoying themselves and not thinking about the pressures of their normal lives back home. It was rather a family party than a birthday party for us. It's great for everyone to catch up and come together as a family. We also played games together and generally had fun. By the end I was so tired I was **falling asleep on my feet** but it was good fun.

重点词句

clan 家族
extended family 大家庭
side-splitting joke 非常有趣的笑话
sit around 围坐
catch up on 聊
get-together 聚会
fall asleep on feet 站着睡着

PART 3

第三部分：双向讨论(4~5分钟)考官与考生围绕由第二部分引申出来的一些比较抽象的话题进行讨论。第三部分的话题是对第二部分提示卡内容的深化和拓展。

话题举例

Family parties

1. What are the main reasons why people organise family parties in your country?

答题技巧：人们组织家庭聚会的主要原因是什么。回答这个问题的时候，思路是最重要的。不妨先想一下，家庭聚会能给我们带来什么，增进感情(enhance the emotion)，缓解压力(relieve the stress)，等等。

It's great being able to see everyone again and enjoy one another's **company**. It's also a great way to share the love everyone has for the family and bring us closer together. People say 'You can choose your friends, but you can't choose your family', which means that even if your family members are annoying you can't change the situation. Sometimes there can be arguments and the atmosphere can **turn sour**. It's also difficult to get away and do your own thing if there's so much pressure to be together as a family during these occasions.

company 朋友；伙伴
turn sour 变味

2. In some places people spend a lot of money on parties that celebrate special family events. Is this ever true in your country? Do you think this is a good trend or a bad trend?

答题技巧：考官在问考生：花大笔钱在某一些特殊家庭聚会上这种情况在我们国家是否有，我们是否认为这是一个好的趋势。遇到这种观点论证的问题，回答的时候要记住：观点无所谓对错。考生可以赞同也可以反对，任选其中一种观点加以论证就可以了。

It does happen somewhere in China. I think the main reason people tend to **push the boat out** for special family events like weddings is that it's a unique event that will only happen once in their lives. They want to make it special and something to remember. Another factor is the desire to impress all your friends and relatives who will come to the family events. Not only do you want them to have fun and enjoy the occasion but you also want to show **off** a bit. I don't think it's a good trend to **splash out** ridiculous amounts of money on special family events.

push the boat out 举行狂欢的聚会
ridiculous 荒唐的
show off 炫耀
splash out 肆意挥霍

3. Are there many differences between family parties and parties given by friends? Why do you think this is?

答题技巧：这个问题是典型的左右论证问题，让考生谈论左右两方面的区别。回答这类问题的时候，要注意左右两方面都要谈，才能做到全面。考生可以从两种聚会的内容、形式、气氛等不同之处展开讨论。

Gathering with friends is more relaxed, there's usually a disco or bowling, more interesting. Family parties are a bit boring because there are usually food and talking. Also, friend's party can **reinforce** the bonds of a **social group**. In some contexts, it can strengthen **business related bonds**, strengthen a **sense of team** and make contacts to further one's career.

reinforce 加强　　social group 社会团体

business bond 生意圈　　sense of team 团队感

National celebrations

1. What kinds of national celebration do you have in your country?

答题技巧： National celebration在这里理解为“普天同庆”或“全国性庆祝活动”。这个问题不难回答，采用举例子的方法列举出一些举国同庆的法定假日就可以了。

There are many kinds of national days in China. New Year's Day. It is a **grand** occasion for the Chinese people. They celebrate the New Year like people all over the world. Spring Festival, which is held on the first day of the first **lunar month** and lasting for two weeks, is regarded by the Chinese people as the grandest and most important annual festival. Oct, 1st is China's National Day. It is a festival of great importance to the people **nationwide** and they celebrate it with great **felicitation**.

grand 重要的，重大的　　lunar month 阴历月

nationwide 全国性的　　felicitation 庆祝

2. Who tends to enjoy national celebrations more: young people or old people? Why?

答题技巧： 年轻人和老年人哪类人更喜欢“举国同庆”。回答这个问题时，任选一方自己擅长描述的作为观点，并用足够的理由来支持。比如：老年人更喜欢法定假日，因为他们希望传统文化得到保留。或年轻人更喜欢法定假日，由于现代化生活节奏的加快，假日给年轻人减压放松的机会。

I will say: Seniors. Kids today are not taught what our national celebrations mean. I mean it truly means. It's one thing to say we got our National day on Oct 1st, or what **Labor day** means, but the youth of today are not taught or experienced enough to enjoy them other than as **a day off** or a day to BBQ. **Seniors**, on the other hand, have in many cases **served in the army**, or have good friends who have, or lived through a war. Seniors understand and appreciate our national celebrations more, so they maybe not "enjoy" like partying, but revere them more.

Labor day 国庆节　　a day off 放假一天

Seniors 老年人　　served in the army 在军中服役，当兵

revere 崇敬，尊敬

3. Why do you think some people think that national celebrations are a waste of government money? Would you agree or disagree with this view? Why?

答题技巧： 很多人认为全国性庆祝活动是浪费政府的钱。我们的观点是什么？如果同意，理由可以是：用钱来搞形象工程 (vanity project) 是很铺张浪费的 (extravagant)，可以改善纳税人的生活水平(living standard)。如果不同意，理由可以是：有利于社会的团结 (national unity)，有利于提高国家的凝聚力(social cohesion)等。

I totally agree with that. I'm **fed up** with those **never-ending** national celebrations. Spending too much money on **vanity projects** is **extravagant**, and it's "a **sheer** waste of the tax payers' money". The government should use this money to quickly **resettle** the **disaster stricken victims**. I believe: **what is taken from the people is used in the interests of the people**.

fed up 厌倦，厌烦　　never-ending 无休止的

vanity projects 形象、面子工程　　extravagant 铺张浪费的

sheer 绝的，十足的　　disaster stricken victims 灾民

resettle 重新定居，安居

what is taken from the people is used in the interests of the people 取之于民，用之于民

Test 2

LISTENING

SECTION 1

场景背景介绍

一位男士给汽车公司打电话询问关于购买汽车保险的事务，并希望对方能够进行推荐。对话中涉及了大量个人及汽车的详细信息，包括姓名、地址、车型、其他使用人、用途等。男士希望换一家保险公司，因此也提及了与前一家公司合同期内索赔的情况。在西方国家，人们买保险的意识非常强，所以考试中出现各类保险咨询和购买的频率比较高。其中多数是为大件私有财产，例如房产或汽车等购买保险。对于留学生来说，保险与其更为相关，留学生到国外后会买的第一份保险很有可能是为自己的手机。手机保险的期限、金额以及是否需要强制购买都会根据电话运营公司的不同而有所不同。未来考试中如果出现类似考题，考生无需疑惑。

本节必背词汇、词组

insurance	*n.* 保险	relationship	*n.* 关系
daytime	*adj.* 日间的	brother-in-law	*n.* 小舅子（妻子的兄弟）
dentist	*n.* 牙医	quote	*n.* 报价
model	*n.* 型号		

词汇拓展

insurance company	保险公司	survey	*n.* 调查（收入等）
sum insured	保险金额	notice of loss	损害通知书
policy-holder	*n.* 保险客户，投保人	to renew	续保
branch of insurance	保险类别	null and void	宣告无效
insurer/underwriter	*n.* 保险业者，保险商	deposit premium	预付保险费
termination of risk	保险责任中止	reinsurance	*n.* 再保险，分保
coverage	*n.* 保险范围	natural loss	自然损耗
insured/assured	*n.* 被保险人	natural calamities	自然灾害

文本及疑难解析

1. What size is the engine? 发动机是多大的？
2. I presume you've had a precious insurer? 我猜你之前买过保险了？
3. And will there be any other named drivers? 有没有其他记名驾车者？
4. I'm getting a couple of quotes coming up on the computer now...and the best bet looks like being with a company called Red Flag. 电脑上现在出来了几个报价，看上去最好的是红旗公司的。

题目解析

本节的整体难度适中，未出现不熟悉的内容或语言。但较为不寻常的是出现了5道与名称有关的题(第1，3，4，6，9题)，其中第3题和第6题给出了拼写，而另外三题在作答时不要慌张。如果文中没有给出拼写，那么就填上脑海中浮现的最简单的词汇，不需要想得过于复杂。1-10题全部为填空：

1. 地址需首字母大写，并注意拼写。27 Bank Road。考试中若出现有难度的拼写一定会给出。
2. 原文直接回答了what's your occupation这个问题。而不理解occupation为何意的考生就需要预测发音，在原文中努力对应dentist。
3. 直接给出了拼写，全大写字母更为安全。只有首字母大写不扣分。
4. 同第1题的原则，对于未给出拼写的词，可以把脑海中浮现的最简单词汇认作那个词。
5. 原文给出了1999，说明答案即将出现。it was stolen对应题干结构，无难度。
6. 同第3题的原则。
7. relationship在题干和原文中未变化，brother-in-law可能出现拼写错误。
8. social use给出后意味着答案的来临。在to travel to work这个短语中选择用travel to work填空就能满足题目的字数限制。
9. 同第1、4两题的原则。
10. 看到题干中的cost和货币符号知道此处应捕捉数字，而原文没有混淆信息，只出现了一个数字。小心不要在誊写答案时把货币符号再抄一遍。

SECTION 2

场景背景介绍

旅游地的信息介绍。通常旅行社提供的活动是在有限时间内带领游客到若干旅游景点进行参观。本节中的旅行社提供了四个不同地点，之后又为我们介绍了每一地分别有什么特别之处。活动整体充满了历史感，其中两处旅游点也提供了较为现代化的服务和设施。在英国，与历史文化遗迹相关的旅游地非常多，可以参观许多城堡、城堡遗迹、博物馆、大教堂等，每一处都可以感受到古老文化底蕴与现代服务设施的完美结合。

本节必背词汇、词组

stopping points	停靠地(点)	shallow	*adj.* 浅的
palace	*n.* 宫殿	arcade	*n.* 拱廊，有拱廊的街道
residence	*n.* 居所，住处	commentary	*n.* 解说
refreshment	*n.* 茶点，点心	departure	*n.* 出发，离开
commercial	*adj.* 商业的	hop-on hop-off	随上随下

词汇拓展

art museum	美术馆	monument	*n.* 纪念碑
art gallery	画廊	public telephone	公共电话
botanical garden	植物园	public lavatory	公共厕所

national highway	国道	district	*n.* 区
traffic light	交通灯	residential area	居民区，住宅区
barracks	*n.* 兵营	urban	*adj.* 市区的
metropolis	*n.* 大都市	suburb	*n.* 近郊区
shopping centre	商业区	outskirts	*n.* 郊区
municipality	*n.* 市政当局	slum	*n.* 贫民窟，贫民区
municipal	*adj.* 市的，市政的	shantytown	*n.* 贫民区

文本及疑难解析

1. There are many different ways of getting round the city and we'd like to suggest some you may not have thought of. 有多种不同的游览城市的方式，但我们要推荐的是您从未想到过的。
2. At Stop A, if you have time, you can visit the fine 16th century palace here built for the king with its beautiful formal gardens. 在Stop A，如果有时间，您可以参观在16世纪为国王建造的配有皇家园林的美丽宫殿。
3. Now you can enjoy every corner of this superb residence. 现在您可以欣赏这座富丽堂皇的居所了。
4. This is a place where you can sit and enjoy the wonderful views over the old commercial and banking centre of the city. 这是一个您可以坐下来欣赏城市中古老的商业及金融中心景色的地方。
5. The Top Bus Company runs all its tours with a live commentary in English. Top Bus Company经营的所有路线都有现场英文解说。
6. This is a hop-on hop-off service and tickets are valid for 24 hours. 这是随上随下的服务，车票在24小时内都有效。（“随上随下”观光车是按日售票，并按规定线路行驶，车站间距不等，只在有景点的地方设站。乘客可以自己选择下车的站，在某个景点游览结束后回到车站，再凭票上另一趟车。）

题目解析

本节在过往考试中重复出现频率非常高，属于极为典型的题型及话题类型。

11~12为地图题。

第11~12 两道地图题答案给得非常直接，用文中的已知信息进行直接定位就能找到。

第13~18题为表格题。

13. 原文给出了本题题干中的两个提示线索：8 a.m.和last。
14. 反复出现了palace一词，且原文中的beautiful对应了题干中的lovely。
15. 此题的连读非常重，tower restaurant两词间出现了共同的r音，连在一起使得许多考生听不出前面的单词是什么，不过即使答案中只写了restaurant，此题也能得分。
16. 原文中的wonderful对应题干中的good。原文的centre of the city在句尾出现，这可能使考生听到最后才发觉答案已经给出，由此可见平时多做些听写锻炼来训练记忆能力是十分重要的。
17. 有可能在听到a good range of local history之后不确定local一词是否应该写在答案中。这时应注意题干不会出现重复的词汇信息，也就是说，题干已经给了就不需要再写一次。
18. 在表格中虽未出现明显难点，但面对此题，考生可能会有所犹豫，因为平时接触影院设施的词汇不多。而表格中最需要注意的是答案格式，在不确定的情况下，最安全的方法是参考横纵轴相应已知信息，完全效仿题中所示。

第19、20题为简答，通常无需特别小心大小写问题，但最后一题用where提问，要回答某个地点，首字母大写永远必要。

SECTION 3

场景背景介绍

这是一篇采访，新西兰基督城南极研究中心的博士在采访中就有关南极中心和《南极条约》等内容与大家进行了分享。博士首先解释说，由于地理位置便利，基督城被进行南极科考的各国科学家当作科研基地，随后博士对研究中心的作用进行了简要介绍，并提到常驻南极研究中心的国家都有哪些，以及参观者中心都提供了哪些服务项目。同时，博士还在采访中描述了南极的景观、地形、气候，以及形成这种气候的原因。最后，博士着重介绍了《南极条约》，描述了其从开始构思到最后签署的时间及过程，以及条约的重大历史意义：南极不属于任何国家，它是和平与环保的象征。

本节必背词汇、词组

Antarctic	*adj.* 南极的	atmosphere	*n.* 环境
Antarctica	*n.* 南极	showcase	*n.* 陈列柜
complementary	*adj.* 互补的	co-operation	*n.* 合作
historical	*adj.* 历史的	awesome	*adj.* 令人敬畏的
expedition	*n.* 探险，远征	magnificent	*adj.* 壮丽的，美妙的
scientific base	科考基地	continent	*n.* 大陆
supply	*v.* / *n.* 提供，供给	treaty	*n.* 条约
warehouse	*n.* 仓库	propose	*v.* 提议
specialist	*n.* 专家	territory	*n.* 土地，领土，领地
airforce	*n.* 空军	prohibit	*v.* 禁止
recreate	*n.* 再现	explosion	*n.* 爆炸

词汇拓展

hemisphere	*n.* 半球	industrial production	工业生产
humid	*adj.* 潮湿的，湿润的	industrial revolution	工业革命
hurricane	*n.* 飓风，狂风	industrialization	*n.* 工业化
hydrological cycle	水分循环	industrialized	*adj.* 工业化的
icecap	*n.*（高山等上的）常积不消的冰，冰盖	atmosphere	*n.* 大气，空气
		atmospheric	*adj.* 大气的
inadvertent	*adj.* 疏忽的，无意中做的	atmospheric temperatures	大气温度

文本及疑难解析

1. Well actually New Zealand is the second closest country to Antarctica and Christchurch is often used on Antarctic expeditions. 事实上新西兰是距离南极第二近的国家，而基督城经常被用作南极远征（科考的基地）。

2. Right, so it's because of where we are...coupled with our historical role. 那是因为我们所处的地点，以及我们一贯的历史性作用。
3. We're able to provide information about what scientists should take with them to the South Pole—for example, the centre contains a clothing warehouse where expeditions are supplied with suitable clothing for the extreme conditions. 我们能够提供信息，说明科学家到南极应具有哪些装备，例如我们有一个在极地环境下进行科考所需的服装的仓库。
4. Yes, exactly and then there's also the specialist library and mapping services. 是的，的确是这样，而且这里还有专家图书馆和地图服务(指路服务)。
5. And the centre also acts as a showcase for the unique international co-operation which exists in Antarctica today. 而且这个中心也体现了如今南极所存在的独具特色的国际合作方式。
6. Antarctica is a land mass shaped like a dome, with the result that the winds blow down the slopes at speeds of up to 150 km an hour and that's what makes it so cold. 南极是一片穹顶的大陆块，结果风从斜坡上刮下来时速能够达到150公里，这也是这里如此之冷的原因所在。
7. ...because fossils and rocks have been discovered in Antarctica which are the same as those found in places such as Africa and Australia. 因为在南极发现的化石和岩石与在非洲及澳洲所发现的是一样的。
8. But it wasn't until the 1950s that the idea of an international treaty was proposed. 但是直到20世纪50年代才有人提出设立一个国际条约的想法。

题目解析

本节中的选择题(第21~26题)比表格填空题(第27、28题)难度大。

21. 同义词的替换在本小节中要求比较高，geographically是指地理位置上的，对应原文的“the second closest country to Antarctica”。
22. 由于文中出现了we have two complementary roles. One is...and the other is...给考生带来了巨大压力，似乎有两个正确答案，又似乎两个都不对。其实后面又详述了其中一个作用，about what scientists should take with them，句意不难，但要求考生一定要平静听题，慌张之下可能会将简单的题目答错。
23. 本题答案在原文中的定位为“the visitors' center aims to recreate the atmosphere of Antarctica”，对应选项的“show people what Antarctica is like”，前者意思为“再现南极的环境”，后者是“表明南极是什么样的”，乍听之下并无关联，词汇也并不相近，其实含义完全相同。这就要求考生在脑中对信息进行快速处理，否则会漏掉答案。
24. 要解答本题，必须了解struck by意为“被……所震撼”，awesome与awful不同，可表达正面信息。选项中的extremely beautiful相当于原文中的awesome beauty。
25. 原文中的dome对应选项中的shape。不了解词汇很难进行判断，但至少考生应该抓到Antarctica is a land mass shaped like a dome这一信息点。
26. 此题的答案可以从原文中的the same as those found in places such as Africa and Australia找到依据。此题正确选项的词汇稍难，原本考生听到了两个国家，大概推测出南极似乎与其他土地有关联，但选项的geological evidence给题目增加了难度。

27~28题是填空题。

27. 本节中的填空题相对容易，答案在原文中直接体现。要注意两个年份不能写反。
28. 答案signed在原文中的发音不够突出，但信息给出的顺序降低了难度。

29~30题是多选题。

29. 原文中的peaceful use对应A项的no military use，两者所表达的意思是一样的，但可能有些考生不熟悉选项中的military一词。
30. nuclear原文重现。选项中没有出现混淆性信息，B、C、E三个选项原文没有涉及。

SECTION 4

场景背景介绍

说话者在此分享了一篇自己读过的文章,讲的是用手习惯对人在音乐和运动领域的表现有何作用及影响。说话者认为,文章作者的研究不仅能帮助运动员发现自己用手习惯上的弱点,并可以据此提出更有效的比赛策略。虽然这些研究成果非常重要,但并没有得到相关领域的关注。说话者提到,文章作者以音乐家为例,证明了键盘演奏者大多左右手混合使用,而弦乐器演奏者则多偏重于使用某一只手。接着,文章作者通过对猿的研究得出,猿大多是左右手混合使用,而85%的人类习惯于使用右手。最后,说话者提到,文章作者以曲棍球运动为例,说明左右手混合使用是最好的。

本节必背词汇、词组

handedness	*n.* 用手习惯	keyboard	*n.* 键盘
relevance	*n.* 关联，相关性	proportion	*n.* 比例
psychologist	*n.* 心理学家	consistently	*adv.* 一贯地，坚持地
sheer	*adj.* 纯粹的, 全然的	refer to	意指
observation	*n.* 观察	dominant	*adj.* 占优势的，支配的
insight	*n.* 洞察力	laterality	*n.* 偏侧化
capacity	*n.* 能力	opposite	*adj.* 相对的，相反的
musician	*n.* 音乐家	hockey stick	曲棍球棒
instrument	*n.* 乐器	invisible	*adj.* 看不见的，无形的
regularity	*n.* 规律性	gymnastics	*n.* 体操
undertake	*v.* 承担；接受	predominant	*adj.* 占主导地位的

词汇拓展

growth	*n.* 生长	equilibrium	*n.* 平衡
maturation	*n.* 成熟	babyhood	*n.* 婴儿期
adaptation	*n.* 适应	childhood	*n.* 童年期
adjustment	*n.* 调整	preschool period	学前期
congenital attribute	先天属性	juvenile period	少年期
transition	*n.* 转换	adolescence	*n.* 青少年期
imitation	*n.* 模仿	genius	*n.* 天才
instinctive behavior	*n.* 本能行为	gifted child	天才儿童
habituation	*n.* 习惯化		

文本及疑难解析

1. He spent the first part of the article talking about handedness in music instead of sport, which I have to say almost put me off from reading further. 他文章的第一部分全都在讨论音乐领域的左右手使用习惯，这几乎让我无法继续读下去。

2. Although most trainers know how important handedness is, at present they are rather reluctant to make use of the insights scientists like Matthews can give, which I think is rather short-sighted because focusing on individual flexibility is only part of the story. 尽管目前许多教练知道左右手使用习惯对运动员非常重要，但他们却不情愿采用像Matthews这样的科学家的研究。我个人认为这是目光短浅的做法，因为只注重运动员个人的灵活性是远远不够的。
3. And those who started younger were most mixed-handed. 那些早就开始（学习乐器的）的人基本上都习惯使用双手。
4. Studies showed that apes consistently using the same hand fished out 30% more ants than those varying between the two. 研究表明持续使用同一只手的猿比交替使用两手的猿捕捉蚂蚁的数量多30%。
5. If a player is cross lateral the racket is invisible from the dominant eye for much of the swing. 如果一个选手是手眼适应不同侧的（cross lateral 指使用手和眼睛的习惯方向相反的人，例如习惯用右手，但眼睛惯于关注左侧），在挥舞球拍时，球拍就会经常在习惯视线之外。

题目解析

31~35题是选择题。

31. put sb. off意指“觉得……无聊”，将B选项排除。原文中的struck by the sheer volume of both observation and investigation，指说话者被文章中对各种运动的研究的量吸引了。其中volume对应C项中的size，指文章的篇幅、规模或量。
32. 本节中的语言有相当难度，且内容专业。考生稍有粗心就会对选项作出错误的判断。例如32题对应原文“they can help them identify the most suitable strategies to use in a given game”，许多考生抓到了suitable，就直接将答案定位于C选项“developing suitable training programmes for sportspeople”，而原文的重点并非suitable而是strategies，选项B的“aiding sportspeople as they plan tactics for each game”出现了与原文相对等的“战略，战术”一词。因此，解答选择题最需要的能力是对同义词的替换。
33. 此题的A、C两个选项容易混淆。A选项的know nothing about指毫无了解。原文的they are rather reluctant to make use of the insights强调的是他们不愿意利用资源。而从常理推论，一个人不愿意使用某些信息或资源，通常是因为没有意识到那些资源的重要性。
34. C选项没有涉及相关内容。题干所需是关于mixed handed的，而B选项是关于one hand的。
35. 解题关键在于是否能够抓到consistently using the same hand和than those varying between the two。如果能够区分原文所说的“一直使用同一只手”和“交替使用双手”，便能理解多30%意味着更为成功。如果考生只抓到原文中的百分数而没有听懂句意，那么就很容易误选选项中有proportion的B项。

第36~40题要求考生熟练掌握词汇，理解题干内容，并需密切注意选项内容与原文内容是否存在对应关系，是否存在原文重现现象。

READING

READING PASSAGE 1

篇章结构

体裁 说明文

主题 日本宝塔何以屹立不倒。

结构 第一段：阪神地震威力大，只留宝塔不倒塌。
第二段：一九六八摩天楼，工艺刚及千年塔。
第三段：古代工匠巧心思，千年古塔有玄机。
第四段：中国塔内带楼梯，日本塔上加飞檐。
第五段：中国塔上琉璃瓦，一到日本变陶砖。
第六段：日本塔内悬中柱，此柱却非承重柱。
第七段：中柱原来像钟摆，宝塔只摇不会倒。
第八段：楼层之间不相连，好似帽子相堆叠。
第九段：飞檐好似平衡杆，强震又能奈"塔"何。

必背词汇

第一段

sweep	*vt.* 席卷，狂扫	flatten	*vt. & vi.* 变平；使(某物)变平；夷为平地
shake	*vi.* 摆动；震动；摇动	office block	办公大楼
seemingly	*adv.* 貌似；好像	devastate	*vt.* 毁坏，破坏
flimsy	*adj.* 不结实的；易损坏的	magnificent	*adj.* 壮丽的，宏伟的
collapse	*vi.* 倒塌，塌下	unscathed	*adj.* 未受伤的，无恙的
disastrous	*adj.* 灾难性的，造成灾害的	level	*vt.* 使平(坦)；使成平面
topple	*v.* 震倒		
elevated highway	高架公路		

第二段

mystify	*vt.* 使(某人)困惑不解；使迷惑	absorber	*n.* 减震器；吸收器
slender	*adj.* 高挑单薄的；细长的	dampen	*vt.*【物、电】使减幅，使衰减
erect	*vt.* 建起，建立	sideway movement	(地震中的)侧向运动
reinforced concrete	钢筋混凝土	skyscraper	*n.* 摩天楼

第三段

peg	*n.* 钉，木钉；栓	sway	*vt. & vi.* (使)摇摆，(使)摇动
wedge	*n.* 楔	settle	*vt. & vi.* (使)稳定；(使)平静
hesitation	*n.* 犹豫，踌躇	fight	*vt.* 对抗；抗争
trick	*n.* 诀窍，技巧，技艺		

第四段

multi-storey	*adj.* 多层的	practical use	实际用途
buddhism	*n.* 佛教	batter	*vt. & vi.* 连续猛击
be attached to	附属于	eave	*n.* 屋檐
inner staircase	内部楼梯	gush down	倾泻
watchtower	*n.* 守望塔	overhang	*vt. & vi.* 悬挂，悬垂；延伸
be dispensed with	放弃使用；不再拥有		

第五段

width	*n.* 宽度，阔度	earthenware	*n.* 陶器
porcelain	*adj.* 瓷制的 *n.* 瓷器		

第六段

resilience	*n.* 弹性，弹力	flex	*vi.* 弯曲；活动
trunk	*n.* 树干	startling	*adj.* 令人震惊的，惊人的
central pillar	中立柱	suspend	*vt.* 悬挂，吊

第七段

stationary	*adj.* 不动的；静止的	slither	*vt. & vi.* 滑行，滑动
pendulum	*n.* 摆，钟摆	snake dance	蛇舞
craftsman	*n.* 工匠；手艺人	consecutive	*adj.* 连续的，连贯的
advanced	*adj.* 超前的，先进的	run up through	贯穿
grasp	*vt.* 理解，领会	constrain	*vt.* 抑制，拘束
trial and error	反复试验	bang	*vt.* 猛击，猛撞
stack	*vt. & vi.* 堆积	transmit	*vt.* 传播，传导

第八段

taper	*v.* 逐渐变小，逐渐变细	structural	*adj.* 结构的，构架的
successive	*adj.* 连续的，次第的	individual	*adj.* 个别的，单独的，
floor plan	楼层面	counterpart	*n.* 极相似的人（或物）；对应的人(或物)
contain	*vt.* 包含；承担		
travel	*vt. & vi.* 经过；通行	permit	*vt. & vi.* 允许；许可

第八段

tightrope walker	走钢丝的人	jolt	*n.* 震动，摇晃
balancing pole	平衡杆	abrupt	*adj.* 突然的，意外的
mass	*n.* 质量，重量	anticipate	*vt.* 预期，预料；占先
respond to	对……作出反应		

难句解析

1. It was only thirty years ago that the building industry felt confident enough to erect office blocks of steel and reinforced concrete that had more than a dozen floors.

参考译文：仅仅在30年前，建筑界的从业者们才有足够信心建造高于十二层的钢筋混凝土办公大楼。

语言点分析：

（1）It was...that... 是一个强调句型，一般是It is/was +被强调部分+that/who..., 对于这个结构，需要注意以下几点：

① 强调句型中的系动词只能用is或was;

② 被强调部分如果是人，可以用who或that，其他情况只用that;

③ 在not...until句型里，如果强调由until所引导的时间状语时，not应紧跟until，即构成It is not until...that结构。例如：

It is not until Jack told me the truth that I realized she was protecting me all the time.

直到杰克告诉我真相，我才知道原来她一直在保护我。

It was not until the second year that he has adapted himself to the college life.

直到第二年他才适应了大学生活。

It was not until the deadline that he handed in his paper.

直到最后期限，他才交上论文。

注意：如果被强调的是原因状语从句，只能由because引导，不能由since，as或why引导。例如：

It is because she is too inexperienced that she does not know how to deal with the customer.

她不知道如何应付这种客户是因为她太缺乏经验了。

（2）形容词 + enough + to do sth. 例如：

She is finally confident enough to make a public speech.

她终于有了足够的信心，能够当众演讲。

Are you man enough to accomplish this challenging task?

你有没有足够的男子汉气概来完成这项艰巨的任务？

enough的其他用法。例如：

I can't thank you enough. 我真不知道怎么感谢您。

You know well enough what I mean. 你很明白我的意思。

Enough is as good as a feast. 知足常乐。

Once is more than enough. 一次已经够过分了！

（3）dozen单复数相同，表示一打，就是十二个。例如：

a dozen eggs 一打鸡蛋　　half dozen bottles of wine 六瓶酒

three dozen pencils 三打铅笔

其他一些有趣的数字表达：

gross 罗，即为12打，例如：a small gross 10打 a great gross 12罗

2. Another strange feature about Japanese pagoda is that, because the building tapers, with each successive floor plan being smaller than the one below, none of the vertical pillars that carry the weight of the building is connected to its corresponding pillar above.

参考译文：日本宝塔另外一个奇怪特征就是没有一根承重立柱能和上层相应的立柱连在一起，这是因为日本宝塔每一层的楼层面都比下一层的要小，宝塔于是从下往上逐渐变细。

语言点分析：

（1）本句的主干成分是一个表语从句，主语是another strange feature about Japanese pagoda，is是系动词，that引导表语从句，because引导表语从句中的原因状语，表语从句的主语是none of the vertical pillars，其后的that引导定语从句，表语从句的谓语是is connected to，宾语是its corresponding pillar above。with each successive floor plan being smaller than the one below是一个由with引导的独立主格结构，作为the building tapers这个句子的原因状语存在。

（2）下面比较全面地为考生解读一下独立主格结构：非谓语动词作状语时，它的逻辑主语应该是句子的主语。但有时非谓语动词带有自己的主语，从而在结构上与主语不发生关系，我们便称之为独立主格结构（Absolute Construction）。其实，所谓“独立主格结构”也并非真正独立，它还是一种从属的结构。介词with/without +宾语+宾语补足语可以构成独立主格结构。

- with+名词/代词+形容词，例如：

  He doesn't like to sleep with the windows open. 他不喜欢开着窗子睡觉。

  (= He doesn't like to sleep when the windows are open.)

  He stood in the rain, with his clothes wet. 他站在雨中，衣服湿透了。

  (= He stood in the rain, and his clothes were wet.)

  注意：在“with+名词/代词+形容词”构成的独立主格结构中，也可用已形容词化的-ing形式或-ed形式。例如：

  With his son so disappointing, the old man felt unhappy.

  由于儿子如此令人失望，老人感到很难过。

  With his father well-known, the boy didn't want to study. 老子如此出名，儿子不想读书。

- with+名词/代词+副词，例如：

  Our school looks even more beautiful with all the lights on. 所有的灯都打开时，我们的学校看上去更美。

  (= Our school looks even more beautiful if when all the lights are on.)

  The boy was walking, with his father ahead. 父亲在前，小孩在后走着。

  (= The boy was walking and his father was ahead.)

- with+名词/代词+介词短语，例如：

  He stood at the door, with a computer in his hand. 此处with可以省略：

  He stood at the door, computer in hand. 他站在门口，手里拿着一部电脑。

  (= He stood at the door, and a computer was in his hand.)

  Vincent sat at the desk, with a pen in his mouth. 或 Vincent sat at the desk, pen in mouth.

  文森特坐在课桌前，嘴里衔着一支笔。

  (= Vincent sat at the desk, and he had a pen in his mouth.)

- with+名词/代词+动词的-ed形式，例如：

  With his homework done, Peter went out to play. 作业做好了，彼得出去玩了。

  (= When his homework was done, Peter went out to play.)

  With the signal given, the train started. 信号发出了，火车开动了。

  (= After the signal was given, the train started.)

  I wouldn't dare go home without the job finished. 工作还没完成，我不敢回家。

  (= I wouldn't dare go home because the job was not finished.)

- with/without +名词/代词+动词的-ing形式，例如：

  The man felt very happy with so many children sitting around him.

  有这么多的孩子坐在他周围，那男子感到很高兴。

  (= The man felt very happy when he found so many children sitting around him.)

  The girl hid her box without anyone knowing where it was.

  小女孩把盒子藏了起来，没有人知道它在哪里。

  (= The girl hid her box and no one knew where it was.)

  Without anyone noticing, he slipped through the window.

  他趁没人注意的时候，从窗口溜走了。

  (= When no one was noticing, he slipped through the window.)

- with+名词代词+动词不定式，例如：

  The little boy looks sad, with so much homework to do.

  有这么多的家庭作业要做，小男孩看上去很伤心。

  (= The little boy looks sad because he has so much homework to do.)

  The kid feels excited with so many places of interest to visit.

  有这么多的名胜可参观，小孩很激动。

  (= The kid feels excited as there are so many places of interest to visit.)

  注意：在with和without 的复合结构中，多数情况下with 能省略，但without 不能省略。例如：

  Without a word more spoken, she left the meeting room.

  她没再说什么话就离开了会议室。(without不能省略)

独立主格结构的句法功能：

独立主格结构在句中除了能充当原因状语、时间状语、条件状语和伴随状语外，还能作定语。在形式上，独立主格结构可位于句首、句中或句尾，并通常用逗号与主句隔开。

a. 作状语

独立主格结构作状语时，其功能相当于一个状语从句或并列分句。

(1) 表时间，例如：

Night coming on, we put ourselves up in a small hotel.

夜幕降临，我们在一家小旅馆住了下来。

(= When night came on, we put ourselves up in a small hotel.)

With everything she needed bought, Grace took a taxi home.

买好了所需的一切东西后，格雷斯打车回家了。

(= After everything she needed was bought, Grace took a taxi home.)

(2) 表原因，例如：

With a lot of difficult problems to settle, the newly-elected President is having a hard time.

有许多难题要解决，新当选的总统日子并不好过。

(= As he has a lot of difficult problems to settle, the newly-elected President is having a hard time.)

There being no means of transportation, he had to walk home at midnight.

由于在半夜没有交通工具了，他只好步行回家。

(= As there was no means of transportation, he had to walk home at midnight.)

(3) 表条件，例如：

Weather permitting, we will hold our yearly sports meeting next week.

如果天气允许的话，我们下星期将举行每年一次的运动会。

(= If weather permits, we will hold our yearly sports meeting next week.)

All the work done, you can have a rest. 所有工作做好后，你可以休息。

(= As long as all the work is done, you can have a rest.)

Everything taken into consideration, the plan seems to be more practical.

如果从各方面考虑，你的计划似乎更实际些。

(= If everything is taken into consideration, the plan seems to be more practical.)

TIPS：表示时间、原因、条件的独立主格结构一般放在句首，并且不能保留连词。

【误】When class being over, the students left their classroom.

【正】Class (being) over, the students left their classroom. 下课了，学生都离开了教室。

【误】The moon appearing and they continued their way.

【正】The moon appearing, they continued their way. 月亮出来了，他们继续赶路。

(4) 表伴随情况或补充说明 例如：

The strange man was walking down the street, with a stick in his hand.
那个奇怪的男人在街上走着，手里拿着根手杖。
(= The strange man was walking down the street, and he carried a stick in his hand.)

The murderer was brought in, with his hands tied behind his back.
杀人犯被带了进来，手被捆在背后。
(= The murderer was brought in, and his hands were tied behind his back.)

Two hundred people died in the accident, many of them children.
有两百人在事故中丧生，其中许多是儿童。
(= Two hundred people died in the accident and many of them were children.)

b. 作定语

独立主格结构作定语，其功能相当于一个定语从句。例如：

He is the person with a lot of questions to be settled.（with 的复合结构作定语，修饰the student）
他就是有许多问题要解决的那个人。
(= He is the person who has a lot of questions to be settled.)

You can use a large plastic bottle with its top cut off.（with 的复合结构作定语，修饰bottle）
你可以使用一个去颈的大塑料瓶。
(= You can use a large plastic bottle whose top was cut off.)

He was walking along the road without any street lights on its both sides.
他走在一条两边没有路灯的马路上。（without的复合结构作定语，修饰the road）
(= He was walking along the road that didn't have any street lights on its both sides.)

TIPS：我们讨论了很多用连词连接的两个句子改为独立主格结构的情况。需要注意的是，并非所有用连词的地方都可以改为独立主格结构。例如：

If you stand on the top of the mountain, the park looks more beautiful.
如果你站在山顶上，公园看上去更美。（不能改为独立主格结构）

If you check your test paper carefully, some mistakes can be avoided.
如果你仔细检查试卷的话，有些错误是可以避免的。（不能改为独立主格结构）

试题解析

Questions 1–4

- 题目类型：YES/NO/NOT GIVEN 判断题
- 题目解析：

1. Only two Japanese pagodas have collapsed in 1400 years.

参考译文	一千四百年来，仅有两座日本宝塔倒塌。
定位词	1400 years
解题关键字	only
文中对应点	第一段第二句：Records show that only two have collapsed during the last 1400 years. 有记录显示，在过去1400年间，只有两座倒塌了。

文中对应点	这道题是全文的第一道题，考生做题时精神饱满，心情愉快，应该不会想到要求助于什么技巧（比如见题干中有only，就认为是FALSE），找到原文对应处就可以了。使用1400 years定位到第一段第二句，该句明确表明1400年间只有两座日本宝塔倒塌，形同白送分，考生要抓住这样容易得分的机会。 同时这道题也奠定了整个YES/NO/NOT GIVEN的风格：4道题都集中在文章前部，按顺序考查。
答案	YES

2. The Hanshin earthquake of 1995 destroyed the pagoda at the Toji temple.

参考译文	1995年，阪神地震摧毁了东寺里的宝塔。
定位词	1995, Toji temple
解题关键字	destroyed
文中对应点	第一段最后一句：Yet it left the magnificent five-storey pagoda at the Toji temple in nearby Kyoto unscathed, though it levelled a number of buildings in the neighbourhood. 尽管大地震将京都附近东寺周围的大量建筑夷为平地，可寺里宏伟的五层宝塔却完好无损。本题的考点在于要将原文中的leave...unscathed同题干中的destroy对立起来。unscathed指"没有负伤的，未受损伤的"，这样就与题干中的destroy(毁坏)相抵触。有的考生词汇量偏小，不认识unscathed，但可以通过前面的left一词感觉出来five-storey pagoda at the Toji temple是被留下来了，留下来就没有被摧毁，歪打正着选答案NO。 leave可以表示使处于某种状态，例如： Fear left her lips stiff. 恐惧使她张口结舌。 Leave the future to take care of itself. 未来就顺其自然吧。
答案	NO

3. The other buildings near the Toji pagoda had been built in the last 30 years.

参考译文	东寺宝塔周围的其他建筑是在过去三十年间建成的。
定位词	30 years
解题关键字	other buildings, 30 years
文中对应点	第二段第二句：It was only thirty years ago that the building industry felt confident enough to erect office blocks of steel and reinforced concrete that had more than a dozen floors. 仅仅在30年前，建筑界的从业者们才有足够信心建造高于十二层的钢筋混凝土办公大楼。这句话与此题的唯一联系就是这个thirty years，抛开这一点，两者简直是牛头不对马嘴。即使读完全段，也未见题干中所表达的意思，而且the other buildings near the Toji pagoda的勉强对等成分也出现在第一段a number of buildings in the neighbourhood。一道题目的主要成分零散在文中数段，这就是典型的形散神必散型的NOT GIVEN。 *TIPS:* 题干的主谓宾等主要成分在文中都能找到，但是却没有集中在同一段，此题一般选择NOT GIVEN。
答案	NOT GIVEN

4. The builders of pagodas knew how to absorb some of the power produced by severe weather conditions.

参考译文	日本宝塔的建造者们懂得如何消除极端天气条件所造成的破坏。
定位词	builders, weather
解题关键字	knew how to absorb
文中对应点	第三段第二句：Clearly, Japanese carpenters of the day knew a few tricks about allowing a building to sway and settle itself rather than fight nature's force. 显而易见，当时的日本木匠懂得一些窍门让建筑物可以顺风摇摆，不与自然力量对抗，而是顺应自然，从而稳稳矗立。这是一道词语替换幅度较大的题目，基本要靠意译来对应。题干中的absorb本指"吸收"，所谓吸收极端天气的能量，其实就是为了免遭极端天气如地震等的破坏。文中提到allow a building to sway and settle itself rather than fight nature's force，nature's force其实就是题干中的the power produced by severe weather conditions，absorb对应rather than fight，不抵抗自然之力，而是顺其自然，通过摇摆而稳稳站立住了。
答案	YES

Questions 5–10

- 题目类型：MATCHING 搭配题
- 题目解析：

  此题是一道A/B/BOTH型MATCHING题：题目形式多为文中出现X和Y两样事物，并且在某几段将两者加以比较（当然这种比较是比较隐晦的），然后题目中问：请问下列这些特点，哪些是A特有的；Y特有的；X和Y共有的；X和Y都没有的。

  TIPS：当然要先从X和Y特有的下手，至于都没有的，用排除法吧。另外，根据上一大题可以断定此题答案的位置基本集中在文章第四、五段。

题号	定位词	题目解析
5	interior access to top	第四段第三、四句：The Chinese built their pagodas in brick or stone, with inner staircases.... When the pagoda reached Japan...the staircase was dispensed with because the Japanese pagoda did not have any practical use. 中国人用砖石造塔，内设楼梯……当宝塔到达日本，日本人加以改进，楼梯被弃用了…… 很明显，只有中国的塔有楼梯，也就能方便地到达顶层；日本宝塔没有楼梯，谈何容易到达顶层呢？ staircase 楼梯，引申一下，就是中国宝塔的特点就是人们很容易就能登上塔顶。所以答案为B。 关键词组：be dispensed with弃用，不再拥有 例如：I think we will soon see juries dispensed with in criminal. 我想我们不久就会看到在刑事审理中不再使用陪审团。
6	tiles on eaves	用tile一词定位到第五段第二句：For the same reason, the builders of Japanese pagodas seem to have further increased their weight by choosing to cover these extended eaves not with the porcelain tiles of many Chinese pagodas but with much heavier earthenware tiles. 出于同样的原因，日本宝塔的建造者们通过采用较重的陶瓦来覆盖这些延伸的屋檐从而大量增加自身的重量，而不像许多中国宝塔那样采用瓷瓦。这句话表明不管是日本塔还是中国塔，屋檐上当然都盖着瓦，只是所用的瓦材质不同而已。所以答案是A。

题号	定位词	题目解析
7	observation post	第四段第三、四句：The Chinese...used them in later centuries mainly as watchtowers. When the pagoda reached Japan, ...the staircase was dispensed with because the Japanese pagoda did not have any practical use but became more of an art object. 中国人……后来这些宝塔就主要用作守望塔。然而当这些宝塔传入日本时，……日本宝塔没有什么实用性，更多是当作艺术品，所以没有楼梯。 中国人将塔用作守望塔，watchtower就等同于observation post，而日本人仅仅将塔作为艺术品来看待，并无实际用途，当然不会当守望塔用。答案当然是B。 语言点：more of 更大程度上 例如：he is more of a poet than a musician. 与其说他是个音乐家，还不如说他是个诗人。
8	eave, half the width of the building	利用题目中的half一词可以找到文中第五段出现的fifty per cent，然后细读该句。The roof of a Japanese temple building can be made to overhang the sides of the structure by fifty per cent or more of the building's overall width. 联系上一段最后一句：Pagodas in China and Korea have nothing like the overhang that is found on pagodas in Japan. 两句综合在一起，表明只有日本宝塔有悬空的屋檐，而且日本寺庙建筑的屋檐悬于建筑物的侧面之外部分的宽度可以达到建筑物总宽的一半或更多。因此屋檐宽度超过建筑物宽度一半的当然只有日本宝塔了。所以答案是C。
9	religious	第四段第二句：As in China, they were first introduced with Buddhism··· 像在中国一样，它们最初是随着佛教而被引进的…… Buddhism佛教，对应题干的religious。as in China中的as表示“正如”，证明日本塔和中国塔都有宗教功能。所以答案是A。
10	floors , loosely over each other	这道题很难定位，因为此大题大多数题目的答案都出现在第四、五段。考生在第四、五段寻找floors和loosely这样的定位词，却没有找到；直到第六段的倒数第三行，才发现loosely一词，但是辨别之后发现与本题无关。继续扫读，一直到第八段another strange feature of Japanese pagoda，提醒考生此段将讲到日本塔另一个与众不同之处，也就是日本塔所特有的。向下寻找，有这样的句子： More surprising is fact that the individual storeys of a Japanese pagoda, unlike their counterparts elsewhere, are not actually connected to each other. They are simply stacked one on top of another like a pile of hats. 更令人惊讶的是日本宝塔的每一个单独楼层间实际上都不相连，这一点不同于其他任何地方的同类建筑。它们就像一摞帽子一样只是被一层一层地叠加起来。 unlike their counterparts再次强调这是日本塔所特有的，stack对应fitting，帽子的比喻表明楼层之间是松散地建造在一起的。所以答案为C。 *TIPS*：找不到就暂时放弃，做完下一大题再回头看，迎刃而解。

Questions 11–13

- 题目类型：MULTIPLE CHOICES 选择题
- 题目解析：

题号	定位词	题目解析
11	shinbashira	题目：日本宝塔中的shinbashira A 承担着整个建筑的重量。　　C 将楼层与地基相连。 B 在压力下可以像树一样弯曲。　　D 防止楼层移得太远。 文中对应点：第六、第七段 第六段第四句：...the shinbashira actually carries no load at all. 这句话直接否定了答案A。 第五句：In fact, ...it does not even rest on the ground...（甚至不碰触地面），既然不碰触地面，也就无法连接楼层和地基了。答案C不可能。like a tall pine tree出现在第六段第二句，但是很快被作者用but the answer is not so simple给否定掉了，再说B答案又是对这一句话的添油加醋，所以也不可能是答案。 这样，即使只用排除法，也可以确定答案是D。 当然，文中也有对应点。第七段最后一句：The shinbashira, ...constrained individual storeys from moving too far...
12	Shuzo Ishida	题目：Shuzo Ishida进行实验是为了 A 改进摩天大楼的设计。　　C 了解宝塔的力学原理。 B 能够建造新的宝塔。　　D 理解古代数学。 对应点：第七段 在这一段找到宝塔教授Shuzo Ishida，接着找到his passion to understand the pagoda, has built a series of... 明确指出教授做实验是为了了解日本宝塔，接下来讲述了他实验的结果，人们终于知道shinbashira的构造和工作原理了。根据文章对shinbashira描述，知道人们一直认为其承担了宝塔的重量，也就是C所指的力学，教授做实验也是为了验证这一说法，这就对应了选项C。 混淆项A并未被提及，B初看上去就十分不靠谱，而D纯粹是节外生枝型的选项，文章的确提到数学，指的是古代的工匠们未得到十分先进的数学的辅助，和宝塔教授的研究毫无关系。
13	storey	题目：日本宝塔的各个楼层是 A 仅用木头连接的。　　C 松松地彼此堆叠在一起。 B 仅仅固定在中柱上。　　D 由特殊的重物相连。 文中对应点： 看到选项A、B中的ONLY，聪明的考生就知道它们一般不会是正确选项，太绝对的选项一般都不会是答案。这样只需要从剩下的C和D选项中寻找对应点了。 第八段第三、四句：More surprising is fact that the individual storeys of a Japanese pagoda, unlike their counterparts elsewhere, are not actually connected to each other. They are simply stacked one on top of another like a pile of hats. 更令人惊讶的是日本宝塔的每一个单独楼层间实际上都不相连，这一点不同于其他任何地方的同类建筑。它们就像一摞帽子一样只是被一层一层地叠加起来。 这个考点实际上和第10题的考点是重合的。所以答案为C。

参考译文

不倒塔的秘密

在日本这块台风横扫地震频发的土地上，有500多座国内最高但看起来最脆弱的老建筑——木质宝塔——居然矗立了数个世纪，这是为什么呢？有记录显示，在过去的1400年间，只有两座倒塌了。其他消失的塔都毁于由闪电或内战而引起的大火。1995年灾难性的阪神地震致使6400人丧生，毁坏了高架公路，夷平了办公大楼并且将神户港口区域摧毁殆尽。尽管大地震将京都附近的东寺(Toji temple)周围的大量建筑夷为平地，可寺里宏伟的五层宝塔却完好无损。

多年来日本学者一直迷惑为什么这些细长的建筑物能如此稳固。仅仅在30年前，建筑界的从业者们才有足够信心建造高于十二层的钢筋混凝土办公大楼。位于东京市中心、高达36层的霞关(Kasumigaseki)大厦是日本第一座摩天大楼，由于运用了特殊的减震装置来减弱地震中突如其来的侧向运动，在1968年建成之时被认为是现代工程学上的里程碑。

然而早在公元826年，建筑大师Kobodaishi仅仅使用木栓和楔子就能使他的木质建筑屹立不倒了。大师毫不犹豫地将他的东寺大宝塔矗立起来，宝塔拔地而起55米，高耸入云，这高度可相当于11个世纪之后才建成的霞关摩天大楼的一半啊。显而易见，当时的日本木匠懂得一些窍门让建筑物可以顺风摇摆，不与自然力量对抗，而是顺应自然，从而稳稳矗立。但究竟是什么样的窍门呢？

6世纪时，多层宝塔从中国传入日本。像在中国一样，这些宝塔最初是随着佛教而被引进的，往往建在重要的寺庙内。中国人用砖石来造宝塔，内设楼梯，后来这些宝塔就主要用作守望塔。然而当这些宝塔传入日本时，其建筑风格被大刀阔斧地加以改动以适应当地的情况。宝塔高度降低，通常是五层而不是中国的九层，大多为木质结构。日本宝塔没有什么实用性，更多是当作艺术品，所以没有楼梯。由于每年夏天日本都会遭到台风的蹂躏，日本的建筑者们学会了将建筑物的屋檐远远延伸到墙外面去。这样雨水就不会倾泻到墙上。中韩两国的宝塔就没有日本宝塔这样的悬空屋檐。

日本寺庙建筑的屋檐悬垂于建筑物的侧面之外部分的宽度达到建筑物总宽的一半或更多。出于同样的原因，日本宝塔的建造者们通过采用较重的陶瓦来覆盖这些延伸的屋檐从而大量增加自身的重量，而不像许多中国宝塔那样采用瓷瓦。

但这并不能完全解释日本宝塔所具有的巨大弹性。答案难道是这样的吗？就像高大的松树那样，日本宝塔拥有巨大的柱子，比如被称为shinbashira的中柱，在台风或是地震中这个中流砥柱可以弯曲和摇摆?几个世纪以来，很多人都这样认为。但答案没有这么简单，因为让人惊讶的是中柱并没有承担任何重量。事实上，在某些日本宝塔中，中柱甚至并未接触到地面，而是从塔的顶部悬吊下来，从建筑物的中部松松地垂下。整个建筑的重量完全依托在12根外柱和4根内柱上。

那中柱究竟有什么作用呢？理解它的作用的最好办法就是去观看由京都工艺纤维大学的建筑工程师Shuzo Ishida所制作的视频。由于热衷研究日本宝塔，Ishida先生被学生戏称为“宝塔教授”。他制作了一系列的宝塔模型并且在实验室中的振动台上进行试验。简而言之，中柱就像一个巨大的静止钟摆。在明显没有先进数学运算辅助的情况下，古代的工匠似乎就已经掌握了1000多年后用于建设日本第一座摩天大楼的原理。通过不断摸索，反复试验，古代工匠们终于发现了其中的奥妙：在压力下，宝塔松散堆叠的楼层可以被造得能够独立蜿蜒前行或后退。从侧面看，宝塔就像在跳蛇舞，因为连在一起的每个楼层都以与上下层相反的方向移动。中柱从建筑物中央的孔贯穿而下，使得单个楼层不会移得太远，因为每移动一段距离之后，楼层就会撞上中柱，能量也就通过柱子转走了。日本宝塔另外一个奇怪特征就是没有一根承重立柱能和上层相应的立柱连在一起，这是因为日本宝塔每一层的楼层面都比下一层的要小，宝塔于是从下往上逐渐变细。换句话说，一座5层高的日本宝塔里甚至没有一根柱子从下往上贯穿宝塔，来承担建筑物的重量。更令人惊讶的是日本宝塔的每一个单独楼层间实际上都不相连，这一点不同于其他任何地方的同类建筑。它们就像一摞帽子一样只是被一层一层地叠加起来。有意思的是，现在的日本建筑规定可不允许这种建筑形式的存在。

那么关于超宽的房檐又做何解释呢？就把它们看成走钢丝演员手里的平衡杆吧。平衡杆两端的重量越大，走钢丝演员在行走过程中就越容易掌握平衡。日本宝塔与此同理。Ishida先生说："日本宝塔所有侧面的屋檐都向外延展，就好像平衡杆一样，这样建筑物就算在地震最强烈的震动中也能优雅地摆动，而从不突然晃动。日本千年前的建筑大师们再次预先使用了现代结构工程学的理念。

背景知识

Tō-ji

Five-storey pagoda of Tō-ji

Tō-ji （东寺）is a Buddhist temple of the Shingon sect in Kyoto, Japan. Its name means East Temple, and it once had a partner, Sai-ji （West Temple）. They stood alongside the Rashomon, the gate to the Heian capital. It is formally known as Kyō-ō-gokoku-ji（教王护国寺 *The Temple for the Defense of the Nation by Means of the King of Doctrines*）which indicates that it previously functioned as a temple providing protection for the nation. Tō-ji is located in Minami-ku near the intersection of miya Street and Kujō Street, southwest of Kyoto Station.

Tō-ji was founded in the early Heian period. The temple dates from 796, two years after the capital moved to Heian-kyō.

Tō-ji is often associated with Kōbō Daishi （Kūkai）. The well-known Buddhist priest was put in charge of Tō-ji in 823 by order of Emperor Saga. The temple's principal image is of Yakushi Nyorai, the Medicine Buddha.

Ancient Building at Tō-ji

The pagoda of Tō-ji stands 54. 8 m high, and is the tallest wooden tower in Japan. It dates from the Edo period, when it was rebuilt by order of the third Tokugawa Shogun, Iemitsu. The pagoda has been, and continues to be, a symbol of Kyoto. Entrance into the pagoda itself is permitted only a few days a year.

The buildings at Tō-ji house a variety of ancient Buddhist sculptures. The grounds feature a garden and pond, in which turtles and koi swim. The grounds also house an academically rigorous private school, Rakunan, from which many students are sent to elite universities.

Recognizing the historical and spiritual significance of Tō-ji, UNESCO designated it, along with several other treasures in Kyoto Prefecture, as part of the"Historic Monuments of Ancient Kyoto" World Heritage Site.

On the 21st of each month, a famous flea market is held on the grounds of Tō-ji. This market is popularly called Kōbō-san, in honor of Kōbō Daishi, who died on March 21st. The flea market features a variety of antiques, art, clothes, pottery, some food, and typical second-hand flea market goods. By far the largest market is held on December 21st, as it is the last of the year.

A similar market is held on the 25th of every month at Kitano Tenmangu, also called Tenjin. A Kyoto proverb proclaims, "Fair weather at Tō-ji market means rainy weather at Tenjin market, "calling to mind Kyoto's fickle weather.

A smaller, less-crowded, antique-oriented market is held at the Tō-ji grounds on the first Sunday of each month.

On July 7, 2007 one of the Live Earth concerts（raising awareness for the earth's climate）was staged at Tō-ji; artists who played included Bonnie Pink, Michael Nyman, Rip Slyme, UA and the Yellow Magic Orchestra.

Great Hanshin Earthquake

The Great Hanshin Earthquake (阪神·淡路大震灾 *Hanshin–Awaji Daishinsai*), or Kobe Earthquake as it is more commonly known outside Japan, was an earthquake that occurred on Tuesday, January 17, 1995, at 05:46 JST in the southern part of Hyōgo Prefecture, Japan. It measured 6. 8 on the Moment Magnitude Scale (USGS), and Mj7. 3 on the revised (7. 2 on the old) JMA magnitude scale. The tremors lasted for approximately 20 seconds. The focus of the earthquake was located 16 km beneath its epicenter, on the northern end of Awaji Island, 20 km away from the city of Kobe.

Approximately 6, 434 people lost their lives (final estimate as of December 22, 2005); about 4, 600 of them were from Kobe. Among major cities, Kobe, with its population of 1. 5 million, was the closest to the epicenter and hit by the strongest tremors. This was Japan's worst earthquake since the Great Kantō earthquake in 1923, which claimed 140, 000 lives. It caused approximately ten trillion yen in damage, 2. 5% of Japan's GDP at the time. Based on the average currency conversion rate over the following 500 days of 97. 545 yen per USD, the quake caused $102. 5 billion in damages.

READING PASSAGE 2

篇章结构

体裁 说明文

主题 食品的真正代价

结构 A段：食品的真正代价来自于现代农业的间接伤害。

B段：现代农业的发展阶段及其对环境的破坏。

C段：人们很少意识到食品的经济代价。

D段：Pretty教授提出对食品代价的计算。

E段：各项具体的费用以及昂贵的食品账单。

F段：政府需要倡导可持续发展农业。

G段：Pretty教授的绿色食品标准计划。

必背词汇

A 段

bring...down	降(价)	relative	*adj.* 相对的，相比较的
challenge	*n.* 挑战；困难	in...terms	根据；按照
immediate cash	立即付现	collateral damage	间接伤害

food production	食品制造，食品生产	welfare	*n.* 健康；福利
enervation	*n.* 贫瘠，削弱，虚弱	industrial agriculture	工业化农业
wildlife	*n.* 野生动植物		

B 段

mechanisation	*n.* 机械化，机动化	unstoppable	*adj.* 无法停止的；无法阻止的
mass use	大量使用	colossal	*adj.* 巨大的
chemical fertiliser	化肥	stretch	*n.* 绵延；连绵的一片
monoculture	*n.* 单一种植	hedgerow	*n.* 灌木树篱
battery rearing	笼养	faecal filth	排泄物残渣
livestock	*n.* 家畜，牲畜	continuous	*adj.* 连续的，没有中断的
genetic engineering	基因工程	algae	*n.* 水藻
march	*n.* 进行；步伐		

C 段

battlefield	*n.* 战场，沙场	aesthetic	*adj.* 美学的，审美的
externality	*n.* 外部经济效应	shame	*n.* 遗憾
transaction	*n.* (一笔)交易；(一项)事务		

D 段

quantify	*v.* 量化	hectare	*n.* 公顷(等于2. 471英亩)
amount to	总计，共计，共达	arable	*adj.* 适于耕种的
staggering	*adj.* 难以置信的；令人震惊的	permanent pasture	稳定草场，永久性牧场
exercise	*n.* 活动；操练	conservative estimate	保守估计

E 段

removal	*n.* 排除；拆除	food bill	【经】食品账单
nitrate	*n.* 硝酸盐	threefold	*adv.* 三倍
phosphate	*n.* 磷酸盐(尤指用作肥料)	supposedly	*adv.* 据认为；一般看来
bug cryptosporidium	隐孢子虫病菌	over the counter	柜台交易
soil erosion	土壤侵蚀	subsidy	*n.* 补贴，津贴，补助金
organic carbon loss	有机碳流失	prop up	支持；资助
cattle	*n.* [总称]牛，牲口		

F 段

break away from	脱离，摆脱	food sector	食品部门
feasible	*adj.* 可行的，可能且合理的	thriving	*adj.* 繁荣的，兴旺的
sustainable	*adj.* 可持续的	animal welfare	动物安全，动物福利
competitive	*adj.* (价格等)有竞争力的		

G 段

viable	*adj.* 切实可行的，可实施的	full commitment	完全投入
organic farming	有机农业	comprise	*vt.* 包含，包括
premium	*n.* 额外费用	agrochemical	农业化肥
recommend	*vt.* 推荐，介绍，赞许某人/某事物	food safety	食品安全
norm	*n.* 标准，规范	go a long way	有很大作用；大有帮助

难句解析

1. In Britain, for example, many of our best-loved farmland birds, such as the skylark, the grey partridge, the lapwing and the corn bunting, have vanished from huge stretches of countryside, as have even more wild flowers and insects.

参考译文：例如，在英国，许多深受人们喜爱的农田鸟类，比如云雀、灰山鹑、麦鸡和黍鹀，还有更多的野花和昆虫，都已经从乡村大片的土地上消失了。

语法点：

本句中的as have even more wild flowers and insects是一个倒装结构，as引导非限制性定语从句，指代前面的整个句子have vanished from huge stretches of countryside。

现将一些常见的倒装结构归纳如下：

（1）句首否定词，句子要倒装

never/hardly/scarcely/little/seldom/not/not until/rarely/no sooner...than/nowhere 例如：

Nowhere in the world can you find a man who loves you so much! 你再也找不到这么爱你的男人了！

Not until he came back did I leave. 直到他回来我才离开。

in no way/in no case/at no time/by no means/in no sense/on no account/under no circumstances

这些否定短语常放在句首，表示强调，译为"绝不……"。例如：

In no way do I blame you for what happened. 我绝不会因为发生的事情而责怪你。

（2）only + 状语置于句首

Only then did she realized she was wrong. 直到那时她才意识到自己错了。

Only when he had failed three times did he turn to me for advice.

直到失败了三次，他才来征询我的意见。

（3）so/neither/nor/no more用于句首

He had no money, nor did he know anyone he could borrow from. 他没钱，也不知道管谁借。

（4）as引导的定语从句

He travelled a great deal, as did most of his friends. 他和他朋友都经常旅行。

as在定语从句中作关系代词，相当于which/that/who，既可以指人也可以指物，可以引导限制性和非限制性定语从句。

as在引导限制性定语从句时，只用于一些固定结构中，即能用在such, the same, as, so后面。例如：

He'll repeat such points as are discussed in the book. 他会重复书中讨论过的要点。

Such a student as works hard will be sure to succeed. 如此用功的学生肯定会成功。

as在非限制性定语从句中时，从句中的as可以指代它前面的短语或者句子的一部分，也可以指代整个句子。例如：

He is usually tall. As are his brothers. 他经常吹牛，他兄弟也是。

as在这句话中等同于and so，代替句中的usually tall，as引导的是一个倒装句。

2. Breaking away from industrial agriculture as the solution to hunger may be very hard for some countries, but in Britain, where the immediate need to supply food is less urgent, and the costs and the damage of intensive farming have been clearly seen, it may be more feasible.

参考译文：对于一些国家来说，摆脱现代农业生产方式的同时解决饥饿问题是件很困难的事情，但在英国，对粮食的需求并非如此紧迫，并且现代化的密集型农业所耗费的成本和造成的损失清晰可见，放弃现代化农业更为可行。

语言点：

第一句话的主语是动名词breaking away from，谓语是may be，but后面句子的真正主语是it，指代breaking away from industrial agriculture as the solution to hunger，in Britain是地点状语，where引导非限制性定语从句，从句中有两个句子：一个是the immediate need to supply food is less urgent，另一个是the costs and the damage of intensive farming have been clearly seen。

动名词用法：

(1) 动名词作主语，谓语用单数。例如：

Seeing is believing. 眼见为实。

Reading is like permitting a man to talk a long time, and refusing you the right to answer.

读书犹如允许一个人作长时间的谈话，却不给你答复的权利。

(2) 用it作形式主语，动名词用在一定结构中：It is/was + 特定adj.或n. + 动名词。

常用的形容词有：nice/better/foolish/enjoyable/fun /good/useless

名词有：nice/no good/any(some, no)use/a waste of time 例如：

Is it any good trying to explain? 解释有用吗？

It's no use crying over spilt milk. 不要用打翻的牛奶哭泣。

It's simply a waste of time and money seeing that movie. 那场电影简直是浪费时间和金钱。

(3) there be句型中用动名词。例如：

There is no use arguing with him. 跟他争没有用。

There is no point in my going out with someone. 我和别人约会毫无意义。

(4) There is no doing sth. = It is impossible to do something. 例如：

There is no denying the fact that... 不容否认……

There is no telling what will happen tomorrow. 无法预知未来会发生什么。

There is no knowing the future. = It is impossible to know the future. 谁也不能预知未来。

试题解析

Questions 14–17

- 题目类型：MATCHING 段落搭配信息题
- 题目解析：段落搭配信息型matching有两个特征：

1. 一般是紧接文章后的第一大题
2. 如果题目要求有NB(注意)，则一个段落中含有多个信息；

若无NB，则一个段落中只含有一个信息

解题步骤一般是：

- 看文章标题及首段，确定文章主题
- 浏览大题类型，确认解题顺序。可以在解这个题目的同时，定位其他题目的特殊词
- 浏览题目信息，找出关键词
- 通读文章各段，寻找关键词的同义词
- 比较信息，选择答案
- 如果较长时间未能选出，一定要先放弃

TIPS: 此题信息少，段落长，建议分配较多的时间和精力。因为题目要求中有NB，所以有一个段落一定会选不止一次，要多加注意。

题号	定位词	文中对应点	题目解析
14	cost/ purifying domestic water	£23m for the removal of the bug cryptosporidium from drinking water by water companies	解这道题的窍门是首先在题干上发现cost一词，可以推测出这一段一定会大谈金钱。这样只要到文中寻找钱的符号集中出现的段落就可以了，很容易就找到了E段，接着在E段第二、三行找到对应语句，选出答案。 *TIPS*：同金钱有关的词包括：commercial/financial/business/dealing/cost/expenditure/expense/salary/wage/sell/sale/transaction/purchase/funding/grant/subsidize/pension等
15	stages/ farming industry	First mechanisation, then mass use of chemical fertilisers and pesticides, then monocultures...	此题解题窍门是要了解题干中的stages在文中的体现。这个信息表明该段会讲工业化农业的发展阶段。复数表明不止一个阶段，既然是发展那么就会有时间标志词出现。当考生扫读完A段到达B段的时候，就会发现first一词，接着会发现then, 第二个then, 第三个then, 最后找到now。尽管stage一词并没有出现，但是mechanisation, mass use of chemical fertilisers, monocultures, battery rearing of livestock和genetic engineering都是农业发展的具体体现，考生不难看出这个题对应的是B段。 *TIPS*：以下是表示时间顺序的常用词，考生在做考查时间顺序或发展过程的题目时，要对文中出现的此类词汇加以注意： early/further former/latter first/second/then/last
16	term/ hidden costs	externalities... outside the main transaction... To many, the costs may not even appear to be financial...	此题解题的关键字是term(术语)，顾名思义，术语就是学科专家们用来描述某件事物的专门用语。根据题干可知，此处被描述的事物为costs(代价，损失)，描述者显然是这一方面的专家，即economists(经济学专家)，结合这两点可以锁定C段中的文字：...the costs of all this damage are what economists refer to as externalities，由此可分析出这个术语便指的是externalities（外部经济效应），作者紧接着在后面解释了这些代价被称为外部经济效应的原因，即它们不在主要交易过程之中，如生产或是出售一块地里的小麦，同时它们也不是由生产者和消费者直接来承担的。hidden一词在文中没有出现，但是从上面的文字中不难看出来，那些代价或损失不是人们所能直接看到的，是隐蔽的。所以答案是C段。
17	effect/ chemicals water sources	...the growth of algae is increasing in lakes because of the fertiliser run-off	此题如果按照常规解法，是按照题干中的chemicals找到文章首次讲到化肥对水资源污染的地方。首先在B段中部会发现but the damage it has caused，了解到文章开始讲工业化农业的影响了，damage与effect含义等同，接着找下去，在B段倒数第一行找到： the growth of algae is increasing in lakes because of the fertiliser run-off, fertiliser run-off指的是化肥的渗出(化肥当中所含的各种化学元素，在流入河川之后，会造成水中藻类的大量增生)，lakes对应水源，故答案是B段。

Questions 18–21

- 题目类型：YES/NO/NOT GIVEN
- 题目解析：

18. Several species of wildlife in the British countryside are declining.

参考译文	英国乡村的数种野生动植物数量在下降。
定位词	British countryside
解题关键字	several species, wildlife, declining
文中对应点	B段第五行：In Britain, for example, many of our best-loved farmland birds, such as the skylark, the grey partridge, the lapwing and the corn bunting, have vanished from huge stretches of countryside, as have even more wild flowers and insects. 例如，在英国，许多深受人们喜爱的农田鸟类，比如云雀、灰山鹑、麦鸡和黍鹀，还有更多的野花和昆虫，都已经从乡村大片的土地上消失了。 先利用Britain将此题定位到文章B段，接着找到上面这句话，考生可以看出有一些鸟类、野花和昆虫都已经消失了，不同的几个物种都在面临着消失的尴尬境地。由此可以推知，英国乡下野生物种的数量的确是在下降。vanish虽然不能够和declining直接等同，但是两者所表达的本意都是相同的，都是指物种的减少，故此题答案应该选YES。
答案	YES

19. The taste of food has deteriorated in recent years.

参考译文	近年来食物的味道变糟了。
定位词	taste/food
解题关键字	deteriorated
文中对应点	此题的解题关键还是要依循顺序原则，此题答案应该在上一题之后，20题之前。也就是说此题应该位于B段后半段，在刚才的MATCHING题目当中，考生已经比较详细通读过这个部分，不仅没有发现哪句话提到食物味道变糟糕，甚至连food一词都没有看到，因此已经可以判断这是个完全没有被提及的NOT GIVEN题。但是假如有的考生担心的话，可以再通读一下文章，有的段落里尽管有food一词，但是却跟味道毫无关系，所以可以完全确定这个题目选NOT GIVEN。
答案	NOT GIVEN

20. The financial costs of environmental damage are widely recognised.

参考译文	环境破坏背后的经济代价已经广为人知。
定位词	financial costs
解题关键字	widely recognised
文中对应点	C段：Put it all together and it looks like a battlefield, but consumers rarely make the connection at the dinner table. ...To many, the costs may not even appear to be financial at all, but merely aesthetic — a terrible shame, but nothing to do with money.

文中对应点	读到这里，领悟力强的考生已经知道答案是NO了。由以上C段中的内容可知，虽然我们的土地已经被工业化农业破坏得像个战场般满目疮痍，但消费者在吃饭的时候却很少能联想到这些，更别说将这些破坏用金钱来衡量了。由此可推知，人们还没有广泛地认识到环境破坏所带来的经济代价。文中的rarely和To many...not... 与题干中的widely相互矛盾，由此可知答案是NO。
答案	NO

21. One of the costs calculated by Professor Pretty was illness caused by food.

参考译文	Pretty教授所计算出的代价之一是由食物引发的疾病。
定位词	Professor Pretty, illness
解题关键字	illness caused by food
文中对应点	E段：...£169m from food poisoning; ... food poisoning指食物中毒，在用Professor Pretty的名字定位到E段之后，考生会发现这一段在列举农业的隐形开销，只要找到illness caused by food的对应成分food poisoning就可以了。Pretty教授的确计算了因食物引起的疾病就医的花销。
答案	YES

Questions 22–26

- 题目类型：SUMMARY填空题
- 题目解析：
  1. 首先用Professor Pretty和conclude一词将此题定位到文章的E段，也是紧跟在第21题对应句后面的那句话 Professor Pretty draws a simple but memorable conclusion... 22到26题要填的词就是从这句话开始的；
  2. 注意该题规定最多每空填三个字。

题号	定位词	文中对应点	题目解析
22	Professor/ Pretty/ concludes/ higher	Professor Pretty draws a simple but memorable conclusion from all this: our food bills are actually threefold. We are paying for our supposedly cheaper food in three separate ways...	题目原句是：Professor Pretty concludes that our 22... are higher than most people realise, because we make three different types of payment. 题目翻译为：Pretty教授下了结论，我们的22... 比大多数人意识到的更高因为我们在为三种不同的款项买单。 根据空前的our确定空中要填名词，后面的形容词是higher。higher可以对应文章中的threefold（三倍）；because we make three different types of payment 也可以和threefold相对应。这道题目很容易填上答案food bills, 但注意不要填成单数。
		Breaking away from industrial agriculture as the solution to hunger may be very hard for	题目原句是：He feels it is realistic to suggest that Britain should reduce its reliance on 23... 题目翻译为：教授认为建议英国减少其对23... 的依赖是现

题号	定位词	文中对应点	题目解析
23	Britain/reduce its reliance on	some countries, but in Britain, where the immediate need to supply food is less urgent, and the costs and the damage of intensive farming have been clearly seen, it may be more feasible.	实的。 空前有介词on，证明空中要填名词。原文中作者说对于一些国家来说，摆脱工业化农业生产方式的同时也解决饥饿问题是件很困难的事情，但在英国，对粮食的需求并非如此紧迫，并且现代化的密集型农业所耗费的成本和造成的损失清晰可见，放弃现代化农业是可行的。言外之意就是说英国现在太依赖intensive farming了，而要放弃intensive farming是可行的。所以空中应该填写：intensive farming。
24&25	farmers/Pretty/government/change/a	Professor Pretty feels that organic farming would be too big a jump in thinking and in practices for many farmers... He is recommending the immediate introduction of a “Greener Food Standard”...	题目原句是：Although most farmers would be unable to adapt to 24..., Professor Pretty wants the government to initiate change by establishing what he refers to as a 25.... 题目翻译为：尽管大多数农民都适应不了24...，Pretty教授还是希望政府通过建立他所谓的25...来开始改变。 通过24和25空前方的to（在此作介词）和a判断出来两个空要填名词，而且25题很可能填上专有名词。原文中的organic farming would be too big a jump in thinking and in practices for many farmers意为“对于许多农民来说，有机农业在思想上和实践上都是一个很大的跨越”，言外之意就是说许多农民都很难适应有机农业，在意思上与24空所在的半句相对应，所以24空应该填organic farming。 25空只需要向下寻找，找到教授的名字，再找到不定冠词a，很快就能找到正确答案Greener Food Standard，即他希望政府能马上制定“绿色食品标准”。
26	both...and...	It could go a long way, he says, to shifting consumers as well as farmers...	题目原句是：He feels this would help to change the attitudes of both 26... and... 题目翻译为：教授觉得上述计划会帮助改变26...和...的态度。分析题目的结构可知，这里要填并列关系的两个名词。文中句子里的shift可以与题目中的change相对应，文中as well as连接的便是两个并列成分，符合题目的结构，由此可知答案是farmers和consumers。也可以颠倒顺序填写。

参考译文

食品的真正代价

A 40多年来食品价格一直呈上涨趋势。现在已经涨到了越来越多的人都认为太高的程度，很多人认为21世纪面临的巨大挑战之一就是降低食品价格。然而，这代价不并非立即付现的。毕竟，相对于1960年而言，至少在西方国家，现在大多数食品按相对价值计算反而是便宜多了。这代价恰恰是使食品变便宜的生产方式本身所造成的间接伤害。这伤害包括现代工业化农业所造成的水资源污染，土壤贫瘠，野生动植物破坏，对动物权益的损害以及对人类健康的威胁。

B 现代农业的发展首先是机械化生产，接着就是化肥和杀虫剂的大量使用，然后是单一种植，再后来就是笼养家禽家畜，直到现在的基因工程。在过去的半个世纪里，随着产量的激增，密集型农业前进的步伐似乎已经锐不可当。但其也造成巨大的破坏。例如，在英国，许多深受人们喜爱的农田鸟类，比如云雀、灰山鹑、麦鸡和黍鹀，还有更多的野花和昆虫，都已经从乡村大片的土地上消失了。这就是过去40年里我们的农业生产方式所造成的直接后果。无数的灌木丛、大片的池塘已经从我们的土地上消失了。养殖大马哈鱼的排泄物将野生大马哈鱼逐出了苏格兰的海湾和河流。由于长期使用化肥和杀虫剂，很多地区的自然土壤肥力正在下降，而湖里的藻类却因为化肥废料而不断疯长。

C 上面所述种种使我们的土地看上去就像满目疮痍的战场，但消费者在餐桌上的时候却很少联想到这些。这主要因为这些代价是经济学家们所说的“外部经济效应”，它们不在如生产或出售一块地里的小麦那样的主要交易过程之中，而且它们也不是由生产者和消费者直接来承担的。对很多人来说，这代价甚至根本不属于经济范畴，仅仅与审美相关，很遗憾和金钱没有任何关系。而且不管怎样，作为食品消费者，他们当然不必为这代价自掏腰包，不是吗？

D 但这代价对社会的影响却是可以量化的，累积起来能高到吓人的地步。一项引人注目的将代价量化的活动已经完成。埃塞克斯大学社会与环境研究中心的主任Jules Pretty教授负责了该活动，他是位关注农业未来的领军思想家。Pretty教授和他的同事计算了某一年中英国农业外部经济效应的价值。他们综合了修复损坏所需的费用，得出的总数是二十三亿四千三百万英镑，具体到每公顷耕地和永久性牧场则为二百零八英镑，几乎和当年英国政府及欧盟在英国农业上的投入相当，据Pretty教授说这还是保守估计。

E 这些费用包括：一亿两千万英镑用于消除杀虫剂；一千六百万英镑用于消除硝酸盐；五千五百万英镑用于消除土壤中的磷酸盐；两千三百万英镑用于自来水公司清除引用水中所含有的隐孢子虫病菌；一亿两千五百万英镑用来修复野生动物栖息地、灌木以及石墙所受到的损坏；十一亿一千三百万英镑用来治理可能会导致气候变化的尾气；一亿零六百万英镑用在治理土壤腐蚀和有机碳流失上；一亿六千九百万英镑用于食品中毒；六亿零七百万英镑用于治疗牲畜疾病。由此Pretty教授得出了一个简单但却惊人的结论：实际上我们的食品花销翻了三倍。我们正用三种不同的方式为自认为便宜了的食物买单：一是在柜台付款，二是通过纳税，税收提供了强大的经济支柱，三是收拾现代农业生产留下的烂摊子。

F 那么食品的真正花销能降下来吗？对于一些国家来说，通过摆脱工业化农业解决饥饿问题也许相当困难，但在英国，对粮食的需求相对缓和，并且大家都清楚看到了密集型农业所耗费的成本和带来的破坏为现代密集型企业，放弃现代化农业更为可行。政府有必要设立可持续性、有竞争力和多样化的农业及粮食生产部门，这一定会为农村经济的繁荣和可持续发展做出贡献，并加快实现环境、经济、健康以及动物福利方面的目标。

G 但如果工业化农业将被取代，可行的替代办法又是什么呢？Pretty教授感觉对于许多农民来说，有机农业在思想上和实践上都是一个很大的跨越。并且，有机产品的高价格使得许多比较贫困的消费者无力购买。他推荐尽快引入“绿色食品标准”，这会促使市场朝着比现行标准更环保的方向发展，而又不必全部投入有机农业生产。“绿色食品标准”将涵盖不同农业经营上的共认做法，包括农用化学品的使用、土壤质量、土地经营管理模式、水资源及能源利用、食品安全以及动物健康等。Pretty教授认为，这一标准将对消费者和农场主从传统的农业转向可持续发展农业大有裨益。

背景知识

A Different Voice to Organic Farming

Organic Farming 'No Better for the Environment'

By Cahal Milmo

Organic food may be no better for the environment than conventional produce and in some cases is contributing more to global warming than intensive agriculture, according to a government report.

The first comprehensive study of the environmental impact of food production found there was "insufficient evidence" to say organic produce has fewer ecological side-effects than other farming methods.

The 200-page document will reignite the debate surrounding Britain's £1.6bn organic food industry which experienced a 30 per cent growth in sales last year.

David Miliband, the Environment Secretary, drew a furious response from growers last month when he suggested organic food was a "lifestyle choice" with no conclusive evidence it was nutritionally superior.

Sir David King, the Government's chief scientist, also told The Independent he agreed that organic food was no safer than chemically-treated food.

The report for the Department for Environment, Food and Rural Affairs found "many" organic products had lower ecological impacts than conventional methods using fertilisers and pesticides. But academics at the Manchester Business School (MBS), who conducted the study, said that was counterbalanced by other organic foods—such as milk, tomatoes and chicken—which are significantly less energy efficient and can be more polluting than intensively-farmed equivalents.

Ken Green, professor of environmental management at MBS, who co-wrote the report, said: "You cannot say that all organic food is better for the environment than all food grown conventionally. If you look carefully at the amount of energy required to produce these foods you get a complicated picture. In some cases, the carbon footprint for organics is larger."

The study did not take into account factors such as the increased biodiversity created by organic farming or the improved landscape.

The report said: "There is certainly insufficient evidence available to state that organic agriculture overall would have less of an environmental impact than conventional agriculture."

"In particular, organic agriculture poses its own environmental problems in the production of some foods, either in terms of nutrient release to water or in terms of climate change burdens."

Using data from previous studies, the researchers singled out milk as a particular example of the environmental challenges presented by organic farming. Organic milk requires 80 per cent more land and creates almost double the amount of substances that could lead to acidic soil and "eutrophication"—the pollution of water courses with excess nutrients.

The study found that producing organic milk, which has higher levels of nutrients and lower levels of pesticides, also generates more carbon dioxide than conventional methods—1. 23kg per litre compared to 1. 06kg per litre. It concluded: "Organic milk production appears to require less energy input but much more land than conventional production. While eliminating pesticide use, it also gives rise to higher emissions of greenhouse gases and eutrophying substances. "

Similar findings were recorded with organic chickens, where the longer growing time means it has a higher impact on all levels, including producing nearly double the amount of potentially polluting by-products and consuming 25 per cent more energy.

Vegetable production was also highlighted as a source of increased use of resources. Organic vine tomatoes require almost 10 times the amount of land needed for conventional tomatoes and nearly double the amount of energy.

Advocates of organic farming said its environmental benefits had long been established, not least by Mr Miliband who has written it is "better for biodiversity than intensive farming". The Soil Association said it recognised that in some areas, such as poultry and growing vegetables out of season, organic was less energy efficient.

But it said that was vastly outweighed by factors which the DEFRA study had not taken into consideration such as animal welfare, soil condition and water use.

The pitfalls

Tomatoes

* 122sq m of land is needed to produce a tonne of organic vine tomatoes. The figure for conventionally-grown loose tomatoes is 19sq m.
* Energy needed to grow organic tomatoes is 1. 9 times that of conventional methods.
* Organic tomatoes grown in heated greenhouses in Britain generate one hundred times the amount of CO_2 per kilogram produced by tomatoes in unheated greenhouses in southern Spain.

Milk

* Requires 80 per cent more land to produce per unit than conventional milk.
* Produces nearly 20 per cent more carbon dioxide and almost double the amount of other by-products that can lead to acidification of soil and pollution of water courses.

Chickens

* Organic birds require 25 per cent more energy to rear and grow than conventional methods.
* The amount of CO_2 generated per bird is 6. 7kg for organic compared to 4. 6kg for conventional battery or barn hens.
* Eutrophication, the potential for nutrient-rich by-products to pollute water courses, is measured at 86 for organic compared to 49 for conventional.
* The depletion of natural resources is measured at 99 for organic birds compared to 29 for battery or barn hens.

READING PASSAGE 3

篇章结构

体裁 说明文

主题 一体化交通项目在坦桑尼亚马科特地区的成功实施。

结构 Section A: 实施马科特乡村一体化交通项目的背景。

Section B: 项目第一阶段：对当地出行需求的调查。

Section C: 项目第二阶段：采取多种方式提升运力。

Section D: 项目第三阶段：进一步的改进与制度化。

Section E: 解释项目执行方式，肯定当地官员成绩。

Section F: 马科特乡村一体化交通项目的长期影响。

必背词汇

Section A

disappointing	*adj.* 令人失望的
conventional	*adj.* 传统的，依照惯例的；常规的
rethink	*vt.* & *vi.* 重新考虑；反思
strategy	*n.* 策略；战略，作战方针
tackle	*v.* 解决；应付
availability	*n.* 可用性；实用性
integrate	*vt.* 使一体化；整合
objective	*n.* 目标；目的
access	*n.* 通道；使用；接近
community	*n.* 社区；社会
co-ordinate	*v.* 协调；调节

Section B

virtually	*adv.* 实际上；事实上
isolate	*vt.* 隔离，孤立；使脱离
rainy season	雨季
in...shape	处于……状态
rare	*adj.* 极少的，罕见的
restrict to	把……限制（控制、保持）在……
rely on	依靠，依赖
path	*n.*（人或牲畜走出来的）路；小路，小径
slippery	*adj.* 光滑的；滑溜的；狡猾的
solution	*n.* 解决办法
propose	*vt.* & *vi.* 提议，建议；打算
socio-economic	社会经济的
obtain	*vt.* 获得，得到
locality	*n.* 地区，区域
grinding mill	磨坊

Section C

identify	*vt.* 指出；确定
implement	*vt.* 实施，贯彻，执行
mobility	*n.* 活动性，灵活性
dependent	*adj.* 取决于……的，依赖的
labour	*n.* 工人；劳力
mechanical workshop	机械车间
consideration	*n.* 考虑；要考虑的事情
outside	*prep.* 除了……之外
road network	公路网
short-cut	*n.* 捷径
safety risk	安全风险
arduous	*adj.* 艰苦的，艰难的
step	*n.* 台阶
handrail	*n.* 栏杆，扶手
footbridge	*n.* 人行桥
oxen	*n.* 牛，公牛（ox的复数）
promote	*vt.* 推广；提拔
manufacturable	*adj.* 可制造的，生产的
wheelbarrow	*n.* 独轮手推车

Section D

refinement	*n.* 改良，改进	efficiency	*n.* 效率，效能
institutionalisation	*n.* 制度化	existing	*adj.* 现有的
accompanying	*adj.* 伴随的，附随的；配套的	modification	*n.* 修正，改造
maintenance	*n.* 维护；保养	crop	*n.* 作物，庄稼
fluctuate	*vi.* 振荡；（价格等）变动	breeding	*n.* 繁殖；饲养；教养
secondary road	二级公路	affordable	*adj.* 担负得起费用的，花费得起的
at the request of	鉴于……之请求，应……之请求	initiative	*n.* 主动性，进取心，发起者
construction	*n.* 建设	note	*vt.* 注意
impress	*vt.* 给……以深刻印象，使铭记	supplementary	*adj.* 增补的；补充的

Section E

top-down	由上而下的，这里指由政府下命令的方式	hand down to	往下传给

Section F

inexpensive	*adj.* 廉价的，便宜的	awareness	*n.* 意识，认识
dedicated	*adj.* 献身的；专注的		

难句解析

1. The locally manufactured wheelbarrows were still too expensive for all but a few of the households.

参考译文：除了少数家庭负担得起之外，本地产独轮车对于多数家庭来讲还是很昂贵的。

all的相关用法：

all but...

（1）几乎；差不多

The shelf was all but empty. 货架几乎空了。

The film is all but three hours long. 这电影几乎有三个小时长。

He was all but drowned. 他差点儿淹死。

It was all but impossible to climb back into the boat. 再回到小船上已几乎不可能了。

（2）除了……都，等同于all except

the 32 delegates (all but four of them women) 32位代表（除4人外均为女性）

All but the morning star have disappeared. 除了金星以外其他的星星全都消失了。

本文中这个句子指的就是独轮车对除了少数家庭之外的其他家庭还是很昂贵的。可以转换为The locally manufactured wheelbarrows were still too expensive for almost all the households. Only a few can afford them.

all 的其他用法：

- above all 首先；尤其是：Above all, he is reliable. 首要的一点，他是可信赖的。
- after all 毕竟；终究：After all, tomorrow is another day. 毕竟，明天又是新的一天了。
- all along 始终；一直：Know all along that he is going to make it. 我始终认为他会成功的。
- all out 全力以赴：be all out to do sth. 竭尽全力做某事
- all over 到处；遍及：He is smiling all over his face. 他满面笑容。

谚语中的all：

- All is not gold that glitters. 闪光的未必就是金子。
- All his geese are swans. 敝帚自珍。
- All good things must come to an end. 天下没有不散的宴席。
- All roads lead to Rome. 条条大路通罗马。
- All work and no play make Jack a dull boy. 只知工作不会玩，聪明小孩也变憨。
- All's well that ends well. 结果好的就一切都好。
- A friend to all is a friend to none. 个个似朋友，其实无朋友。
- Grasp all, lose all. 贪多必失。
- He that gains time gains all things. 赢得时间者，赢得一切。
- It's hard to please all. 众口难调。

2. It would have been easy to criticize the MIRTP for using in the early phases a "top-down" approach, in which decisions were made by experts and officials before being handed down to communities, but it was necessary to start the process from the level of the governmental authorities of the district.

参考译文：由于项目初期采用了上级命令下级执行的办法，即没有经过当地社区同意，专家和政府官员们就作出了决定，马科特乡村一体化交通项目遭到了很多批评，但是从政府层次开始贯彻实施该项目又是很有必要的。

语言点：

It 实际上是形式主语，这句话真正的主语是不定式to criticize the MIRTP for using in the early phases a "top-down" approach, 在这个主语后面，in which引导定语从句，解释什么是a top-down approach，定语从句的主语是decisions, 谓语是被动语态were made，before being handed down to communities等同于before decisions were handed down to communities。

形容词＋带to的不定式

（1）形容词后跟带to的不定式

I'm pleased to see you. 很高兴见到你。

I'm sorry to have missed you. 真遗憾没见到你。

I am pleased to have been given this opportunity. 很高兴我能得到这个机会。

（2）可以用于赞扬或批评别人的不定式句型

He was kind to help us. 他好意帮助我们。

可以用于这个句型的形容词有：brave 勇敢/careless 马虎/clever聪明/foolish 愚蠢/generous慷慨/good 好/unkind不仁慈/polite礼貌/right对/wrong错/rude粗鲁/selfish自私

（3）主语＋be＋形容词＋带to的不定式

The government would be brave to call an election now. 政府现在敢于选举了。

Jack was foolish not to accept the offer. 杰克不接受建议太愚蠢了。

（4）It＋be＋形容词＋of＋名词/代词＋带to的不定式

It was kind of her to help us. 她真好，帮助了我们。

It was silly of you to say that. 你那么说真蠢。

It was annoying of John to lose my keys. 约翰弄丢了我的钥匙，真令我恼火。

试题解析

Questions 27–30

- 题目类型：LIST OF HEADINGS 选标题
- 题目解析：

首先，考生应该去掉例子当中已经选过的heading vi和ix两项；
接着，浏览所有的headings，找出关键词。
headings翻译如下：
i. MIRTP（马科特乡村一体化交通项目）是未来的模式　关键词future model
ii. 找出主要的交通问题　关键词main transport problems
iii. 人们对机动车的偏好　关键词motorised vehicles
iv. 政府官员的建议　关键词 government authorities
v. 对灵活性与交通方式的初步改善　关键词 initial improvements
vi. 马科特地区改善交通的需求（已经排除）
vii. 北部地区的交通改善　关键词northern part
viii. 轨道线网的改善　关键词rail network
ix. 项目最初措施的影响（已经排除）
x. 当地官员的合作　关键词district officials
xi. 独轮车和驴的作用　关键词wheelbarrows, donkeys

题号	定位词	文中对应点	题目解析
27	main transport problems	Section B第二小段 Before solutions could be proposed, the problems had to be understood...so Phase I...focused on research.	此篇文章每个Section由多个段落组成，因此要读过每个小段才能最终确认整个Section的大意。Section B的第一小段基本就在描述马科特地区糟糕的交通状况，纯属描述，考生应该快速略过，直奔第二小段。这一小段首句就提到：Before solutions could be proposed, the problems had to be understood. 这里problems第一次原词重现，正好与选项ii中的problems对应。再稍微向下看看，就能找到项目的第一阶段主要集中于调研，并且做了一个涉及400多家当地住户的调查，后面就是该调查得出的数据。综合这两小段，显然，本部分讲的就是确定该地区的问题，也就是选项ii。 ***TIPS***：从文章行文逻辑来讲，在开展计划项目之前，当然要先找出问题。
28	initial improvements	Section C 第一小段：...a number of approaches were implemented in an effort to improve mobility and access to transport 第二小段：An improvement of the road network... 第三小段：It made sense	从左边的文中对应点考生可以看出，要想选出这一部分的大意，必须要通读整个Section，只看第一小段是不够的。第一小段主要讲项目第二阶段的目标；第二小段提到改善路网，提供培训；第三小段提到给当地人常走的小路修台阶、扶手和人行桥；第四小段提到使用独轮车和驴这两种交通工具。总结四段内容，不难发现，后三小段是交通改善的具体体现，也就不难得出答案为选项v。有的考生可能会被viii或xi迷惑，但是与v相比，这两个选项都太具体了，只是其中的一个方面，不够全面。作为整

题号	定位词	文中对应点	题目解析
		to improve the paths by building... 第四小段：After careful consideration, the project chose the promotion of donkeys...	个Section的大意，应该是高度概括而且全面的。 ***TIPS***：其实考生可以从initial（开始的，起始的）一词判断出这个选项应该是关于文章靠前的部分的。雅思阅读文章通常都有一条明显的时间线贯穿全文，要特别注意那些表示时间先后顺序的关键词。如： early－further　former－latter　initial－next
29	district officials	Section E：...without the support and understanding of district authorities.	这道题相对比较容易，因为Section E本身只有两句话，而且都集中在政府的作用上。段末提出要是没有当地政府的支持和理解，就很难满足当地村民们的需求，充分肯定了当地官员的作用，而所有的headings中只有x项在讲述district officials（地区官员），所以它就是正确答案。有的考生可能会被iv所迷惑，因为它谈到了政府官方的建议，貌似可以和E段的第一句相对应，虽然本段出现了government authorities，但重点是解释为什么在项目初期采取了政府下令民间执行的方式，而并未涉及到政府官员的instructions（建议），故排除。
30	future model	Section F第二段：...and Makete District will act as a reference for future work.	对解题原则熟悉的考生，在看到选项i的future时，已经可以把它大胆地归给文章的最后一段了，因为带有future一词的选项的任务往往就是给文章收尾。但是如果考生觉得这样猜测风险太大，那么就可以通读到Section F的最后一句，找到future model的对应词reference，再在reference后看到future work，也可以选出正确选项i。 ***TIPS***：带有下列关键词的headings一般会对应文章的末段：effects, influence, aftermath, result, next, future, consequence 等。

Questions 31–35

- 题目类型：YES/NO/NOT GIVEN 判断题
- 题目解析：

31. MIRTP was divided into five phases.

参考译文	马科特乡村一体化交通项目被划分为五个阶段。
定位词	five
解题关键字	five
文中对应点	不得不说，这是一道很无厘头、很不得要领的题目。解题方法是：千万不要多想，一定要去"字面理解"文章中出现的第一、第二、第三三个阶段。有的考生在文中只找到三个阶段，却联想说文中也没有说只有这三个阶段啊。其实，从Section E开始赞美当地官员、Section F开始歌颂这个项目的重要性和对将来的影响，就应该能够推测出来整个项目只有三个阶段了。答案当然是NO。 ***TIPS***：数字作考点，一般选FALSE。这是课堂上老师讲述的一条TRUE/FALSE/NOT GIVEN黄金法则。本题也可以视作是这个原则的另类体现。总之做这个题目的时候要尽量"弱智化"自己的想法，千万不要多虑。
答案	NO

32. Prior to the start of MIRTP the Makete district was almost inaccessible during the rainy season.

参考译文	在一体化交通项目开始之前，雨季的马科特几乎与外界隔绝。
定位词	prior to the start, rainy season
解题关键字	inaccessible
文中对应点	Section B第一小段第一句：When the project began, Makete District was virtually totally isolated during the rainy season. 原句中的began对应题干中的start，virtually totally isolated 对应almost inaccessible。inaccessible指“无法达到的，不可进入的”，正好对应isolated(与世隔绝的)。此题基本做到了词语的一一对应。只要词汇量够大，这个题目就很容易解答出来。
答案	YES

33. Phase I of MIRTP consisted of a survey of household expenditure on transport.

参考译文	马科特一体化交通项目第一阶段包括对当地家庭交通花费的调查。
定位词	Phase I
解题关键字	expenditure
文中对应点	利用Phase I将此题定位到Section B的第二小段，找到socio-economic survey一词，确定文章在此处提到了调查。 原句：The socio-economic survey of more than 400 households in the district indicated that a household in Makete spent, on average, seven hours a day on transporting themselves and their goods... 从这句话可以看出，调查主要是关于当地家庭花在出行上的时间，并不是题目中所说的交通开销。当然，有的考生会说，那文章中也没有明确说调查不是关于开销的呀。在雅思阅读文章中，每当提到事物的原因、做某事的目的、或者调查研究的目的时，一般这个原因和目的都是唯一的。也就是说，如果文中说这样做的目的是A，题中说这么做的目的是B，一般就选择NO。
答案	NO

34. The survey concluded that one-fifth or 20% of the household transport requirement as outside the local area.

参考译文	调查结果显示20%的家庭出行地是在本地区以外。
定位词	one-fifth or 20%
解题关键字	one-fifth or 20%
文中对应点	首先由题目中的one-fifth或者20%定位到Section B第二小段的80%。 原文：80% was within the locality locality指“地区，区域”。该句说80%的家庭出行仅限于本地，推理一下，那么剩下的20%出行是在本地之外了。做一个简单的数学运算，就能得知答案为YES。 这道题切忌咬文嚼字，不要以为一道题目不可能这么简单。
答案	YES

35. MIRTP hoped to improve the movement of goods from Makete district to the country's capital.

参考译文	马科特乡村一体化交通项目希望能够改善马科特与其国家首都之间的货物运输。
定位词	capital
解题关键字	capital
文中对应点	按顺序原则定位到Section C。Section C第一小段最后一句：...a number of approaches were implemented in an effort to improve mobility and access to transport. 在这句话中，并没有提到首都。向下寻找，直到Section C的最后，capital一词也没有出现，这时已经完全可以肯定，这是一道无中生有、完全没有提及型的NOT GIVEN。 假如一时无法判断，则可以先做下一题。第36题定位在section C的第三小段，按照顺序原则，这就把此题的答案锁死在了Section C的第一、二小段，再度浏览寻找之后，只在第二小段看到一句貌似有点关系的句子：An improvement of the road network was considered necessary to ensure the import and export of goods to the district. 这句话里也不见capital踪影，尽管提到了货物运输，却完全没有提到首都。所以答案肯定是NOT GIVEN。
答案	NOT GIVEN

Questions 36–39

- 题目类型：MATCHING 搭配题
- 题目解析：

  句首搭配句尾型的matching解题方法：

  本题乍一看简直无从下手；本题需要的是镇定和务实的精神。

  镇定：不要被诸多选项吓倒。

  务实精神：老老实实地阅读给出的题干，老老实实地寻找定位词，不要跳段，按顺序一点点寻找。

题号	定位词	文中对应点
36	footbridges, steps, handrails	Section C第三小段：Most goods were transported along the paths that provide short-cuts up and down the hillsides, but the paths were a real safety risk and made the journey on foot even more arduous. It made sense to improve the paths by building steps, handrails and footbridges. 大多数物资是通过小路运输的，这些小路为上下山提供了捷径，但却需要冒着很大的生命危险，要是步行就更艰难了。所以，就有必要通过修建台阶、扶手和人行桥等来改善路况。 找到这两句话之后，开始在选项栏中寻找对应句尾，特别要注意特殊词之间的联系，很快就能看到选项D：improved paths used for transport up and down hillsides.（改善用于上下山的小路）正好和文中原句对应。因此D就是正确答案。
37	breakdown, buses and trucks	Section D第四小段第一句：The efforts to improve the efficiency of the existing transport services were not very successful because most of the motorised vehicles in the district broke down and there were no resources to repair them. 由于当地大多数机动车发生故障时没有条件修理，所以提升现有交通服务效率的努力并不是很成功。 这道题和上一道题隔得比较远，找起来稍有困难，但也并非找不到。题目中的buses

题号	定位词	文中对应点
37	breakdown, buses and trucks	and trucks 对应文中的motorised vehicles，breakdown很容易和动词词组broke down相对应。作者在这里再次进行了一次因果关系转变。I选项中的hinder(阻碍)一词是解题的关键，efficient对应文中的efficiency，该选项是原文前半句话的另一表达。答案是I。
38	secondary roads and paths	Section D第三小段第一句：Paths and secondary roads were improved only at the request of communities who were willing to participate in construction and maintenance. 只有愿意参与道路建设与养护的社区提出要求时，施工方才会去帮助他们改善小路和二级公路。 利用定位词很快就能定位到Section D第三小段第一句，再利用at the request of和willing定位到选项G：was done only at the request of local people who were willing to lend a hand. willing to lend a hand 等同于文中的 willing to participate in construction and maintenance，都指愿意在公路的建设和养护中出力。答案是G。
39	isolation, part of the year	这道题杀了个回马枪，而且考生在文中很难找到直接对应点。 Section D的第二小段第一句：The road improvements and accompanying maintenance system had helped make the district centre accessible throughout the year. 理解这句话时，可以结合原文Section B一开始就提到的马科特地区在雨季就几乎与世隔绝这个事实来理解。那么该句可理解为以往到了雨季就几乎隔离的地区现在已经全年都可到达，言下之意隔离不再是个问题了，对应选项，只有E表达了这个意思。 另外，原文这句话的意思并不能和题目完全对应，所以，考生可以使用排除法，先去掉刚才三道题目已经选过的选项，然后把剩下的选项逐一对应到题干后面去，看看哪一句在语法和语义上都能够说得通。考生很快会发现，只有一个答案可选，那就是E选项。

Question 40

- 题目类型：Multiple Choices 选择题
- 题目解析：

  这是一道总结型题目，在文中没有直接对应点，需要考生根据已经读过的文章和已经完成的题目加以总结归纳。

题号	定位词	文中对应点
40	main aim	题目：下列哪项最好地描述了本文的主要目的？ A 表明别的国家也需要马科特乡村一体化交通项目这样的项目。 B 描述了马科特乡村一体化交通项目是如何实施的，以及取得了怎样的成就。 C 研究马科特乡村一体化交通项目是如何推广驴子的用途的。 D 警示大家马科特乡村一体化交通项目这样的项目很可能存在严重问题。 首先剔除D：三个正面，一个负面，负面选项先出局，大体浏览一下文章也能看出文中并未涉及这个内容；C项过于具体，驴的使用只是计划的一部分，不够全面；然后在剩下的A、B中比较：A属于拔高型，文章只在最后提到马科特的成功可以作为以后的范例，并未直接说明其他国家需要，而且这也不是文章的主要内容；最终只有选项B概括了全文，答案为B。

参考译文

马科特乡村一体化交通项目

Section A

八十年代初，非洲许多常规道路运输项目令人失望的结果使得一些专家开始重新思考解决乡村交通问题的策略。恰逢坦桑尼亚西南部偏远的马科特地区要求帮助改善当地的交通状况，为试验新策略提供了机会。

在对当地农村家庭出行需求的调查中，一体化的农村交通运输理念被采纳了进来。这个理念的目标就是通过改善农村交通体系，使当地人能减少获取基本物资和服务所费的时间和精力。该理念的基本假设就是能把节省下来的时间用来开展能够促进当地社会和经济发展的活动。马科特乡村一体化交通项目开始于1985年，由瑞士开发公司出资资助，坦桑尼亚政府负责协调工作。

Section B

项目刚开始的时候，雨季的马科特几乎完全与世隔绝。当地路况十分糟糕，通往主要城镇的道路一年中有三个月的时间都是无法通行的。地区内道路交通少得出奇，北部地区可选择的交通工具只有驴。居民主要靠步行，一下雨这些小路就泥泞不堪，十分危险。

在提出解决办法之前，先要了解问题所在。施工方对当地人的出行需求了解甚微，因此在工程的第一阶段（从1985年12月到1987年12月），他们集中精力进行调研。据对马科特地区400多个家庭进行的社会经济调查显示，平均每家每天要花上7个小时用于出行和运输物资。这组数据看起来很极端，但从非洲其他乡村得到的数据也是一样的。调查人员还发现了一些与交通相关的很有趣的事情：当地95%的居民出门基本靠走，80%的居民活动范围只限于本地，70%的人出行是为了挑水砍柴和去磨坊。

Section C

确定了主要的交通需求，施工方制订了可行性解决方案，这将节省时间，减轻负担。在第二阶段（1991年1、2月间），为提高交通的灵活性和便利性，实施了许多方案。

改进地区的路网是保证货物进出口业务的必要条件，而这些改进措施严重依赖劳动力。除了改善路况，还提供机械车间方面的培训以及公共汽车和卡车服务。然而，与常规方法不同的是，这次除了公路网外，还考虑到了本地交通需求。

大多数物资是通过小路运输的，这些小路为上下山提供了捷径，但却需要冒着很大的生命危险，要是步行就更艰难了。所以，通过修建台阶、扶手和人行桥等来改善路况是有意义的。

要找到比步行更有效率、比机动车技术含量低的交通方式可不是件容易的事。由于价格昂贵又缺少可用的零配件，自行车的使用受到了限制。当地人根本就不把牛当成交通工具，但在北部地区，有些居民把驴当成运输工具。马科特乡村一体化交通项目致力于找到最适合当地居民的交通工具，这种工具必须是现有的、居民们买得起又愿意接受的东西。经过仔细考虑，项目最终决定推广驴（在当地，驴子比自行车便宜）和一种当地生产的独轮车。

Section D

第二阶段结束的时候，显而易见，这些为马科特地区量身打造的解决办法都取得了不同程度的成功。第三阶段从1991年3月到1993年3月，致力于改进这些解决方法并使之制度化。

道路状况的改善以及配套的道路养护制度已经使得人们全年都可到达地区中心，也更容易在市场上买到来自外地的基本物资，价格也不像以前那样起伏不定。

只有愿意参与道路建设与养护的社区提出要求时，施工方才会去帮助他们改善小路和二级公路。然而，当地居民对改善后的路况很满意。因此，刚完成几项改进，就有更多人提出了协助请求。

由于当地大多数机动车发生故障时没有条件修理，所以提升现有交通服务效率的努力并不是很成功。

由于当地人普遍没什么钱，甚至连推广低价交通工具也成了难题。除了少数家庭外，本地制造的独轮车对多数家庭来讲还是过于昂贵。当地木匠对初始设计的独轮车加以更改，降低了生产时间和成本。当地的另外一些木匠也接受新设计的培训，以满足人们的需求。然而，尽管当地生产的木质独轮车只要5000坦桑尼亚先令(不到20美元)，仅相当于金属独轮车价钱的四分之一，但对于大多数当地居民来说还是太贵了。

引进的驴子反倒变得越来越受欢迎，在将农作物和物资运往市场方面大显身手。买驴的主要是当地稍微富裕一些的家庭，不过通过本地繁殖，驴的供应会有所增加，价钱也会更便宜。与此同时，当地正推广现有驴子的出租业务。

然而需要注意的是，一头驴要花费20, 000坦桑尼亚先令，虽然比自行车便宜，但这笔投资仍相当于一个当地家庭半年多的收入。这很清楚地表明，要帮助贫困的乡村地区，还需要其他的辅助措施。

Section E

由于项目初期采用了自上而下的办法，即没有传达给当地社区，专家和政府官员就作出了决定，因此，要批评马科特乡村一体化交通项目简直易如反掌，但是从当地政府层开始这一项目是很必要的。要是没有当地政府的支持和理解，当地村民和其他农村住户的需求就很难得到满足。

Section F

现在，当地没有人再争论改善道路状况及推广廉价交通工具的重要性了。这是长期倾力工作的结果，尤其是负责当地社区发展的政府官员的努力。他们在提高当地居民意识、调动他们积极性的过程中发挥了重要作用。

如今，一体化乡村交通这一理念在坦桑尼亚已经深入人心，另一个重要的乡村交通项目也即将在此开展。从马科特项目中所获得的经验将大有帮助，马科特地区也会为将来的项目提供很好的参考范例。

背景知识

ANIMAL TRACTION

The importance of animal traction in the world

The first use of animal power took place some four thousand years B.C. In the six ensuing millennia 21 species of domestic animals have been used for pulling agricultural implements, goods and passenger vehicles, blocks of wood and for carrying loads, for riding and for use with a saddle. Some of these animals are used to supply necessary energy in extraordinary situations, such as for the haulage of blocks in the forest or the use of the yak and the llama to transport loads at altitudes higher than 4, 000 metres above sea level.

It is estimated that more than 400 million work animals are in use, mainly in developing countries. Of these 300 million are cattle, 80 million belong to the horse family and the remainder are drawn from all the other types of animals used for traction. 50% of cultivated land is worked using these animals and they are used for pulling 25 million vehicles (Rawaswamy, 1985). Of the total energy required for agricultural production, 65. 5% is produced by man, 27. 3% by animals and only 7. 16% by tractors (Holmes, 1980).

Draught animals and the repair of tertiary rural roads

To the uses mentioned above, can be added the repair of rural roads using equipment designed to be drawn by oxen and horses. This technology began to be developed in 1997 in Nicaragua, Honduras and El Salvador and a set of tools was developed which enables work on the repair and maintenance of local roads to be carried out that complies with the technical guidelines laid down for this type of road. In 2000 an exchange of experience took place with the North American organisation, Tillers International, which promotes animal traction and also uses similar technology, used by the Amish communities living in Wisconsin.

The road repair tool kit consists of a ripping plough, a terracer with adjustable angles, a grader (supplied by Tillers), dump carts, a rake, an irrigation tank and a compacting roller. The technology was evaluated by USAID and the results indicated the feasibility of using this technology. Compared with projects based solely on the intensive use of manpower, it showed the following results—more rapid progress in work and better quality; ease in the use of equipment by workers, humanisation of work; low costs per kilometre repaired, low costs for the maintenance of equipment and suitability for use on a wide variety of soils, with the exception of very hard and rocky terrain. More recently, World Bank, KFW and Japanese government agents have reached the same conclusion.

WRITING

TASK 1

题目要求（见“剑7”P53）

审题

此题为曲线图，是关于1979年到2004年期间欧洲某国家在鱼、羊肉、牛肉和鸡肉的消费情况。纵轴为每人每周的消费量，以克为单位。横轴为时间。

写作思路

曲线图相对来说属于难度不是很大的题型。但值得考生注意的是，“剑3” Test 4的曲线图有两条曲线，“剑5” Test 1的曲线图有三条曲线，而这次“剑7”是四条曲线。虽然曲线数量增加了，但写作的思路不变。应该先根据横轴分析变化，然后再进行比较。描述变化的时候要注意归类，也就是把增长的归为一类，减少的归为另一类。同样都是增长或者减少的，则应该根据变化的幅度，从大到小排列。

考官范文（见“剑7”P164）

参考译文

这幅曲线图描述了1979年到2004年期间欧洲某国家消费的牛肉、羊肉、鸡肉和鱼肉的消费数量。

1979年牛肉是这些食物中最受人欢迎的，每人每星期消费约225克。羊肉和鸡肉的消费量差不多(约150克)，而鱼的消费量则少得多(刚刚超过50克)。

但是，在这25年当中，牛肉和羊肉的消费量大大下降到分别为约100克和55克。鱼的消费量也下降了，但幅度没那么大，降到刚好低于50克，所以虽然鱼类一直都是消费量最少的食物，但消费水平却是最稳定的。

而鸡肉的消费量则是不断上升，1980年超过羊肉，1989年超过牛肉。到2004年，鸡肉消费量高达每人每周约250克。

总之，本图显示，鸡肉的消费大大增加而同时期其他食物的消费则不断下降。

分析

开头段分析：

本篇范文开头简明扼要，介绍了图表的核心信息：时间、地点和研究对象。考生可以从中学习图表作文开头段如何进行改写(paraphrase)。

题目原文：The graph below shows the consumption of fish and some different kinds of meat in a European country between 1979 and 2004.

范文开头段：The graph illustrates changes in the amounts of beef, lamb, chicken and fish consumed in a particular European country between 1979 and 2004.

本曲线图显示了……，“显示”在题目中用的是show，范文里用了同义词illustrate。关于图表的研究对象，题目中写的是the consumption of fish and some different kinds of meat，范文用了changes in the amount of beef, lamb, chicken and fish consumed。"消费"一词从题目的名词consumption改成了过去分词consumed，实现了词形的变化。另外在内容上把不同种类的肉(meat)具体写出来了。至于时间和地点这两个信息，照抄就可以了。

总之，改写paraphrase主要就是通过词形的变化和同义词的运用等手段。

主体段分析：

描写曲线图，尤其是多条曲线构成的曲线图的时候，主体段落最简单的写法是这样的：主体段落分别描述各条曲线各自的变化，结尾对这些曲线的趋势进行比较。也就是说，每条曲线各用一两句话来描述增长、下降或是保持不变的动态变化，然后在结尾统一进行比较。这样写的好处是容易上手，每段话各司其职，但可能会显得比较呆板。

而本文采取了相对复杂些的写法：主体段落把变化和比较融合起来写。先进行起点的静态比较，然后描述各条曲线动态的变化。描述开始时间段(1979年)的静态比较时，按照消费量从大到小的顺序(牛肉、羊肉、鸡肉、鱼)。动态变化的描述则是按照先普遍趋势，后特殊趋势的顺序。在这幅图中，四种消费品中有三种都是呈下降趋势，所以先描述下降。而同样都是写下降，应该是按照下降幅度的大小顺序排列(从大到小)。具体来说，先写牛肉和羊肉消费的大幅度下降，接着写鱼肉消费的略有减少。四种消费品中鸡肉是唯一有所增加的，和前三种有所不同，所以在写作时另起一段，用on the other hand这个表示对比的状语来引导。

另外值得注意的是，在具体描述主体段落的变化和比较的时候，不能光写趋势，还要涉及一些数据的支持。在本文中，描述的数据主要是抓住一头一尾，也就是变化的起点和终点(分别在1979年和2004年)。当然，如果曲线图更加复杂一些，呈比较大的波动的时候，描述的时候就要还抓住波动中的转折点。

结尾段分析：

曲线图作文结尾段的作用主要有两种。其一，如果文章主体段落只涉及各条曲线的各自变化，那么结尾应该对各条曲线进行比较(可以比较共同点和差异)。其二，如果文章主体段落已经既描述了各条曲线各自的变化，又涉及彼此之间的比较，那么，结尾只需要进行总结即可。总结应该是把此图最重要的趋势概括一下。

用词变化：

表示增加：showed an upward trend(上升), soared(飙升), increased dramatically(大大增加)

表示减少：fell dramatically(大大下降), declined(减少), decreased(减少)

表示不变：were stable(保持平稳)

同义替换：were eaten...was consumed(第二段第二句)；dramatically...significantly(第三段第一句和第二句)

复杂句型：

While表示对比关系：第二段第二句和最后一段。

过去分词作定语：第一句和第二句(consumed)。

现在分词作状语：第四段第一句(overtaking)。

主动与被动：第二句和第三句。

TASK 2

题目要求(见"剑7"P54)

审题

本题翻译：一些人认为每种犯罪行为都应该有固定惩罚。而另一些人则认为在决定惩罚的时候，永远需要考虑个体犯罪行为的环境和犯罪动机。讨论双方观点并给出你的看法。

本题在题材上属于社会类话题，题型上属于讨论类(Discuss)。有关犯罪方面的话题，也是雅思常考话题之一。本题的关键点在于对于犯罪行为的惩罚应该是固定的，还是需要考虑到环境和动机。本题的结构和Test 1类似，都应该先讨论，然后提出自己的观点。

写作思路

本文是要讨论是否应该为每种犯罪行为制定固定惩罚，还是应该具体情况具体分析。构思时，考生应该从两方面进行分析和论证，然后在此基础上得出自己的倾向性。最简单的写法是文章分为四段。第一段引出话题，第二段和第三段分别讨论两个方面的观点和各自的理由，第四段提出作者自己的观点。更加复杂一点的写法是把作者自己的观点结合进第二和第三段，也就是说，在讨论别人观点的时候就进行有倾向性的评价。

考生作文(见“剑7”P165)

参考译文

为每种犯罪行为设置固定惩罚一直都是有争议的话题。无论是同意还是反对固定惩罚，双方观点都有很多论据的支持。

一方面，固定惩罚会对社会有威慑作用。如果人们知道他们会因被判犯有某个特定罪行从而遭受某种处罚的话，他们会在行动之前三思。

这种威慑作用也会通过减少犯罪的数量带来社会稳定和安全。

如果人们知道他们将能够说服法庭或陪审团他们犯下被指控的犯罪行为事出有因的话，那么刑事决定将在很大程度都是武断的。这会导致犯罪分子逍遥法外，并由于不同法庭的主观臆断带来相当程度的不公平。

另一方面，把犯罪行为的环境和动机纳入考虑范围是建立和确保公平公正的先决条件。

因为自卫而杀人的人与从一个受害者到下一个受害者的连环杀手是无法相比的。我认为两种解决方法之间的中间方案是建立和确保公平公正的理想办法。

所有的犯罪行为都应该有固定惩罚。但是，刑法应该为惩罚提供最低线和最高线，法律也应该预见到某些豁免情形。

制定最低和最高惩罚的例子之一是竞争法，竞争法规定根据违犯者的违法情形所导致的伤害和犯罪所获利益来判处犯罪责任人交纳罚金。

至于豁免，在一些国家，考虑到危难和饥饿的缘故，法律豁免小偷在饥荒时期偷窃食物的行为。

而且，因为自卫而杀人的人也会被免除惩罚。

分析

本文7.5分。

考官点评(见“剑7”P165)

参考译文：这篇文章构思精心，论证充分。考生分析了针锋相对的两种观点，并给出了清晰而又论据充分的观点。如果要达到最高分，还需要更清晰的结论。文章结构严密，链接到位。但是，段落的控制较弱，有时候使得不同部分之间的连接有些混乱。这是这篇文章的一个薄弱环节，限制了最终的得分。不过，文章的词汇丰富，运用老到，错误很少。句子结构多样，大多数句子表达准确精练，只是有一些错误和遗漏。但这些方面问题不大，没有影响交流质量。

结构

文章一共有十段之多。分段不太合理，影响了最终得分。(重新分段的话，应该是：第一自然段；第二和第三自然段；第四自然段到第六自然段第一句；第六自然段第二句到第十自然段。)

文章开头直接切入主题：是否应该为为每种犯罪行为设置固定惩罚。首段末句为讨论类题型常用套句。

第二和第三段为支持固定惩罚的观点和理由。第四和第五段分析了量刑时考虑犯罪行为的环境和动机的弊与利。第六段的第一句话应该是第五段话的举例论证。

第六段第二句话开始是作者自己的观点：折中两种观点，一方面要有固定惩罚，另一方面要为惩罚定下弹性范围和豁免情形。文章结尾比较仓促，应该通过总结和归纳，形成清晰明确的结论。

词汇

have a deterring effect on 对……有威慑作用
be convicted with sth 被判有某个罪行
social stability and security 社会稳定和安全
jury 陪审团
penal 刑事的
take into consideration/take into account 考虑
justice and equity 公平公正
intermediary 中间的
be exempt from 得到豁免
violation 违背
be subject to 遭受
reconsider doing something 三思而后行
minimize 减少
be accused of 被指控
arbitrary 武断的
prerequisite 先决条件
...cannot be compared to... 无法比较
exemption 豁免
be held liable of 对……应负责任
violator 违犯者

文中句型

(1) ...has been a debatable issue.……是个有争议的话题。例如：

As the origin of Christmas has been a debatable issue, various theories has been suggested. 圣诞节的起源一直是个有争议的话题，有不同的理论被提出来。

Whether US economy is going into recession has been a debatable issue among economists for quite some time now. 一段时间以来，美国经济是否已经陷入衰退在经济学家当中已经成为一个有争议的话题。

(2) There are many arguments supporting... ……的观点有很多论据。例如：

There are many arguments supporting both negative and positive effects of human cloning. 克隆人类的正面和反面影响都有很多论据的支持。

There are many arguments supporting the cultivation of genetically modified crops. 有很多论据支持种植转基因庄稼。

不影响交流质量的小错误：

debateable，拼写错误，应为debatable。

This would result into criminals getting away with their crimes... 其中，result into应为result in thiefs，小偷thief的复数应为thieves。

SPEAKING

PART 1

在第一部分，考官会介绍自己并确认考生身份，然后打开录音机/笔，报出考试名称、时间、地点等考试信息。考官接下来会围绕考生的学习、工作、住宿或其他相关话题展开提问。

话题举例

Laughing

1. What kinds of thing make you laugh?

答题技巧：日常生活中什么东西可以使我们发笑？可以用举例子的方法谈论各种使我们发笑的东西，比如一个幽默的笑话或喜剧会让我们发笑。一个有趣的表情或一件愚蠢的事情，也可以让我们发笑。

Well, lots of stuff can make me laugh in my daily life. A joke, a comedy, a funny face, there are too many to list. I laugh hardest at something that people doing **goofy weird** things.

goofy 愚笨的　　weird 奇怪的，怪异的

2. Do you like making other people laugh? (Why/Why not?)

答题技巧：我们是否喜欢逗别人笑？如果喜欢，可以说一下原因，比如自己喜欢看到其他人的笑容，或者自己的幽默感很强等等。

Of course I do. I have **sense of humour** and I can **laugh people's head off**. I think I may have been a **jester** in a **previous life**. I like seeing them smile and know that it's because of me. And also it's a nice way to have someone remember you.

sense of humour 幽默感　　laugh one's head off 使笑得人前仰后合

jester 爱开玩笑的人　　previous life 前世，前生

3. Do you think it's important for people to laugh? (Why/Why not?)

答题技巧：使人发笑是否重要？这是个讨论重要性的问题，考生换一种想法去理解会更好回答一些：笑的好处有哪些？都说笑一笑十年少，笑可以缓解压力，锻炼面部肌肉等等。

Yes, laughing is good for health because when we laugh, we **get rid of stress**. Also, while we are laughing, more **face muscles** are activated. So **laughter** may prove to be the best medicine, at least as far as the heart is concerned.

get rid of stress 去除压力　　face muscle 面部肌肉

laughter 笑声

4. Is laughing the same as feeling happy, do you think? (Why/Why not?)

答题技巧：笑就意味着开心吗？这个问题如果想回答得全面一些，考生可以先想一想除了开心，我们还会在什么情况下笑，如：讥讽地笑，发狂地笑都是一些不代表开心的特例，这些可以成为和考官谈论的素材。

Laughing is generally **associated with** feeling happy, but it does not always mean the person is happy.

Sometimes people laugh when they are mad, **scared**, or feeling **uneasy**. Another example is **sarcastic laugh** does not represent feeling happy either.

associated with 与……联系在一起　　scared 害怕的

uneasy 不自在的，不安的　　sarcastic laugh 讥讽的笑

PART 2

考官给考生一张话题卡(Cue Card)。考生有 1 分钟准备时间，并可以做笔记(考官会给考生笔和纸)。之后考生要做1~2分钟的陈述。考生讲完后，考官会就考生的阐述内容提一两个相关问题，由考生做简要回答。

CUE CARD

Describe an idea you had for improving something at work or college.

You should say:

when and where you had your idea

what your idea was

who you told about your idea

and explain why you thought your idea would make an improvement.

话题卡说明

这个话题卡“Describe an idea”是要求考生描述一个曾帮助自己改善工作或学习某一方面的好主意或者想法，Idea这个单词比较抽象，很多考生把它当作是一个经历话题去描述，如：买了一个电子辞典提高英语，买了一辆车上班更方便等等。但如果这样去描述，就跑题了。从话题卡中虚拟语态的使用上我们可以看出，题目要求的是描述曾经的一个想法，以及为什么认为这个想法会有所帮助，而不是去描述已经完成了的一件事。

点题	I would like to talk about the smart idea I had 1 year ago for improving my English. Talking in the **English Corner**.
交代背景	I had really bad feeling about my Spoken English about a year ago. My pronunciation and tone were **understandable** but the **irritating** thing is that I couldn't express myself **with ease**. For instance, I always felt frustrated about talking with others.
介绍想法	I read English books loudly at home everyday, but actually it didn't work at all. 2 months after my self-practicing, I **came across** an American asking for directions, I tried to help, but couldn't say anything. Then I realized that I should spend time on real talking, not reading. An idea **popped up** in mind: Practicing in English Corner.
可以有何改善	There was a biggest English corner around my campus and I could go there everyday. There were many English-speakers being surrounded by Chinese students who wanted to chat. English corner is a good place as where we may exchange English study experience, **widen** our **sight** and improve interest in English. I would grasp every chance to talk to foreigners there and if I kept on speaking English everyday, my language ability will be greatly improved. It won't take too long, I would find that I could express my idea in English without difficulty. Everyone knows that practice makes perfect. English corner could help me to overcome the biggest problem—shyness, which **accounts for** 90% of my disappointment.
点题	OK. That's my idea for improving English. I just started last month, hopefully I will succeed.

重点词句

English Corner 英语角
irritating 令人气愤的
come across 偶遇
widen sight 开拓眼界
understandable 可以理解的
with ease 容易地
popped up 冒出
account for (在数量方面)占

PART 3

第三部分：双向讨论(4~5分钟)考官与考生围绕由第二部分引申出来的一些比较抽象的话题进行讨论。第三部分的话题是对第二部分提示卡内容的深化和拓展。

话题举例

Ideas and education

1. Some people think that education should be about memorising the important ideas of the past. Do you agree or disagree? Why?

答题技巧：这个问题很多考生不能理解，关键点在于"memorising the important ideas of the past"，大多数人会误解为"记忆过去重要的主意或想法"，如果这样按照字面意思去理解，这个题目就不好回答了。这里面的"memorising the important ideas"是"背重要概念"的意思，或可以简单理解为"死记硬背"。这样整个题目就不难懂了："一些人认为教育应该是死记硬背以前的概念。你同意吗？"

Well. Personally, I don't agree with that. Memorising past ideas is the same as **rote learning**, which is learning by **repetition**. The amount of knowledge we obtain through rote learning accounts for a minor part of our learning process. The priority of education is to provide a **solid foundation** and **accumulation** of **academic knowledge** which is **utilized** as basis of future research. Employing the knowledge itself and the corresponding methods for further **academic fulfillment** encourages **initiatives**.

rote learning 机械学习
repetition 重复
solid foundation 坚实的基础
accumulation 积聚，累积
academic knowledge 学术知识
utilize 利用
academic fulfillment 学术实践
initiatives 创新精神

2. Should education encourage students to have their own new ideas? Why?

答题技巧：教育是否应该鼓励学生有自己的新观点？我们可以谈一些好处，如锻炼学生独立思考的能力，激发他们的潜力等。

Yes. In fact, that's the basic **framework** of education. Education should encourage students and build up their inner abilities so that they can reach for the skies and build up their dreams. It definitely encourages them as it gives them the confidence of **reality**. But unfortunately, I don't see this being **implemented** in the public schools.

framework 结构，框架
inner abilities 内在能力
reality 现实
implement 实现，实行

3. How do you think teachers could help students to develop and share their own ideas?

答题技巧：老师如何帮助学生提出和分享自己的新观点呢？这是一道"提建议"的问题，考生在回答的时候可以用提建议的口气来提出一些可以做的事情。

Teachers can have them **brainstorm** in groups or have a sheet where students **anonymously share ideas**.

Another good way is: setting up a website where people ask all kinds of questions and other people get to answer them. Anyway, education should encourage student's **independent thinking**, which **results from** what they **absorb** from past important ideas.

brainstorm 头脑风暴 anonymously 匿名地
share ideas 分享想法 independent thinking 独立思考
result from 由于，起因于 absorb 吸收

Ideas in the workplace

1. Should employers encourage their workers to have new ideas about improving the company? Why?

答题技巧：作为雇主，是否应该鼓励员工们多提一些如何改进公司的想法？这个问题不难回答，答案是肯定的。考生把观点说出来后，再详细描述一下这样做对公司的种种好处就可以了。

Of course they should. It can improve the **bottom line** and **productivity**. Also, it can encourage teamwork, dedication and allegiance amongst the staff and **retention** is the key to a successful company. What's more, encouraging workers to have new ideas make bosses **approachable**, so workers feel like they are **contributing to** their company. Employers might get some really worthwhile ideas out of the workforce. Anyway, the employees work there and any ideas they might have for improving the company should be welcome.

bottom line 盈亏 productivity 生产率
dedication 奉献 allegiance 忠诚
retention 保持力，凝聚力 approachable 易接近的，亲切的
contribute to 贡献给，有助于 workforce 劳动力

2. Do you think people sometimes dislike ideas just because they are new? Why?

答题技巧：有时候人们不喜欢某些想法仅仅是因为它们是新想法吗？我们这样去思考一下就有话可说了：想法或主意无论新旧，只要没有经过实践，都只是空谈。这就是为什么人们不喜欢的原因。

I don't think so. There's **nothing to do with** "new and old". Everyone **is scared of the unknown**. People dislike new ideas mainly because those ideas haven't been put into practice yet. Every idea throughout history has already come to **fruition**. A new idea without a strategy, without action, is useless. So whatever new or old, putting into practice is the key.

nothing to do with 与……无关 be scared of 害怕
unknown 未知 fruition 结果

3. What is more difficult having new ideas or putting them into practice? Which is more important for a successful company?

答题技巧：这个问题和上面的问题基本相同，只不过是更加细化的追问。对于成功的公司来讲，有新的想法和付诸实践哪个更难一些？英语中有一句名言叫做："创意是廉价的(Ideas are cheap)"，这句话很好的体现了付诸实践的重要性以及难度。此题的回答思路可以参考上题。

I would say that putting ideas into practice is **by far** the more important for successful company. An old phrase that "**Ideas are cheap**" is true. Excellent **strategies**, plans, and product ideas are the easy parts of being successful. The more important and harder part is executing in the market. **Arnold Glasgow** said, "Ideas not coupled with action never become bigger than the **brain cells** they occupied." It's **implementation** that creates the real value. Ideas by themselves are worthless, unless they are followed with action.

by far到目前为止 ideas are cheap 创意是廉价的
strategy策略 Arnold Glasgow 阿诺德·格拉斯哥(管理学家)
brain cell 脑细胞 implementation 施行，履行

Test 3

LISTENING

SECTION 1

场景背景介绍

对于留学生来说，找兼职工作(part-time job)是很常见的场景。一般大学的学生会或者系办公室都有专门负责帮学生找工作的部门。打工的前提往往是学生的出勤率达到80~90%，甚至更高。另外，有些学校对学生的成绩也有一定的要求，排名至少要在中等水平以上。工作的地点要根据学校所在地来决定，市区学校的学生选择工作地点的范围较广，郊区学生选择的范围相对较窄。

本节必背词汇、词组

available	*adj.* 可得到的	clerical	*adj.* 职员的，办公室人员的
register	*v.* 注册	involve	*v.* 包括，涉及
degree	*n.* 学位	hang on	稍等
student card	学生证	manage	*v.* 做成(某事)
take...off	(某段时间)休假、休息	come up	发生，出现
position	*n.* 职位	hall of residence	(大学的)学生宿舍
appeal	*v.* (对某人)有吸引力，使(某人)感兴趣	administrative	*adj.* 行政的
		enquiry	*n.* 问询

词汇拓展

job hunting	找工作	barber	*n.*(给男子剪发和刮胡子的)理发师
waiter	*n.*(饭店、旅馆等的)服务员		
waitress	*n.*女服务员	laundry	*n.* 洗衣店
supervisor	*n.* 监督人；监察员；管理者	grocery	*n.* 杂货店
warehouse	*n.* 货仓	nosh bar	小吃店，快餐店
hairdresser	*n.*(尤指为女子服务的)理发师	tuck shop	(尤指在学校附近的)小吃店，糖果店

文本及疑难解析

1. Well...I've been at uni for four years but I'm in the Third Year because I took last year off. 虽然我在这所大学已经有四年了，但是我去年休了一年学。在口语中，“well”可以表示转折或思考时的停顿。“uni”是

"university"的缩略形式，指"大学"。口语中经常使用单词的缩略形式。比如：sec=second，cig=cigarette。

2. Does that appeal? 这合你的心意吗？"appeal"作动词意为"(对某人)有吸引力，使(某人)感兴趣"，作名词意为"吸引力；呼吁"。
3. I'd never make it that early in the morning. 这么早，我恐怕办不到。在口语中"make it"可以指"办成，做到"。
4. I'll get a few details from you anyway, and then we can check through the list and see what comes up. 无论如何，我得先记一些你的个人信息，然后我们再查查这张单子，看有什么工作适合你。"details"在这里指个人信息，包括人名、地址、联系方式等。"come up"本义为"出现，发生"，在这里指"看能否找到适合这个学生的职位"。
5. I'm in one of the Halls of Residence for post-graduate students, you know, International House. 我住在研究生宿舍，你知道，就是国际留学生宿舍。
6. Room B569–no sorry B659. B569房间，不，是B659房间。房间号码前面的字母指B座或者是2单元。
7. But I need the work so...can you tell me what the job involves? 但是我特别需要这份工作，所以，你能告诉我这个工作是干什么的吗？这个句子中，"so"可以理解为作副词，强调非常需要这份工作。同时，它还可以作连词，起承上启下的作用，表示"所以"。
8. Could we make it a bit latter? 我们能否将面试推迟一些呢？请注意"make it"在这里不是固定搭配。"it"指的是上文提到的"interview"。
9. Hope it works out for you Anita. 希望你到时候能来。在该句中"it"指上文提到的"11.30"。"work out"指"产生结果，成功"。比如：The plan worked out well. 这个计划非常成功。

题目解析

1~2题是完成句子。

1. 通过预测可以确定，第1题需要填的是该学生正在学习的专业。原文"I'm doing a degree in Business Studies."告诉我们，答案是"business"。答案首字母大写或小写都可以。建议考生把专有名词的首字母大写。专有名词主要包括：人名、地名、书名、报纸、杂志名、电影以及电视节目的名称等。
2. 通过预测可知，第2题需要填一个序数词。原文"I've been at uni for four years but I'm in the Third Year because I took last year off."里面有迷惑信息"4年"。不过最后听到的是"3年"，答案出现在转折词"but"后面。听力考试中，答案常常出现在转折词后面。

3~5题是表格题。

3. 该题很容易用已知信息"receptionist"到原文中定位。"There's a job working at the reception desk at the Sports Centre." 答题时可以把两个单词的首字母大写，因为这是地点名称。"Sports"中的"s"可有可无。另外，答题时如果能通过上下文明确判断名词的数，那么就可以写单数或者复数；如果无法判断，最好写名词复数。在英语中，往往用复数表泛指。
4. 第4题比较简单。原文"What about cleaning? There is a position for a cleaner at the child care centre."中有重复信息"cleaning"和"cleaner"。原文中重复的信息很重要。因为，在实际生活中我们往往会重复一些重要信息。
5. 第5题的原文中有迷惑信息"in the Computer Lab"，但"No, it's in the Library, not the Lab."给出确切信息"Library"，否定了"Lab."。

6~10题是补充个人信息表格。

6. 第6题原文"I'm in one of the Halls of Residence for post-graduate students, you know, International House."明确告诉我们答案是"International House"。注意首字母大写，因为这是住所的名称。
7. 第6、7题原文信息密集，并且"Room B569–no sorry B659"有信息更正，增加了答题的难度。

8. 第8题的出题思路是信息前置。原文“There is a position for an Office Assistant at the English Language Centre.”中首先出现的是答案“Office Assistant”，后面才是定位词“at the English Language Centre”。为了应对信息前置的考题，考生最好多练习听写，增加短时记忆力。

9. 第9题需要填写的是并列信息。原文“It says here that you'll be required to deal with student enquiries and answer the phone.”中，答案出现在定位信息之后，相对比较容易定位。

10. 第10题原文有信息修正：“How about 11.30? Hope it works out for you.”开始说“Friday morning, around ten?”，因为这个学生10点钟有事，后来改成了11.30。

SECTION 2

场景背景介绍

慈善事业是雅思考试的常见话题。一般会涉及慈善机构、教育机构或者受灾地区捐钱和物品。募捐方式各有不同：有的是闹市募捐，有的是通过一些文娱或体育项目进行募捐。本部分就是通过组织志愿者到山区步行而为贫穷地区的孩子的教育募捐。

本节必背词汇、词组

charity	*n.* 慈善；慈善团体	rucksack	*n.*(远足者、登山者用的)背包
sponsor	*v./n.* 赞助(人)	marvelous	*adj.* 极好的，绝妙的
donate	*v.* 捐赠	historic	*adj.* 历史上著名的或重要的
guarantee	*v./n.* 保证(人)	weave	*v.* 编织
disabled	*adj.* 肢体有残疾的	deliberately	*adv.* 故意地
the disabled	残疾人	leaflet	*n.* 散页印刷品；(通常指)传单
certificate	*n.* 证书	itinerary	*n.* 旅行路线
daunt	*v.* 使(某人)气馁	acclimatize	*v.* (使)适应新环境；服水土
spectacular	*adj.* 壮观的	culminate	*v.* 终于获得某种结局或结果
bedding	*n.* 铺盖	gorgeous	*adj.* 极好的；非常漂亮的

词汇拓展

Scout	*n.* 童子军	good works	慈善行为
pass the hat	募捐	hospital	*n.* [用于机构名称中]慈善收养院
charitable institution	慈善机构	charity school	慈善学校
philanthropist	*n.* 慈善家		
charity ball	慈善舞会		

文本及疑难解析

1. I'll start by giving you a brief overview of what it entails. 首先，我给大家介绍一下这次活动要做什么。该句中的难点在后面的宾语从句。其中“it”指上文提到的“这次活动”。“entail”的意思是“使(某事物)必要；牵涉”。例如：“entail labour upon”意为“需在……上花费劳力”。“entail great expense on sb.”意为“使某人承担大笔费用”。

2. We require you to raise sponsorship money of at least $3,200, paying $250 of it up front as a deposit and the rest in stages throughout the year. 我们要求你们筹集至少3,200美元的资助款，其中，先预付250美元作为押金，其余的在全年分阶段付。该句的难点在于“front”，其本义是“前面”，而在这里“up front”指“预先付款”。
3. Out of this about thirty-five per cent will go on your expenses, and that leaves sixty-five per cent guaranteed to go to the charity. 其中35%是你们的花费，剩余的65%保证给慈善机构。本句的难点在于“this”，它是指前面的“3,200美元”还是“250美元”呢？当然是前者。
4 Each of the walkers' sponsorship money will go to help an individual special needs pupil in one of the mountain schools. 每个参与这次步行活动的人所获得的资助款都将用于帮助一个来自山区学校的有特殊需要的学生。该句话中“go to”指的是“用来做……”。
5. Now the Semira Mountains are among the highest in the world but you mustn't be too daunted, we will mainly be trekking in the foothills only, although there will be spectacular views even in the foothills. Semira山是世界上最高的山脉之一，但是大家不用害怕，我们只是在山脉的丘陵地带徒步旅行，这一地带的景色也很壮观。该句中“now”没有实际含义，用来引出后面的话。前面在说对于参加人员年龄的要求，这里用“now”是为了稍作停顿，引起下文。例如：“Now, look who is coming.”意为“嗨，看谁来了。”
6. You have plenty of time to get into shape. 你们有足够的时间调养身体。这句话中“shape”的本义是形状，“in shape”意为“健康”。它还可以指“塑身”，“shaping”就是人们常说的“舍宾”，即形体运动。
7. After a couple of days to acclimatize yourself, you'll start the trek on Day Three walking through the enormous Katiba Forest which will take the whole of the day. 经过几天的水土适应，你们将在第三天开始穿过广阔的Katiba森林，这要花一整天的时间。这句话开头有一个时间状语，主句中的“walking through the enormous Katiba Forest”是伴随状语。最后的定语从句修饰“walking through the enormous Katiba Forest”这件事。

题目解析

11~16 题是选择题。

11. 原文“Basically we are organizing a ten-day holiday...with eight days actual walking...”中有一个迷惑信息“ten-day”。如果用“walking”去定位，就不会出错。
12. 原文“Out of this about thirty-five per cent will go on your expenses, and that leaves sixty-five per cent guaranteed to go to the charity.”中也有一个迷惑信息“thirty-five per cent”。如果用“go to the charity”去定位，就可以找到答案“sixty-five per cent”。
13. 原文“Each of the walkers' sponsorship money will go to help an individual special needs pupil...”原文中的“pupil”与选项“student”是同义词。
14. 原文“However, you'll need to be extremely fit if you aren't now...”与本题的选项B和C相关，但是“quite”的程度不够高，“very”与原文中的“extremely”更接近。
15. 原文“We ask that you only walk with a small rucksack with needs for the day.”中的叙述与B选项比较接近。A、C选项说法太绝对。一般情况下，太绝对的选项是不能选的。
16. 原文“the area has been famous for centuries for making beautiful carpets, although recently there has been a trend to move into weaving blankets and wood carving.”中的三个信息都在选项中出现，如果用题目中的“tradition”去定位，就不会错选另外两个选项，它们都是现在的趋势而非传统。

17~20题是表格题。

17. 原文“...you'll start the trek on Day Three walking through the enormous Katiba Forest which will take the whole of the day”中的答案“forest”出现在题目的定位词“all day”之前，属于信息前置。

18. 原文“then you have a rest day, that's Day Five, before going to the spectacular Kumi Temple with twelfth-century carvings...”中答案出现在定位词之前，也属于信息前置。

19. 原文“...but culminating in a swim in the Parteh Falls. This is the highest waterfall in the region.”很清晰地告诉我们答案为“Falls”，并在后文中重复“waterfall”一词。

20. 原文“Day Nine is much easier, with part of the day spent in a village where they make some of the gorgeous red blankets.”中的“with part of the day spent in a village”是答案出现的地方，但是答案是以题干中“visit”的同义信息形式出现的，捕捉答案有一定难度。不过用“Day Nine”定位会比较容易。

SECTION 3

场景背景介绍

本文是研究性的对话，涉及的话题是利用自动机械浮体研究海洋。海洋研究对气象学、农业、渔业以及人类生活的各个方面都有重大的影响。海洋和海洋动物研究也是雅思考试中出现频率较高的话题。

本节必背词汇、词组

robotic	*adj.* 机器人的，自动的	meteorological	*adj.* 气象学的
profile	*n.* 轮廓；侧面	El Nino	厄尔尼诺
launch	*v.* 发射；投掷；提出（抗议等）；发出(命令等)	ozone	*n.* 臭氧
		depletion	*n.* 削减，消耗
Indonesia	*n.* 印度尼西亚	prevail	*v.* 胜(过)，优胜
impressive	*adj.* 给人深刻印象的	rescue	*v./n.* 援救
activate	*v.* 激活	implication	*n.* 含意；暗示，暗指
satellite	*n.* 卫星	preserve	*v.* 保护，维持；把……圈为禁猎地
variation	*n.* 变化，变动，变异(的程度)	sustainable	*adj.* 能维持的
salinity	*n.* 盐分；盐浓度，咸度；含盐量		

词汇拓展

Arctic Ocean	北冰洋	America	美洲
Indian Ocean	印度洋	Africa	非洲
Atlantic Ocean	大西洋	Asia	亚洲
Pacific Ocean	太平洋	Europe	欧洲
Oceania	大洋洲		

文本及疑难分析

1. So, it can help us in building up a profile of different factors which work together within the world's oceans. 所以，它有助于我们了解全球海洋中不同因素共同作用的大致情况。该句中“profile”的本义是“轮廓，侧面”，在这里指“概况”。

2. Sounds like a big project–isn't it too big for one country to undertake? 听起来像个大项目，这个项目由一个国家承担是否太大？前半句话省略了主语"it"，指上文提到的"了解全球海洋中不同因素共同作用的情况"。后半句中的"it"指前半句中的"project"。
3. Each of the floats is dropped in the ocean from a boat at a set point and activated from a satellite. 每个浮体都用船在固定地点投入海洋中并用卫星将其激活。这句话是并列句。两部分的主语都是"each of the floats"。
4. Well at this stage nothing, but as it rises to the surface it collects all sorts of data, most importantly variation in salinity, that's salt levels. 在这个阶段浮体不做任何记录，但是当它升到海面的时候，它会收集各种数据。最重要的是，记录盐度的变化。该句中"nothing"本意为"什么都不会发生"，在这里是来回答"So what is it actually recording?"这个问题的，意为"不做任何记录"。
5. You say you're building models of the world's ocean systems but how're they going to be used, and more importantly, when? 你说正在建立世界海洋系统的模型，那么这些模型将如何使用呢？更重要的是，什么时候才能用上这些模型呢？该句中的"they"指前面的"models"。后面的"when？"是一个省略句。完整的句子应该是：When are they going to be used?
6. For example, our understanding of the underlying causes of El Nino events is being confirmed by float data. 比如，我们对厄尔尼诺现象内在原因的理解可以由浮体搜集到的信息来确认。这句话中的"being confirmed"指"正在被确认"。
7. That's part of an ongoing variability study but the results are still a long way off. 这只是持续存在的可变性研究的一部分，但是离结果还很远。该句中"ongoing"和"variability"都修饰"study"。
8. However, this is not the case with our ocean weather forecasting. 但是，这与我们的海洋天气预报的情况不同。这里"case"指的是"情况，状况；实情"。
9. We'll be seeing the results of that quite soon. 我们很快就会看到它的结果。在口语中，将来进行时常用来表示预计即将发生或势必要发生的动作。"that"指上文提到的"通过对海洋的研究扩大可持续性渔业的发展"。

题目解析

21~22是完成句子题。只要抓住题干的结构，定位就比较容易了。

21. 原文"It looks a bit like a cigar and it's about one and a half metres long."中直接给出答案信息"like a cigar"。
22. 原文"Over the last five years scientists from 13 countries have been taking part in the project and...next year this number will rise to fourteen when Indonesia joins the project."中后面出现了迷惑信息"fourteen"。所以一定要注意定位。因为题干的时态是现在完成时，所以要选前面的数字。

23~25题是图示题。要看清楚图示的各个部分，才能找到答案。

23. 原文"Each of the floats is dropped in the ocean from a boat at a set point and activated from a satellite."的结构与题干一样，缺失的信息与"dropped"是并列关系，所以比较容易定位。
24. 原文"...during this time it's possible for it to cover quite large distances but the average is fifty kilometres"中只有一个距离"50 km"。
25. 原文"...it collects all sorts of data, most importantly variation in salinity...and the changes in temperature"中的"salinity"与所填词并列，前面的"changes"也可以帮助定位。

26~30题是搭配题。注意题干与选项之间的对应关系。题目中出现了3个选项、5个题干，这意味着有的选项会被重复使用。

26. 原文"Some of the data has already helped in completing projects. For example, our understanding of the underlying causes of El Nino events is being confirmed by float data."的时态是现在完成时，所以本题选A。
27. 原文"understand the mechanics of climate change, like global warming and ozone depletion. That's part of an

ongoing variability study but the results are still a long way off"中"a long way off"告诉我们该研究之后很久才能有结果，所以本题选C。

28. 原文"...we can advise the navy on search and rescue missions. That's happening right now and many yachtsmen owe their lives to the success of this project."中的"right now"告诉我们本题选A。
29. 原文"Would that help with preserving fish stocks? Yes...We hope it will help to bring about more sustainable fishing practices. We'll be seeing the results of that quite soon."中的"quite soon"告诉我们本题选B。
30. 原文"...agricultural tool...planted appropriate grain varieties...I agree that this concept is still a long way in the future..."中明确提到"long way in the future"，所以本题选C。

SECTION 4

场景背景介绍

本节讲述的主题是旅馆的设施与服务。为了营造宾至如归的氛围，一些旅馆给客房配备了厨房，旅馆还为客人提供体贴入微的服务，比如提供小瓶的香波、小巧的香皂，甚至会在枕头上为客人放上巧克力。

本节必背词汇、词组

hospitality	*n.* 殷勤的款待	dispense with	省却，免除
disorient	*v.* 使迷失方向；使神智迷乱	maximize	*v.* 使最大化
dispirit	*v.* 使气馁，使沮丧	sleek	*adj.* 雅致的；时髦的；豪华的
opulent	*adj.* 富裕的；丰富的，丰饶的	underpin	*v.* 加强……的基础；［喻］支持，巩固
contemporary	*adj.* 当代的		
external	*adj.* 外面的	hotelier	*n.* 旅馆老板
investigate	*v.* 调查	predictability	*n.* 可预测性
chic	*n./adj.* 漂亮（的）；潇洒（的）；时髦（的）	indulge	*v.* 使（自己）沉迷；使满足；纵容
		pamper	*v.* 纵容，娇养
boutique	*n.* 精品店；镶嵌珠宝（或镀金）的日用品（或奢侈品）	spoil	*v.* 溺爱
		treat	*v.* 对待；款待 *n.*款待；难得的乐事
mansion	*n.*大厦		
luxury	*n.* 奢侈（品）	miniscule	*adj.* 很小的

词汇拓展

lease	*n.* 租约	quilt	*n.* 被子
furniture	*n.* 家具	pillow	*n.* 枕头
stereo	*n.* 立体音响装置	sheet	*n.* 床单
fridge	*n.* 电冰箱	towel	*n.* 毛巾
radiator	*n.* 暖气	bed-linen	*n.* 床单及枕套
microwave stove	微波炉	closet	*n.* 壁橱

文本及疑难解析

1. Last week I looked at the economy end of the hotel business; this week I'm going to discuss the luxury end of the market. 上周我们讲了旅馆业的经济实惠，这周我们要讲这个市场奢侈的一面。本句中的难点在于“end”。在这里，它不是“结尾”的意思，而是“方面”的意思。
2. You wake up in the middle of the night in a strange hotel miles away from home, disoriented most probably from jet lag, when even the most expensive surroundings can seem empty and dispiriting. 午夜，当你在离家很远的陌生旅馆醒来的时候，极有可能因为时差反应而感到昏昏沉沉的，周围的环境即使很豪华也会看起来空洞、令人沮丧。该句中“disoriented most probably from jet lag”的逻辑主语是前面的“you”。“when”在这里不是“当……时”，而是表转折。
3. Do these findings, however, apply only to hotels situated in particular areas? 但是，这些发现只适合特殊地段的旅馆吗？“these findings”指上文提到的“顾客的基本需要”。
4. However, nothing stands still in the world. 但是，世界上没有什么是停滞不前的。“stand still”在这里不是指“站着不动”。
5. Those in the business industry maintain that these serviced apartments dispense with all the unwanted and expensive hotel services that business travellers don't want, while maximising the facilities they do want. 业内人士主张自助旅馆省去那些商务旅行的客人不想要的而且昂贵的服务，同时尽可能增加客人需要的设施。“maintain”在这里指的是“主张”，而不是“保持”。“maximising”的逻辑主语是“these serviced apartments”。“they”指“旅客”。
6. The attractions of such facilities are obvious and it'll be interesting to see whether the company manages to establish a trend all over the world and make a lasting impact on the luxury accommodation market. 这些设施显然是非常吸引人的。这个公司是否会在世界范围内建立一种趋势，从而持续影响豪华住宿市场？我们将拭目以待。该句中“it”指后面的不定式词组“to see”及其宾语。“make”与前面的“establish”是并列关系。
7. Now, finally I want to consider the psychology underpinning the traditional holiday hotel industry. 最后，我想谈一下传统假日旅店产业的心理依据。“consider”在本句中指“谈论，讨论”，而不是“考虑”。
8. Secondly, there is something very powerful in our need to be pampered and looked after, it's almost as if we return to being a baby, when everything was done for us and we felt safe and secure. 第二，我们有一种需要非常强烈，那就是被纵容和照料，就好像回到了婴儿时代，所有的事情都为我们做好了，我们感觉到安全、放心。

题目解析

31~34题是选择题。考生要注意培养自己边听边读的能力。

31. 原文“You wake up in the middle of the night in a strange hotel miles away from home, disoriented most probably from jet lag, when even the most expensive surroundings can seem empty and dispiriting.”中的“seem”与题干中的“might”意义相近。原文中的“dispiriting”与B选项中的“depressed”也是同义词。
32. 原文“...the research suggests that even the most opulent, luxurious hotels seem to have underestimated the most basic needs of their customers...the need to feel at home in surroundings which are both familiar and inviting.”中的后半部分与B选项表述的意思相似。题干中的“need”出现在了原文中，这对定位答案很有帮助。
33. 原文“...the company's research covered a whole range of different hotel types, both independent hotels and those which are part of large chains.”中的“research”与题干中的“research”重叠，比较容易定位。原文的“whole range of”与A选项“wide variety of”的同义词关系也很明显。
34. 原文“...and the research concluded that what was outside the hotel building simply didn't matter.”中说“旅馆的外部并不重要”，所以本题选择C。

35~40题是提纲填空题。这个提纲中只有两个主题。

35. 原文"...all the unwanted and expensive hotel services that business travellers don't want, while maximising the facilities they do want."中的"service"与题干中的"cater"是同义词关系。另外，该题的难点在于如果用"traveller"定位的话，就会先听到答案，然后才会听到定位词，答案容易被忽略。

36. 原文"...for example, not only sleeping and living accommodation, but also a sleek modern kitchen" 中的"sleek"没有直接出现在题干中，而是以同义词"stylish"的形式出现，增加了难度。

37. 原文"The attractions of such facilities are obvious and it'll be interesting to see whether the company manages to establish a trend all over the world and make a lasting impact on the luxury accommodation market." 中直接给出了答案。"all over"与题干中的"throughout"是同义词。答案"world"是大家比较熟悉的单词，所以很简单。另外要注意的是：35、36、37题在原文中位置接近，信息比较密集，需集中注意力进行听写。

38. 该题目比较难。原文"Firstly, hotels exploit people's need to escape the predictability of their everyday lives." 与题干前后都不一样，如果不能迅速弄清句子结构，就难以马上找到答案。如果考生能预测到答案是动词，定位会相对简单一些。

39. 原文"...it's almost as if we return to being a baby"中的"as if"与题干中的"like"是同义词。该题不是很难。

40. 原文"...give little treats...like the miniscule bottles of shampoo and tiny bars of soap, the chocolate on your pillow at night..."中"shampoo and tiny bars of soap"与题干中的"cosmetics"是同义词。该题目需要捕捉的是一个比较简单的并列信息，难度不大。

READING

READING PASSAGE 1

篇章结构

体裁	说明文
主题	蚂蚁智能
结构	第一段：提出观点，蚂蚁是一种有智能的生物。
	第二段：蚂蚁的生物行为与人相似。
	第三段：与人类的情况相反，蚂蚁没有后天学习能力。
	第四段：对上一段观点提出质疑。
	第五段：蚂蚁利用菌群消化纤维素的过程。
	第六段：蚂蚁如何培育新的菌群。
	第七段：蚂蚁的城市生活已有漫长的历史。
	第八段：蚂蚁建造大型城市的例子。
	第九段：蚂蚁的建造能力可能是一种智能。
	第十段：蚂蚁的识途能力。
	第十一段：测试蚂蚁识途能力的迷宫实验。
	第十二段：重申蚂蚁是一种有智能的生物。

必背词汇

第一段

intelligent	*adj.* 聪明的，智能的	scrutiny	*n.* 仔细而彻底的检查
creature	*n.* 生物，动物，人	demonstrate	*v.* 表明，显示，示范；游行示威
spring	*v.* 弹出；突然出现	spark	*n.*（才智等的）焕发；火花；迹象
ape	*n.* 猿	cognition	*n.* 认识，认识力；认知
sufficiently	*adv.* 足够地	investigation	*n.* 调查
hint	*n.* 暗示，细微的迹象		

第二段

repel	*v.* 击退；使厌恶；排斥	arouse	*v.* 唤醒；引起
visual	*adj.* 视觉的	propagate	*v.* 繁殖；传播；传送
auditory	*adj.* 听觉的	embarrassment	*n.* 困窘
religious	*adj.* 宗教的	fungi	*n.* 真菌
chant	*n.* 圣歌；赞美诗	livestock	*n.* 家畜，牲畜
jingle	*n.* 叮当声	launch	*v.* 发动（战争等）；开展
slogan	*n.* 标语，口号	capture	*vt.* 捕获，俘虏
martial	*adj.* 军事的，战争的	ceaselessly	*adv.* 不停地

第三段

transmission	*n.* 传播，传送；变速器
encode	*vt.* 编码
instinct	*n.* 本能，天性；直觉
continuity	*n.* 连续性
herd	*v.*（使……）成群；放牧
craft	*n.* 工艺，手艺
sophisticated	*adj.* 精密复杂的
overtake	*v.* 赶上；突然袭击；压倒
agribusiness	*n.* 农业综合企业

第四段

sustainable	*adj.* 足可支撑的，能维持的
enormous	*adj.* 巨大的，庞大的
crop	*n.* 农作物
adaptable	*adj.* 能适应的；适应性强的

第五段

digest	*v.* 消化
cellulose	*n.* 纤维素
cultivate	*vt.* 培养，耕作，栽培
nest	*n.* 巢，窝
secrete	*vt.* 分泌
antibiotic	*n.* 抗生素
fertilise	*vt.* 施肥于，使肥沃

第六段

colleague	*n.* 同事
genetically	*adv.* 从基因方面
screen	*v.* 筛选；甄别，审查；选拔；遮蔽
diverse	*adj.* 不同的，相异的，多种多样的
domesticate	*v.* 驯养，驯化
modify	*vt.* 修改，更正
swap	*vt.* 交换，用……作交易
strain	*n.* 紧张，拉紧；血统
colony	*n.* 菌落；群体

第七段

whereas	*conj.* &*adv.* 然而，却，反之
prehistoric	*adj.* 史前的
exposure	*n.* 暴露，揭露
forcing house	温床
setting	*n.* 周围，环境，背景
maintain	*v.* 维持；维修，保养；坚持
specialise	*vt.* 专门从事，使专门化
chamber	*n.* 室，房间

第八段

accomplish	*v.* 实现，完成
magnificent	*adj.* 壮丽的，宏伟的
supercolony	*n.* 大型群落
interconnect	*vt.* 使互相连接
territory	*n.* 领土，版图，领域，范围

第九段

enduring	*adj.* 持久的；忍耐的
intricately	*adv.* 杂乱地，复杂地
meshed	*adj.* 网状的，有网孔的
outstrip	*vt.* 胜过，超过
ancestor	*n.* 祖宗，祖先
hail	*v.* 向……欢呼；招呼致意
masterpiece	*n.* 杰作
primitive	*adj.* 原始的
albeit	*conj.* 虽然，即使

第十段			
forage	*vi.* 搜寻食物	update	*vt.* 更新
navigate	*v.* 航行，驾驶；操纵	landmark	*n.* 陆标，地界标
integrate	*v.* 成为一体；使……成整体	framework	*n.* 结构，构架，框架
bearing	*n.* 方向，方位	consult	*v.* 商讨，向……请教

第十一段			
transmit	*v.* 传输，转送，传达	spot	*n.* 地点；斑点
locate	*v.* 找出；设于，位于	elaborate	*adj.* 精细的，详尽的；精心的
maze	*n.* 迷宫	odour	*n.* 气味
mobilise	*v.* 动员；赋予可动性	clue	*n.* 线索；暗示
scout	*n.* 侦察员	centre	*v.* 置于中央；集中
session	*n.*（授课活动等的）时间；会议	sequence	*n.* 一连串；顺序
proceed	*v.* 着手进行，继续进行	compass	*n.* 指南针

第十二段			
exhaustive	*adj.* 无遗漏的，彻底的，详尽的	individual	*n.* 个人，个体
attached	*adj.* 附属的；依恋的		

难句解析

1. Among these, the world of the ant has come in for considerable scrutiny lately, and the idea that ants demonstrate sparks of cognition has certainly not been rejected by those involved in these investigations.

参考译文：其中蚂蚁世界就在最近成了主要的观察对象。蚂蚁显示出一定认知力的观点也得到了研究人员的肯定。

注意：两个代词these所指代的信息需要通过上下文来判断，一般原则为“遇指代，向前看一句”。本句中所指的分别是“昆虫界”和“调查研究”。

语言点：

（1）句型分析

本句后一个分句中，由the idea引导的主语从句造成句子头重脚轻，给考生理解句意带来了困难，需要首先辨识出来。该分句的主干为：The idea has certainly not been rejected by those.

（2）词义辨析

considerable *adj. fairly large, especially large enough to have an effect or be important*

We've saved a considerable amount of money. 我们存了数目可观的一笔钱。

considerate *adj. always thinking of what other people need or want and being careful not to upset them*

It was very considerate of you to let us know you were going to be late. 你考虑得非常周到，能够提前告诉我们你会迟到。

（3）demonstrate a. *v. to show or prove something clearly*

The study demonstrates the link between poverty and malnutrition. 这项研究表明了贫穷和营养不良之间的联系。

b. *v. to show or describe how to do something or how something works*

They'll be demonstrating how to handle modern, high performance cars. 他们将演示如何操纵现代的高性能汽车。

c. *v. to protest or support something in public with a lot of other people*

Supporters demonstrated outside the courtroom during the trial. 在审判期间，支持者在法庭外示威游行。

2. Their fungus farming and aphid herding crafts are sophisticated when compared to the agricultural skills of humans five thousand years ago but have been totally overtaken by modern human agribusiness.

参考译文：它们培育真菌、饲养蚜虫的技术和五千年前的人类农耕技术相比还算成熟，但却被人类现代的农业综合企业远远超越。

语言点：

（1）句型分析：

这句话的主语中心语为crafts，but前后分别为系表结构和被动结构。

（2）sophisticated

a. *adj. having a lot of experience of life, and good judgment about socially important things such as art, fashion etc.*

b. *adj. a sophisticated machine, system, method etc. is very well designed and very advanced, and often works in a complicated way*

c. *adj. having a lot of knowledge and experience of difficult or complicated subjects and therefore able to understand them well*

British voters have become much more sophisticated. 英国的选民变得更加世故了。

（3）be overtaken by something

She was overtaken by emotion and started to cry. 她无法控制自己的感情，开始哭了起来。

3. Whereas prehistoric man had no exposure to urban lifestyle—the forcing house of intelligence—the evidence suggests that ants have lived in urban settings for close on a hundred million years, developing and maintaining underground cities of specialised chambers and tunnels.

参考译文：史前人类没有机会接触城市化的生活方式——这一孕育智能的温床。而证据表明，蚂蚁已经在城市环境中生存了将近一亿年了，建造并维持着由特殊的洞穴和隧道构成的地下城市。

语言点：

（1）exposure to: *the chance to experience new ideas, ways of life etc.*

The visit to Germany gave them exposure to the language. 他们的德国之旅使他们接触到了这种语言。

（2）setting *adj. the place where something is or where something happens, and the general environment*

an old farmhouse in a beautiful setting 美丽环境中的古老农舍

试题解析

Questions 1–6

- 题目类型：True /False /Not Given
- 题目解析：

1. Ants use the same channels of communication as humans do.

参考译文	蚂蚁使用的沟通渠道与人类相同。
定位词	channels, communication, humans

解题关键字	the same
文中对应点	第二段： Such chemical communication can be compared to the human use of visual and auditory channels to... 'Ants are so much like human beings as to be an embarrassment...' 此题可以通过定位词迅速定位第二段的这两句话。两句话中都只是说明蚂蚁的生物行为与人类非常相似，而题目中则说是“相同”，与原文相悖，因此答案很明显应该是FALSE。

2. City life is one factor that encourages the development of intelligence.

参考译文	城市生活是促进智能发展的一个因素。
定位词	city life, intelligence
解题关键字	encourages
文中对应点	第七段： Whereas prehistoric man had no exposure to urban lifestyle—the forcing house of intelligence — ... 此题的定位比较有难度，定位词并未以原形出现。但若根据顺序原则由第3题的定位段落（第八段）向前查找会比较容易。 文章与题目出现同义转换： urban life—city life；forcing house—encourages 该题的解题关键在于是否能正确理解文中短语forcing house的含义，它的含义为“温床”，与题中解题关键字encourages完全吻合。因此此题答案为TRUE。

3. Ants can build large cities more quickly than humans do.

参考译文	蚂蚁可以比人类更快地修建大型城市。
定位词	build large cities
解题关键字	ants, more quickly, humans
文中对应点	第八段： ...we're amazed at what has been accomplished by humans. 第九段： Such enduring and intricately meshed levels of technical achievement outstrip by far anything achieved by our distant ancestors. 文章第八段提到了人类建造城市的例子，第九段指出蚂蚁的技术远远超过我们的祖先，但是文章并未提到蚂蚁和人类的建造速度，也未对此作任何的比较。此题属于典型的文章未提及型题目，因此应该选择NOT GIVEN。 *TIPS:* 由于蚂蚁与人类的建造速度本身就属于两个无法比较的项目，因此该题属于典型的“不存在的比较关系”类，在考场上可以凭解题技巧直接将其判定为NOT GIVEN。

4. Some ants can find their way by making calculations based on distance and position.

参考译文	一些蚂蚁可以通过基于距离和位置而进行的计算来寻找路线。
定位词	distance and position

解题关键字	find their way, making calculations
文中对应点	第十段： ...they navigate by integrating bearings and distances... 译文：它们通过整合方向和距离来导航。 此题通过定位词可以迅速定位到第十段该句，且该句含义与题目一致。 文章与题目出现同义转换： find their way—navigate; making calculations—integrating; bearings—position 因此此题答案为TRUE。

5. In one experiment, foraging teams were able to use their sense of smell to find food.

参考译文	在一个实验里，寻找食物的蚂蚁能够通过嗅觉找到食物。
定位词	foraging teams
解题关键字	use sense of smell
题解	第十一段： Elaborate precautions were taken to prevent the foraging team using odour clues. 此题利用定位词很容易定位，且文中定位处出现prevent...using odour clues，其含义为防止使用气味线索，而题干中的解题要点为蚂蚁使用嗅觉寻找食物。很明显，此题题干与原文内容相悖，因此答案为FALSE。

6. The essay, "In the company of ants", explores ant communication.

参考译文	题目为《与蚂蚁相伴》的文章探究了蚂蚁的信息交流。
定位词	"In the company of ants"
解题关键字	explore ant communication
文中对应点	末段： ...in his essay, 'In the company of ants', advises readers who ask what to do with the ants in their kitchen to: 'Watch where you step. Be careful of little lives.' 此题定位非常容易。在定位句中，作者仅仅强调了需要将蚂蚁视为有智能的生命来对待，对于题干中的解题点"蚂蚁的信息交流"是否进行研究并未提及。此题属于典型的"题干信息文章部分提及"，因此此题答案为NOT GIVEN。

Questions 7–13

- 题目类型：Summary
- 解题方法：

1.对于带有词库的Summary，除常规解题步骤外，应该先对词库中的单词按词性进行分类，并利用词库中单词的词义划分来填某些空。

2.该Summary有小标题，可以通过扫描各段首句的方法定位其解题段落从第五段开始。

- 题目解析：

题号	定位词	文中对应点	题目解析
7	cultivate, they can digest	第五段：Ants can't digest the cellulose in leaves—but some fungi can. The ants therefore cultivate these fungi in their nests.	此题通过在定位段落第五段中扫描定位词，可以将其定位在第二至四行，其含义为“蚂蚁不能消化叶子中的纤维素，但是一些真菌可以。因此蚂蚁在自己的巢中培养这些真菌”。题干中此题应填一个名词，且根据其后信息判断出该名词在经过转变后能被蚂蚁消化，于是可以直接选出答案C。
8	weed-killers	第五段：Farmer ants secrete antibiotics to control other fungi that might act as “weeds”...	按照顺序原则在第7题后扫描定位词可以迅速定位。通过阅读此空之后的题干信息可推出所填单词应为名词，且其行为为kill weeds；通过扫描定位句，其中满足条件的词为antibiotics，但在词库中并未出现，此时只能选出其上下义词，即为选项M。
9	unwanted materials	第五段：...and spread waste to fertilise the crop.	此题在文中定位紧接着上一题。通过题干中空格之前的信息可以判断出所填词为复数名词，且其等价于unwanted materials。在文中定位处找到其对应词waste，且其作用为fertilise the crop；在题目所给词库中的复数名词里进行快速扫描，答案只能为F。
10	new species, neighbouring ant colonies	第六段：...the ants improve or modify the fungi by regularly swapping and sharing strains with neighbouring ant colonies.	通过分析空格判断出所填词应为v+ing形式（and前后结构相同），在文中定位句中对应词为swapping and sharing（交换和分享）；在题目所给词库中满足v+ing形式的词里进行快速扫描，答案只能为D。
11	agribusiness, methods	第四段：The farming methods of ants are at least sustainable. They do not ruin environments or use enormous amounts of energy.	此题出现了乱序，但是通过扫描定位词还是可以迅速在文中找到对应词。首先是出现在第三段最后一句话中的agribusiness，接下来才是第四段第二句中的farming methods。通过分析题干中空格前后的信息，判定所填单词应为形容词，且其修饰对象为methods；在文中定位处的对应词为sustainable，对应答案N。
12	affect	同11题	此题定位同第11题。由于空格之前为动词，所以应回原文找寻该动词或其同义词；在文中定位处对应词为ruin，所以答案为其后单词environment，即O选项。
13	waste	同11题	定位方法及解题技巧同上题。文中定位处对应词为use enormous amounts of，所以答案为其后单词energy，即E选项。

参考译文

蚂蚁智能

每当我们想到动物界的智能成员时，头脑中立刻出现的会是猿和猴子。事实上，在昆虫界，某些成员社会生活的复杂程度显示出了相当程度的智能。其中蚂蚁世界就在最近成了主要的观察对象。蚂蚁显示出一定认知力的观点也得到了研究人员的肯定。

蚂蚁储存食物，反击外敌，在攻击时用化学信号互相联系。此类化学信号交流可与人类使用视觉和听觉途径（如圣歌、广告形象、铃声、政治标语以及军乐）来激发情绪和传递理念的行为相媲美。生物学家Lewis Thomas写道："蚂蚁和人类是如此的相似，都让我们觉得自愧不如。它们培育真菌，把蚜虫作为家畜来饲养，调配军队作战，用化学气雾发出警告和迷惑敌人，俘虏奴隶，忙于育婴，不停地交流信息。除了不看电视它们什么都做。"

然而，蚂蚁的世界里没有文化的传播——所有的技能都必须存储在基因里——而人类的情况却恰恰相反。人类新生儿的基因里只有基本的本能，其他技能则是在成长过程中从社会其他成员身上学习所得。看起来这种文化传承使我们与蚂蚁相比具有巨大的优势。它们从未掌握用火技术，也不知发展为何物。它们培育真菌、饲养蚜虫的技术和五千年前的人类农耕技术相比还算成熟，但却被人类现代的农业综合企业远远超越。

那么蚂蚁真的被人类超越了么？蚂蚁的农耕方式至少是可持续性的。它们不会破坏环境，也不需要使用大量能源。而且，最近的证据表明，蚂蚁的农耕方式可能比过去我们所认为的还要成熟和灵活。

蚂蚁早于人类5000万年就已成为农夫。它们不能消化叶子中的纤维素，但是某些真菌可以。因此蚂蚁在巢穴里培育这些真菌，让它们以叶子为食，而真菌则成为蚂蚁的食物来源。蚂蚁农夫们分泌抗生素去控制其他可能成为"杂草"的真菌，还会播撒废料来给作物施肥。

曾经有观点认为蚂蚁培育的真菌只是它们繁殖的单一品种，长久以来都没有本质的改变。其实不然。马里兰州的Ulrich Mueller和他的同事们就从蚂蚁巢穴中从基因方面筛选出了862种不同种类的真菌。这些真菌品种多样——看来蚂蚁在不断培育新的真菌品种。让人更加印象深刻的是，对真菌的DNA分析表明，蚂蚁通过频繁地和周边蚂蚁群体的交换和共享来改进或更新菌种。

史前人类没有机会接触城市化的生活方式——这一孕育智能的温床。而证据表明，蚂蚁已经在城市环境中生存了将近一亿年了，建造并维持着由特殊的洞穴和隧道构成的地下城市。

当我们考察墨西哥城、东京和洛杉矶时，都会惊叹人类的伟大成就。然而，Hoelldobler和Wilson在为蚂蚁爱好者创作的巨著《蚂蚁》中，描述了日本北海道石狩湾的石狩红蚁所建造的超级蚁群。据称，在这个包含了4500个纵横交错的巢穴、幅员达2. 7平方公里的"巨大城市"中，生活着3. 6亿只工蚁和100万只蚁后。

如此坚固、复杂的网状技术成就远远超越了我们的远古祖先所取得的任何成就。人们在法国南部或者其他地方欣赏那些两万年前的岩画杰作的时候对祖先的成就肃然起敬。而蚂蚁的社会形态早在7000多万年前就已经和现在相差无几。此外，史前人类的技术看上去很原始。那么，和当时的蚂蚁社会相比，这还能算是另外一种形式的智能吗？

在牛津大学、苏赛克斯大学以及苏黎世大学所作的研究表明，沙漠蚁在觅食归巢途中，会结合它们脑中不断更新的方向和距离资料来做导向。它们会将可见的地标与记忆库中的区域方向结合来分门别类储存，并不断地使用和更新。因此蚂蚁也具备学习能力。

在12年研究过程中，Ryabko 和 Reznikova找到了证据，证明蚂蚁能够传递非常复杂的信息。侦察蚁在迷宫中找到食物后返回去通知觅食队伍。研究人员干涉了蚂蚁交流的过程，在最后把侦察蚁弄走，看蚂蚁团队会有什么反应。通常觅食队伍会还是能够继续行进到迷宫中食物的确切位置。而在此之前，研究人员已经做了精密的预防措施，防止蚁群通过气味来传递信息。现在讨论的焦点是，蚂蚁在迷宫中行进路线的传递是通过一连串的左转、右转信息还是通过指南针式的方向和距离引导来完成的。

在这次全面的研究过程中，Reznikova全身心地投入到她实验室的蚂蚁身上，她感觉自己认识每一只蚂蚁——即使它们身上没有记号。无怪乎Edward Wilson在他的论文《与蚂蚁相伴》中，建议那些询问如何处理厨房中蚂蚁的读者："注意脚下，珍惜小生命。"

READING PASSAGE 2

篇章结构

体裁 说明文

主题 人口迁移与遗传学

结构 A段：研究早期人口迁移方法的发展。

B段：长期存在的关于史前美洲人口迁移的问题及近年来发现的有关新线索。

C段：如何使用血液变量分析测量不同人群之间亲缘关系的远近。

D段：对于血液变量研究的结论。

E段：关于三次移民浪潮理论的遗传学依据。

F段：牙齿研究提供的证据。

G段：关于三次移民浪潮理论的其他不同观点。

必背词汇

A 段

distribution	*n.* 分布，分布区域	objective	*adj.* 客观的
archaeological	*adj.* 考古学的，考古学上的	footing	*n.* 立足点，立场
fossil	*n.* 化石	clue	*n.* 线索
technique	*n.* 技术	genetic	*adj.* 遗传的
sound	*adj.* 可靠的，合理的		

B 段

launch	*v.* 开始	migration	*n.* 迁移；移居
coloniser	*n.* 殖民者	Bering Strait	白令海峡
wave	*n.* 大批人口移动	genetics	*n.* 遗传学

C 段

anthropologist	*n.* 人类学家	drift	*v.* 漂移
focus on	集中在，聚焦于	generation	*n.* 代，一代
variant	*n.* 变体，变量	interbreed	*v.* 使异种交配，使混种
allotype	*n.* 同种异型	tribe	*n.* 部落
protein	*n.* 蛋白质	establish	*v.* 建立
immunoglobin	*n.* 免疫球蛋白	calibrate	*v.* 校正
fluid	*n.* 流体，液体	indication	*n.* 表明；显示
portion	*n.* 部分		

D 段

sample	*v.* 抽取样品	ancestral	*adj.* 祖先的
divide	*v.* 分割，划分，隔开	ancestor	*n.* 祖宗，祖先
correspond	*v.* 符合	migrate	*v.* 迁移，移居
deduce	*v.* 推论，演绎出		

E 段

geneticist	*n.* 遗传学家	predict	*v.* 预知，预言
mitochondrial	*adj.* 线粒体的	descend	*v.* 遗传下来，来源于，继承
separated	*adj.* 分开的		

F 段

analysis	*n.* 分析	incisor	*n.* 门牙
physical	*adj.* 生理的	shovel	*vt.* 铲(挖,舀)
characteristics	*n.* 特征	scoop	*v.* 掘，挖
crown	*n.* 牙冠	upper	*adj.* 上部的
component	*n.* 成分	premolar	*n.* 小臼齿，前臼齿
minimally	*adv.* 最低限度地	triple	*adj.* 三重的
specimen	*n.* 样本，标本	molar	*n.* 臼齿
majority	*n.* 多数，大多数	tie in	使结合
prehistoric	*adj.* 史前的	dental	*adj.* 牙齿的，牙科的
trait	*n.* 特征	analyse	*v.* 分析

G 段

linguist	*n.* 语言学家	account for	说明(原因等)
credence	*n.* 相信	backing	*n.* 支持
minority	*n.* 少数	nevertheless	*adv.* 然而，不过
favour	*vt.* 同意	hard	*adj.* 确凿的，可靠的
notion	*n.* 观念，想法，主张		

难句解析

1. A number of techniques developed since the 1950s, however, have placed the study of these subjects on a sounder and more objective footing.

参考译文：从20世纪50年代起发明的不少新技术使得此项研究拥有更充分、更客观的立足点。

语言点：

(1) a number of 大量的

It also provides a number of other functions. 它还提供大量其他的功能。

(2) footing: *n. the conditions or arrangements on which something is based; put/place something on a ... footing*

He wanted to put their relationship on a permanent footing.

他想把他们的关系置于一个永久的立足点上。

2. Thus, by comparing the Gm allotypes of two different populations(eg. two Indian tribes), one can establish their genetic ‘distance’, which itself can be calibrated to give an indication of the length of time since these populations last interbred.

参考译文：所以，通过对比两类不同人群的Gm同种异型(比如两个印第安人部落)人们可以建立各自的“遗传距”，距离本身可以调整，从而可以给出一些信息，提示此族群自从最后一次通婚混血以来经过了多长时间。

语言点：

(1) compare *v.* 比较

a. compare... with...

The police compared the suspect’s fingerprints with those found at the crime scene.

警察将犯罪嫌疑人的指纹同在犯罪现场所发现的指纹做了对比。

b. compare... to...

Davies’ style of writing has been compared to Dickens’. 戴维的写作风格同蒂克的风格一致。

3. There are two other kinds of research that have thrown some light on the origins of the Native American population; they involve the study of teeth and of languages.

参考译文：此外，还有两种研究进一步阐明了本土美洲人的起源问题。它们涉及牙齿研究和语言研究。

语言点：

(1) throw/shed/cast light on something: *to provide new information that makes a difficult subject or problem easier to understand*

Melanie was able to shed some light on the situation.

These discoveries may throw new light on the origins of the universe.

4. Greenberg is in a minority among fellow linguist, most of whom favour the notion of a great many waves of migration to account for the more than 1, 000 languages spoken at one time by American Indians.

参考译文：格林伯格是同时代语言学家中的少数派，而大多数语言学家都赞成这样一种观点：一波又一波的移民浪潮是解释那一时期北美印第安人讲1000多种语言的唯一依据。

语言点：

(1) be in the/a minority: *to form less than half of a group*

Boys are very much in the minority at the dance class.

(2) account for

a. *to form a particular amount or part of something*

Afro-Americans account for 12% of the US population.

b. *to be the reason why something happens*

Recent pressure at work may account for his behavior.

c. *to give a satisfactory explanation of why something has happened*

Can you account for your movements on that night?

试题解析

Questions 14–19

- 题目类型：List of Headings
- 题目解析：

题号	段落主题句	题目解析
14	A段： A number of techniques developed since the 1950s, however, have placed the study of these subjects on a sounder and more objective footing.	A段中间部分出现转折句，主要含义为一系列的新技术使得该研究变得更加良性和客观。在段义选项中只有iv选项中的关键词developments能与之匹配，因此答案为iv。
15	B段首句： Recent work on the problem of when people first entered the Americas is an example of the value of these new techniques.	B段首句引出了首次进入美洲大陆人口的问题，在段义选项中只有vii和ix满足条件，但是B段并未提到人类迁移的原因，而只是在段落后半部分提出了一系列的问题，所以ix不对，答案应该为vii。
16	C段末句： 关键词：two different populations；establish their genetic "distance"	C段中提出了一种研究方法，即研究variants，并在最后由thus引出了结论，通过比较两类不同人群就能建立他们之间的"遗传距离"。在段义选项中只有最后一个满足要求，其中对应关键词为blood-variants，closeness，between different populations，因此答案为x。
17	D段： They found that their Gm allotypes could be divided into two groups, ...	此段大意其实可以按照逻辑发展顺序迅速地确定为i，这是因为上一段介绍了一个研究，此段应该介绍研究结果，而段义选项中只有i为研究结果。或者通过通读全段，得出主题句为：他们发现这些Gm可以分为两大类。这就是研究的结论，从其后文字均为介绍性文字，也可以判定此段段义为选项i。
18	E段 How far does other research support these conclusions?	E段首句即提出了其他研究是否能支持上一段结论的问题，然后列举出了其他实验的例子。在段义选项中，只有vi选项中提到了其他研究（further genetic evidence），故答案是vi。
19	F段次句： The biological anthropologist Christy Turner is an expert in the analysis of changing physical characteristics in human teeth.	此段首句极具迷惑性，其含义为另两种关于牙齿和语言的研究也能解释这个问题，所以可能错选iii，因为其中包含关键词dental and linguistic evidence，但是iii中人物Greenberg仅出现在下一段，故排除此选项。 此段真正主题句为第二句，此句介绍了研究牙齿也能解释问题，其后文字全部为介绍牙齿研究的文字，故答案为ii。

Questions 20–21

- 题目类型：Table Completion
- 解题方法：

1.此题为配图填表题，除了填表题的解题步骤之外，考生需首先分析图中信息，然后再到文中定位、筛选信息。

2.对于题干说明较长的题，考生应首先在其中找出相关定位信息，并且扫读每段段首句进行粗定位。该题中的"William's research"在文中出现在D段首句，因此此题的解题段为D段。

- 题目解析：

题号	定位词	文中对应点	题目解析
20	15, 000 or more	D段中部： ...three major waves of migration across the Bering Strait. The first, Paleo-Indian, wave more than 15, 000 years ago was ancestral to all Central and South American Indians.	定位处说明了此处的wave应该across the Bering Strait，所以答案应该在B、C、E中筛选，在图中可以很明显地定位出原文相关词Central American和South American，故答案为其对应选项E。
21	600 to 700	D段后半部： ... and Apache （who only migrated south from Canada about 600 or 700 years ago）.	定位处的说明为：仅仅在600或700年前从加拿大向南部迁移。 在图中各条箭头中只有D的起点在Canada，且箭头方向向南，故答案为D。

Questions 22–25

- 题目类型：Matching
- 解题方法：

1. 此题为表格型Matching题，先在较长的题干说明中找出定位信息"three-wave theory"，因通过扫描每段首句无法定位，此时可借助于第一大题中的headings，将其定位于D段。
2. 题干说明要求考生将表格中的人群与其所对应的wave类别进行配对。
3. 遇到此类首字母为大写字母的Matching题时，考生应在扫读文章时将其中大写字母词进行标记，以便于定位。

- 题目解析：

题号	定位词	文中对应点	题目解析
22	Inuit	D段第9行	Other tests showed that the Inuit（or Eskimo）and Aleut formed a third group. 由此句可以很明显地判断出Inuit属于第三类，因此答案为C。
23	Apache	D段倒数第7行	The second wave, about 14, 000-12, 000 years ago, brought Na-Dene hunters, ancestors of the Navajo and Apache. 由此句可以很明显地判断出Apache属于第二类，因此答案为B。
24	Pima-Papago	E段第5行 D段第13行	...blood samples from three widely separated Native American groups: Pima-Papago Indians in Arizona, ... , and Ticuna Indians... all three groups appear to be descended from the same ancestral（Paleo-Indian）population. 通过定位句可判定Pima-Papago属于"three groups"中的一种，且均来自于Paleo-Indian； Paleo-Indian在D段定位出原文：The first, Paleo-Indian, wave... 故答案为A。
25	Ticuna	E段倒数第6行	同第24题。 答案为A。

Question 26

- 题目类型：Multiple Choices
- 题目解析：

题号	定位词	文中对应点
26	Christy Turner	题目：特纳的研究包含了对于什么的检查： A．史前和当代的美洲人及亚洲人的牙齿 B．生活在新世纪或旧世纪的数以万计的人 C．从大多数史前美洲人那里得到的牙齿样本 D．美洲及亚洲人的饮食习惯 通过题干粗定位于文章F段： 第6行：Christy Turner is an expert in the analysis of changing physical characteristics in human teeth. 特纳的研究主要是分析人类牙齿的生理特征，因此可以排除未提及牙齿的选项B和D。 第12行：Studies carried out by Turner of many thousands of New and Old World specimens, both ancient and modern, suggest that the majority of prehistoric Americans are linked to Northern Asian populations by... C选项极具迷惑性，其中“the majority of prehistoric Americans”与全文一致，但是这一内容只是实验结果所“suggest”的，而并非特纳真正的实验内容；或者按照选择题“排除与文章看似一致的选项”的原则，直接将C排除掉。 A选项与原文“Studies...of many thousands of New and Old World specimens, both ancient and modern”含义完全一致。 故正确答案为A。

TIPS：1. Multiple Choice题型的定位一般为题干粗定位，选项精确定位分析。

2. 当选项与原文一致时，该选项很有可能为陷阱选项，正确选项往往是原文的同义转述。

参考译文

人口迁移与遗传学

A　过去人们对人类起源与人口分布的研究一直是在考古发现和化石证据的基础上进行的。然而，从20世纪50年代起发明的不少新技术使得此项研究拥有更充分、更客观的立足点。关于人口迁移活动的最早信息是从“活体考古”中获得的，专家们可从遗传物质中发现一些线索。

B　近来对人类何时初次踏上美洲大陆问题的研究便是体现这些新技术价值的最好范例。很久以来，东北亚和西伯利亚就一直被视为人类首次向“北美新世界”迁移的发源地。但是，跨越白令海峡进入美洲大陆的移民浪潮是一次还是几次？这次移民事件，或者这几次事件又是何时发生的呢？近些年来，通过对遗传学的研究，专家们找到遗传标记在现代美国本土居民中分布情况的新线索。

C　由生物人类学家罗伯特·威廉姆斯领导的一项重要工程把研究点聚焦在了免疫球蛋白G变体（又叫做免疫球蛋白同种异型Gm）上。在人类血液流体中可以找到这种变体。所有的蛋白质都处于漂流状态，或者在生产新变体，那么数代之后，通过通婚形成的家族成员们将会拥有一套共同的变体。所以，通过对比两类不同人群的Gm同种异型（比如两个印第安人部落）人们可以建立各自的“遗传距离”，距离本身可以调整，从而可以给出一些信息，提示此族群自从最后一次通婚混血以来经过了多长时间。

D　威廉姆斯和他的同事们花费20年时间在北美西部地区采集了5, 000名美洲印第安人的血液标本。通过研究发现，这些印第安人的Gm同种异型可以划分为两组，其中一组也和中部、南部的印第安人基因类型相匹配。其他测试显示因纽特人（又叫爱斯基摩人）和阿留申人形成另一个族群。据此证据可推断出，跨越白令海峡的大规模移民浪潮共有三次。第一次移民浪潮发生在15, 000年前，其中的古印第安人是今天美国中部和南部印第安人的祖先。约14, 000到12, 000年前的第二次移民浪潮带来了纳迪尼狩猎者，他们是纳瓦乔人和阿帕切人（他们在约600或700年前从加拿大南部移民到美国）的祖先。第三次浪潮发生在约10, 000或9, 000年前，从东北亚移民至北美大陆的这批人是现代爱斯基摩人和阿留申人的祖先。

E　那么，其他研究对此项结论的支持力度又有多大呢？遗传学专家道格拉斯·华莱士通过研究三大彼此远离的本土美洲人（亚利桑那州的皮马-帕帕戈人、墨西哥尤卡坦半岛的玛雅印第安人、巴西亚马逊河上游流域的迪古拿印第安人）血液样本中的线粒体DNA发现：就像罗伯特·威廉姆斯的著作预测的那样，三个族群其实源于同一个祖先。

F　此外，还有两种研究进一步阐明了本土美洲人的起源问题。它们涉及牙齿研究和语言研究。生物人类学家克里斯蒂·特纳是一位从事人类牙齿生理特征变化研究的专家。他认为齿冠和齿根包含极高的遗传因素，受环境和其他因素影响最小。根据对数千来自新旧世界的样本进行分析，特纳发现，大多数史前美洲人在齿冠和齿根特点上和亚洲北部人口有所联系，如铲形门齿（牙齿单侧或双侧边缘嵴隆起而中部呈凹窝状），单重根上齿第一前磨牙和三重根下前第一磨牙。

据特纳称，这一特点和古印第安从北亚向外移民有所关联，特纳通过研究牙齿微进化速度得出这次移民发生在14, 000年前。通过对牙齿的研究也发现了后面还有纳迪尼和爱斯基摩-阿留申这两次移民浪潮。

G　自从20世纪50年代，语言学家约瑟夫·格林伯格就认为，所有的本土美国语言同属于唯一的一个印第安语系（除纳迪尼和爱斯基摩-阿留申以外），此种观点对三大主要移民浪潮的说法提供了凭证。格林伯格是同时代语言学家中的少数派，而大多数语言学家都赞成这样一种观点：一波又一波的移民浪潮是解释那一时期北美印第安人讲1000多种语言的唯一依据。但是毫无疑问，新的遗传学和牙齿证据为格林伯格的观点提供了强有力的支持。当然，关于移民的具体时间问题也要谨慎对待，除非这些信息有确凿的考古证据的支撑。

READING PASSAGE 3

篇章结构

体裁　说明文

主题　欧洲森林保护问题

结构　第一段：欧洲森林遭到严重破坏。

第二段：欧洲森林的三大功能。

第三段：制定保护欧洲森林的政策迫在眉睫。

第四段：保护森林的六项决议。

必背词汇

第一段			
element	*n.* 成分，要素	awareness	*n.* 认识，了解，知道
heritage	*n.* 遗产，继承物	imbalance	*n.* 不平衡，失调
decline	*n.* 衰退，跌落	threaten	*vt.* 威胁
decade	*n.* 十年	frontier	*n.* 边界，边境

geography	*n.* 地理	undertake	*v.* 从事；保证
deterioration	*n.* 恶化，退化	initial	*adj.* 开始的，最初的
mismanagement	*n.* 管理不善	joint	*adj.* 联合的，共同的
co-ordinate	*v.* (使)协调，等同	confine	*v.* 限制
ministerial	*adj.* 部长的，内阁的，执政的	geographical	*adj.* 地理(学)的
destruction	*n.* 破坏，毁灭	border	*v.* 毗邻
combat	*v.* 奋斗，争斗	the Mediterranean	地中海
extension	*n.* 延长，扩充	Nordic	*adj.* 北欧的
ecosystem	*n.* 生态系统	discard	*v.* 丢弃，抛弃
preparatory	*adj.* 预备的，准备的，初步的		

第二段

triple	*adj.* 三倍的	raw	*adj.* 生的
recreational	*adj.* 娱乐的	constantly	*adv.* 不断地
lung	*n.* 肺	renewed	*adj.* 更新的
photosynthesis	*n.* 光合作用	condemn	*v.* 责备
oxygen	*n.* 氧，氧气	urban	*adj.* 城市的
transformation	*n.* 转化，转变	unrivalled	*adj.* 无与伦比的
solar	*adj.* 太阳的	unwind	*v.* 展开
fulfil	*v.* 实现，满足	dawn	*n.* 破晓
immense	*adj.* 巨大的，广大的	fuel	*n.* 燃料

第三段

myth	*n.* 神话	scale	*n.* 规模
primary	*adj.* 初期的	declaration	*n.* 宣言
artificial	*adj.* 人造的	ecologically	*adv.* 从生态学的观点看
adapt	*v.* 使适应	coherent	*adj.* 互相偶合的
exploit	*v.* 开发，利用，开拓	continuity	*n.* 连续性
vital	*adj.* 至关重要的，生死攸关的	unforeseen	*adj.* 无法预料的
transcend	*v.* 超越	ensure	*v.* 确定，保证
generation	*n.* 代，一代	potential	*n.* 潜力，潜能
inevitable	*adj.* 不可避免的	maintain	*v.* 维持

第四段

accomplish	*v.* 完成	cumulative	*adj.* 累积的
resolution	*n.* 决议	atmospheric	*adj.* 大气的
assist	*v.* 协助	pollutant	*n.* 污染物
propose	*v.* 提议	principal	*adj.* 主要的
extension	*n.* 延长，扩充	culprit	*n.* 犯人，罪犯
systematization	*n.* 组织化	compound	*n.* 混合物
surveillance	*n.* 监视，监督	nitrogen	*n.* 氮
monitor	*v.* 监视，监督	sulphur dioxide	二氧化硫
proportion	*n.* 比例	accentuate	*v.* 强调
needle	*n.* 针叶	climatic	*adj.* 气候上的

drought	*n.* 干旱	significant	*adj.* 显著的，重要的
hard winter	严寒的冬天	preferential	*adj.* 先取的，优先的
acidification	*n.* 酸化	relaunch	*v.* 重新发布
concentrate	*v.* 集中，专心	physiology	*n.* 生理学
preserve	*v.* 保护，保持	biochemical	*adj.* 生物化学的
genetic	*adj.* 基因的，遗传的	scholarship	*n.* 奖学金
diversity	*n.* 多样性	financial	*adj.* 金融的，财政的
reverse	*v.* 颠倒，逆转	doctoral these	博士论文
establishment	*n.* 确立，制定	framework	*n.* 结构，框架
databank	*n.* 数据库	harmonise	*v.* 使融合
preventative	*adj.* 预防性的	identify	*v.* 识别，鉴定
minister	*n.* 部长，大臣	priority	*n.* 优先权
undoubtedly	*adv.* 无疑	motivation	*n.* 动机，动力
ecosystem	*n.* 生态系统	participant	*n.* 参加者，参与者
at risk	处境危险	represent	*v.* 代表
scatter	*v.* 散开，散布，散播	commit	*v.* 委托，承诺
permanent	*adj.* 永久的，持久的	on-going	*adj.* 持续的
skiing	*n.* 滑雪	representative	*n.* 代表

难句解析

1. The decline of Europe's forests over the last decade and a half has led to an increasing awareness and understanding of the serious imbalances which threaten them.

参考译文：过去15年欧洲森林的退化程度已经逐渐让人们意识并了解到这种严重失调对他们的威胁。

语言点：

（1）句型分析

该句主句为：The decline has led to an awareness and understanding.

整句话是一个很好的写作句型，考生可以借鉴。

（2）lead to: *to cause something to happen*

the events that led to the start of the First World War

2. Their initial task was to decide which of the many forest problems of concern to Europe involved the largest number of countries and might be subject of joint action.

参考译文：他们最初的任务是决定在欧洲森林所面临的诸多问题中，哪个问题所涉及的国家最多，可作为各国联合行动的主题。

语言点：

（1）of concern to sb. /sth. 关于

topics of concern to television viewers

（2）joint: *adj. involving two or more people or groups, or owned or shared by them*

The two ministers have issued a joint statement.

The meal was a joint effort.

3. The first is to act as a "green lung" for our planet; by means of photosynthesis, forests produce oxygen through the transformation of solar energy, thus fulfilling what for humans is the essential role of an immense, non-polluting power plant.

参考译文：第一项功能是扮演地球的“绿色之肺”；通过光合作用，森林在太阳能量转换过程中释放氧气。对人类来说，它是不可替代的巨大而无污染的能量来源。

语言点：

(1) by means of sth.: *using a particular method or system*

The blocks are raised by means of pulleys.

(2) fulfil

a. *v. to achieve the thing that you hoped for*

Visiting Disneyland has fulfilled a boyhood dream.

b. *v. to do or provide what is necessary or needed*

A good police officer is not fulfilling his role if he neglects this vital aspect.

4. Although forest fires do not affect all of Europe to the same extent, the amount of damage caused the experts to propose as the third resolution that the Strasbourg conference consider the establishment of a European databank on the subject.

参考译文：虽然森林大火对欧洲各国的影响程度不同，但是其破坏力却让专家们提出第三个决议：斯特拉斯堡会议应该考虑就此主题建立一个欧洲数据库。

语言点：

(1) to ... extent: *used to say how true something is or how great an effect or change is*

I do agree with him to an extent.

Its success will depend to a large extent on local attitudes.

试题解析

Questions 27–33

- 题目类型：True /False /Not Given
- 题目解析：

27. Forest problems of Mediterranean countries are to be discussed at the next meeting of experts.

参考译文	地中海国家的森林问题将在下一次专家会议中讨论。
定位词	Mediterranean countries
解题关键字	be discussed at the next meeting
文中对应点	第一段末： ..., such as counties bordering Mediterranean or the Nordic countries therefore had to be discarded. However, this dose not mean that in future they will be ignored. 此题通过定位词可以迅速定位到第一段最后两句话，其含义为地中海国家在日后不一定被忽略；而题干则为在下次会议中会讨论，显然为文中未提及内容。故此题答案为NOT GIVEN。

28. Problems in Nordic countries were excluded because they are outside the European Economic Community.

参考译文	北欧国家的问题未被考虑是因为它们不属于欧洲经济共同体。
定位词	Nordic countries
解题关键字	because
文中对应点	第一段末： Their initial task was to decide which of the many forest problems of concern to Europe involved the largest number of countries and might be the subject of joint action. Those confined to particular geographical areas, such as counties bordering Mediterranean or the Nordic countries therefore had to be discarded. 此题定位点与第一题相同。 考生可能单纯依据European Economic Community在文中未出现而错误地判断答案为NOT GIVEN； 其实该题考查因果关系，由定位句中的因果关系词therefore推出解题句为定位句的前一句：Nordic countries不被考虑是因为会议要决定哪些森林问题涉及的国家最多并且能够成为联合行动的主题，这与题干中的原因不同，而考查因果关系时要求文章与题目精确对应，故此题答案为FALSE。

29. Forests are a renewable source of raw material.

参考译文	森林是可再生原材料的来源。
定位词	raw material
解题关键字	renewable source
文中对应点	第二段: ..., forests provide raw materials for human activities through their constantly renewed production of wood. 此题的定位词在文中以原词出现，按照顺序原则可以迅速定位。 文中定位处含义为：通过其不断再生的木材，森林给人类活动提供了原材料。文章与题目含义一致。故此题答案为TRUE。

30. The biological functions of forests were recognised only in the twentieth century.

参考译文	森林的生物学功能在20世纪才被认可。
定位词	biological functions, recognised
解题关键字	only in twentieth century
文中对应点	第二段： The economic importance of forests has been... The other aspects have been recognised only for a few centuries... 此题先通过biological functions定位于第二段首句，其中提到森林的三种功能为biological，economic和recreational；然后由recognised精确定位到解题句，其中提到除了economic之外的两方面都已经被认可了几个世纪，而题目却认为其仅仅是在20世纪才被认可的。题目明显与文章相悖，故此题答案为FALSE。

31. Natural forests still exist in parts of Europe.

参考译文	原始森林仍存在于欧洲的一些地方。
定位词	natural forests
解题关键字	still exist
文中对应点	第三段： All European forests are artificial, ... 此题通过定位词可定位于第三段首句，通过扫读得出解题句，其含义为：欧洲所有的森林都是人工种植的。很显然题目与文章内容刚好相反，故此题答案为FALSE。

32. Forest policy should be limited by national boundaries.

参考译文	森林政策必须受到国家界限的限制。
定位词	forest policy, national boundaries
解题关键字	limited
文中对应点	第三段： This means that a forest policy is vital, that it must transcend national frontiers and ... 此题通过定位词能够迅速定位。定位句的含义为：森林政策至关重要，它必须超越国家的界限。显然题目与文章内容相反，故此题答案为FALSE。

33. The Strasbourg conference decided that a forest policy must allow for the possibility of change.

参考译文	斯特拉斯堡会议作出决议，森林政策必须虑及可能发生的变化。
定位词	Strasbourg conference, forest policy, change
解题关键字	allow for
文中对应点	第三段： This means that a forest policy is vital, …, and that it must allow for the inevitable changes that take place in the forests, in needs, and hence in policy. The Strasbourg conference was one of the first events on such a scale to reach this conclusion. 译文：这就意味着一项森林政策至关重要，它必须考虑到森林环境，人民需求，国家政策发生不可避免的变化。斯特拉斯堡会议也成为此类高规格创始会议中达成该结论的会议之一。 此题通过定位词能够迅速定位。定位句指出会议达成this conclusion，此处出现指代，按"遇指代，向前看一句"的原则得到定位句首句。定位句中结论与题目含义一致，故此题答案为TRUE。

Questions 34–39

- 题目类型：MATCHING
- 解题方法：
  1. 从题干提取出定位词resolution进行大致定位，扫描各段首句将此题定位到第四段。
  2. 对于选项，应该首先画出其关键词，然后根据文中定位句的含义进行筛选。
  3. 此题考查考生对文章最后一段所提出的六项决议的理解。
- 题目解析：

<table>
<tr><th>题号</th><th>定位词</th><th>文中对应点</th></tr>
<tr><td>34</td><td>resolution 1</td><td>第四段第二行：
The first proposes the extension and systematisation of surveillance sites to monitor forest decline.
译文：第一项决议是对森林退化监测站进行扩建并使其系统化。在选项中扫描关键词，只有J选项符合该含义：森林的任何退化信息都将被系统地收集。
此处有两个干扰选项：F和I。
F选项中出现文中原词monitored，但对loss of leaves的监测只是决议I中的一项内容，不全面；
I选项中出现文中原词soil imbalance，acidification，compounds of nitrogen and sulphur，但这些词在文中分别出现于不同的例子中，而I选项却将其揉在一句话中。
故答案为J。</td></tr>
<tr><td>35</td><td>resolution 2</td><td>第四段第九行：
The second resolution concentrates on the need to preserve the genetic diversity of European forests.
译文：第二项决议的重点是保持欧洲森林基因多样性的需求。在选项中扫描关键词，只有A选项出现关键词preserve，且其含义与原文相符：所有种类的树木都必须被保存。
故答案为A。</td></tr>
<tr><td>36</td><td>resolution 3</td><td>第四段第十一行：
Although forest fires do not..., ...the third resolution that the Strasbourg conference consider the establishment of a European databank on the subject.
译文：虽然森林大火对欧洲各国的影响程度不同，但是其破坏力却让专家们提出第三个决议：斯特拉斯堡会议应该考虑就此主题建立一个欧洲数据库。
在选项中扫描关键词，只有E选项出现关键词forest fires，且其含义与原文相符：有关森林大火的信息需被收集并分享。
故答案为E。</td></tr>
<tr><td>37</td><td>resolution 4</td><td>第四段第十八行：
此处应首先定位到第十五行的the fourth resolution，经过扫读后才能找到解题句：
Proposed developments include a preferential research program on mountain forests.
译文：建议的改进措施包括优先建立一项关于山林的研究项目。
在选项中扫描关键词，只有B选项出现关键词mountain forests和priority（对应preferential），且其含义与原文相符：脆弱的山林应该在研究项目中优先考虑。
故答案为B。</td></tr>
<tr><td>38</td><td>resolution 5</td><td>第四段倒数第十行：
此处应首先定位到倒数第十一行的the fifth resolution，经过扫读后才能找到解题句：
Eurosilva should support joint European research on the tree diseases and... Each country concerned could increase the number of scholarships and other financial support for doctoral theses and research projects in this area.
译文："森林持续发展"将支持欧洲各国联合研究树木的病害以及生理和生化方面的问题。每个参与国都可以增加奖学金以及其他经济支持来鼓励此领域博士论文的撰写以及研究项目开展。</td></tr>
</table>

题号	定位词	文中对应点
		在选项中扫描关键词，只有G选项出现关键词allocated to research和tree diseases，且其含义与原文相符：资源必须分配给关于树木病害的研究。 故答案为G。
39	resolution 6	第四段倒数第七行： Finally, the conference established the framework for a European research network on forest ecosystems. 译文：会议最终建立了欧洲森林生态系统的科研网络。 在选项中扫描关键词，只有D选项出现关键词co-ordinated（对应research network），且其含义与原文相符：研究最好在整个欧洲范围内进行，以便更好地相互协作。 故答案为D。

Question 40

- 题目类型：Multiple Choices
- 解题方法：
  1. 该题为主旨标题题，考生只需扫读文章首末句，找出关键词来寻找对应答案。
  2. 在解题过程中需要使用“排除法”来加快解题速度。
- 题目解析：

题号	定位词	文中对应点
40	无	题目：Reading Passage 3的最佳标题为： A. 森林的生物、经济和娱乐角色 B. 欧洲森林保护计划 C. 欧洲生态系统研究的优先性 D. 关于森林管理的世界性政策提案 通过分析文章首句可以得出，其中关键词为forests，从而排除不含此关键词的选项C； A选项中的三个关键词biological，economic和recreational均未在末句中提及，故排除； B和D两个选项中关键词分别为：B强调protect，D强调policy on management。文章末句中的government以及responsibility for forests强调政府对于森林的责任而并非管理，排除D选项。 故正确答案为B。

参考译文

欧洲森林保护计划

森林是自然遗产的主要元素之一。过去15年欧洲森林的退化程度已经逐渐让人们意识并了解到这种严重失调对他们的威胁。欧洲国家越来越重视欧洲森林受到的主要威胁，除了地理和气候性的威胁以外，其他的都是不分国界的，诸如空气污染、土壤退化、与日俱增的森林火灾，有时候甚至是我们对林地和森林的管理不善。人们也越来越清楚地认识到各国需要联合起来协调政策。1990年12月，在法国斯特拉斯堡举行了第一次以保护欧洲森林为主题的部长级会议。来自东西欧的31个国家代表汇集一堂。会议的议题包括：如何协调研究对森林的破坏，如何防范森林火灾，以及欧洲森林生态系统研究项目的扩大。会议举行前召开了两次专家会议来做会前准备工作。他们最初的任务是决定在欧洲森林所面临的诸多问题中，哪个问题所涉及的国家最多，可作为各国联合行动的主题。因此那些受特殊地理条件限制的地区，如地中海以及北欧国家就被排除在外了。但是以后他们还是有可能参与进来的。

总体而言，欧洲国家认为森林有三重功能——生物、经济和娱乐功能。第一重是扮演地球的“绿色之肺”；通过光合作用，森林在太阳能量转换过程中释放氧气。对人类而言，它是不可替代的巨大而无污染的能量来源。同时，通过不断再生的木材，森林还为人类活动提供了原材料。最后，森林还为那些在城市里每周五天深陷于工作的上班族们提供了无与伦比的自由氛围去释放心情，参与游猎、骑马以及远足等休闲活动。森林的经济功能从人类起源开始就被发现了——木材就是最初的燃料。其他功能的发现仅有几个世纪的历史，但它们变得越来越重要。因此，整个欧洲十分关注威胁到森林使其不能扮演这三重基本功能的破坏性行为。

有关天然森林的古老神话还在欧洲大陆流传着，而事实上，真正的原始森林已经不复存在了。所有的欧洲森林都是人工种植的，被人类改造和开发了数千年。这就意味着，一项超越国界、跨越年代的森林政策至关重要，并且必须要考虑到森林环境、人民需求、国家政策发生不可避免的变化。斯特拉斯堡会议是同等规模的活动中最先达成该结论的活动之一。其总宣言为：任何具有生态延续性的森林政策的核心内容，都必须着眼于长期的可持续性以及不可预见的状况可能带来的影响，以保证森林的全部潜能都可以得到维系。

除了总宣言，会议还提出了六项有利于国家政策制定的详细决议。第一项决议是对森林退化监测站进行扩建并使其系统化。我们对森林退化的了解还不多，但它会造成树叶和针叶的大量脱落。整个欧洲大陆以及大多数树种都受到影响，受影响树木占树木总量的30%到50%。这样的情况像是由一系列因素累积导致的，大气污染就是其中的罪魁祸首。还需要特别注意氮化物和二氧化硫。然而，一些气候因素如干旱、寒冬，以及破坏树木根系的土壤酸化等土地失衡状况，可能会加剧这些不利因素的影响。第二项决议的重点是保持欧洲森林基因多样性的需求。目标是改变树种减少的状况或者至少保留所有树种的基因资料。虽然森林大火对欧洲各国的影响程度不同，但是其破坏力却让专家们提出第三个决议：斯特拉斯堡会议应该考虑就此主题建立一个欧洲数据库。所有国家保护政策发展过程中所用的信息将被广泛分享。部长们所讨论的第四项决议是关于山林的。在欧洲变化最快、处境最危险的无疑是山地生态系统。常住人口的零星分布以及休闲活动特别是滑雪，给当地生态系统造成了严重而长期的改变。建议的改进措施包括优先建立一项关于山林的研究项目。第五项决议重新发布了有关树木生理学的名为“森林持续发展”的欧洲研究网“森林持续发展”将支持欧洲各国联合研究树木的病害以及生理和生化方面的问题。每个参与国都可以增加奖学金以及其他经济支持来鼓励此领域博士论文的撰写以及研究项目的开展。会议最终建立了欧洲森林生态系统的科研网络，用以协调各国行动以及确认一些和森林保护相关的重点研究议题。斯特拉斯堡会议的重点是着眼于未来。这一最初的动机现在已成为31名参加者代表的31个欧洲国家的共同动力。他们最后的承诺是肩负起对森林的责任，保证政府代表间相关的讨论交流。

WRITING

TASK 1

题目要求(见“剑7”P78)

审题

此题为柱状图，是关于1990年至1995年与1996年至2002年这两个时间段里五个城市（纽约、马德里、东京、法兰克福和伦敦)平均房价的变化情况。变化是通过和1989年的数字进行对比而体现的。数据形式为百分比。

写作思路

柱状图是雅思图表作文里考得最多的，差不多要占到40%左右。柱状图通常分为有变化和比较的柱状图与纯粹比较的柱状图两种。本题既有变化，又有比较。变化指的是同一个城市随着时间的变化房价的上升或下降。比较指的是在同一个时间段内不同城市之间的房价差异。一般来说，同时有变化和比较的时候，可以先写变化，然后再写比较。当然也可以把变化和比较结合起来写，不过这样会比较复杂。

考生作文(见“剑7”P166)

参考译文

本图给出了与1989年相比，1990年到2002年12年间五个不同国家的五个不同城市平均房屋价格在百分比方面的变化。

根据本图，在1990年至1995年期间，三个城市的平均房价有显著下降，美国纽约下降了5%，日本东京和英国伦敦都下降了约7.5%。而另外两个城市的平均房价略有上涨，西班牙马德里和德国法兰克福分别下降了约1.5%和2%。

就下一个阶段(1996年至2002年)而言，只有日本东京的平均房价明显下降了，为5%。与之相反，其他城市的平均房价都上升了。纽约房价显著上涨了5%，马德里略增了4%，法兰克福增加了2%。

伦敦在1996年至2002年的6年时间内平均房价增长幅度最大，大幅增长了11%。

总之，本图描述的五个城市的房屋价格有着很大差异。这些差异可能是由城市的人口数量和所需要的房屋数量所导致的。

分析

本文得分6.5。

考官点评:(见“剑7”P166)

参考译文：这篇作文清晰呈现并描述了核心信息。作者对数据进行了有效的归类，并做了明确的比较，虽然这些内容本来可以在综述中进行合理的扩展。整篇文章的信息组织合理，使用了一系列衔接手段。

但是，文章的开头段对题目的改写不充分。虽然有些搭配不错，但总的来说词汇量有限。不过错误不多，准确度尚可。

文中比较流畅地运用了各种结构。标点偶尔有错误，语法上也有一些遗漏和错误，但这些错误不严重，没有影响交流质量。

开头段：

这篇作文的开头段：The chart gives information about the percentage change in average house prices in five different cities located in five different countries over 12 year period between 1990 and 2002 compared with the average house prices in 1989. 与原题目The chart below shows information about changes in average house prices in five different cities between 1990 and 2002 compared with the average house prices in 1989. 相比，没有进行真正的改写，在四大要素的时间、地点和研究对象上都是基本照抄。如果要得到更高的成绩，应该改写得更加充分。比如可以这么改：The bar chart displays the changes in the prices of average houses in five different cities（namely, New York, Madrid, Tokyo, Frankfurt, and London）in the period from 1990 to 2002.

主体段：

主体段描述的难点主要在于需要对数据进行有效的归类，而不是从左到右机械地一个城市一个城市地描述。1990年至1995年期间，五个城市的房价变化有增长和下降。应该把增长的城市合在一起写，下降的城市合在一起写。写的时候最好按照增长或下降的幅度的高低，从高到低依次写。也就是先写法兰克福和马德里房价的上涨，然后写东京、伦敦和纽约房价的下降，并用具体百分比加以说明。1996年至2002期间也进行类似的处理。先写比较特殊的变化(东京房价的下降)，然后写其他四个城市的上涨，按照增长的大小顺序排列(伦敦、纽约、马德里和法兰克福)。

结尾段：

这篇文章的结尾段的第一句话简要总结了本柱状图最主要的特点：五个城市的房屋价格有着很大差异。但第二句话说，这些差异可能是由城市的人口数量和所需要的房屋数量所导致的。这属于画蛇添足，最好删掉。雅思图表作文要求进行客观描述，不需要任何主观的评论和判断。

语言分析

用词：这篇文章的用词比较有限（6分）。表示变化的上升只有一个动词：increase。表示下降，也只有decrease。其实表示上升的动词还有：rise, grow, go up, improve, climb, boom等等，表示下降的动词还有：fall, drop, dip, go down, decline, reduce等等。

不过在搭配上做得还算不错：与上升、下降搭配的程度副词consideraply（显著地，拼写错误，应为considerably），significantly(显著地)，dramatically(明显地)。

结构：这篇文章的结构比较多样(7分)。

while引导的表示对比的状语从句(第二段)

as引导的原因状语从句(第四段)

It is clear that... 明显的是……

In contrast... 与之相反……

标点错误：第二段第二句以while引导，为从句，不能独立成句，应该和上一句话合并，前面的句号改成逗号；或者把while改成however或but，那么就可以独立成句。

语法错误

冠词的使用：a wide differences，应为wide differences。

主谓一致：the five cities which illustrated in this chart，应为the five cities illustrated in this chart或者the five cities which are illustrated in this chart

连接词：In New York it increased considerably by 5 percent, in Madrid it increased slightly by 4 percent, in Frankfurt it increased by 2 percent. 三个主谓结构的短语并列的时候，后两个之间应该加and。

时态：London has the largest increase in the average house price over the 6-year period from 1996 to 2002...这幅图的数据都是涉及过去，描述的时候应该用一般过去时（London had the largest...）

TASK 2

题目要求（见“剑7”P79）

审题

题目翻译：大多数人成年生活的大部分时间都是在工作中度过的，因此工作满意度是个人幸福的重要组成部分。哪些因素有助于在工作中获得满足？对于所有员工来说，对于工作满意度的期待在何等程度上可以实现？

本题在题材上属于社会类话题，探讨工作满意度是怎么形成的。题型上属于半开放型。这道考题曾经于2006年10月28号在中国大陆考过。注意本题有两个问题需要回答：一是工作满意度的实现取决于哪些要素，二是在何等程度上能够实现。对于本题来说，审题是难点，看上去虽然没有什么生僻词汇和表达，但许多考生在理解第二个问题的时候产生很多困惑甚至误解。对于第二个问题，有这样一些不同的理解：“工人们对工作满足的期望是怎样实现的？”“所有工人对工作满意度的期望具有多大的现实意义？”“如果让所有的员工对自己的工作都感到满意，这样的期待有多现实？”“预期所有员工都对工作满意在多大程度上是现实的？”很明显，这些理解都有相当程度的偏差。

写作思路

本文要讨论如何在工作中获得满足及其可行性。对于题目中的两个问题，论证时基本上可以在篇幅方面平分秋色。第一段简单介绍主题，对题目中的陈述性文字加以改写或是进行简单的扩充，说明工作满意度对个人幸福的重要性。然后可以在第二段分析哪些因素有助于员工在工作中获得满足。接下来的段落可以用来分析员工对于工作满意度的期待在何等程度上可以实现，既要提到现实和理想的差距，也要分析如何尽可能提升工作满意度。

考官范文（见“剑7”P167）

参考译文

现在许多成年人都有全职工作，他们花在这些工作上的时间比例很高。所以一个人对于自己工作的感觉肯定会反映出该人对自己生活的总体感受，因此工作满意度的确对于幸福感的形成至关重要。

员工可以从很多方面获得工作满意度。首先，一个人需要觉得他做的工作有价值并得到尊重，所以在这方面上司的正面反馈就很重要。如果员工觉得他的工作有助于社会或是整体的经济、从而是值得做的，那么他就会有成就感。其次，当人们觉得通过培训等机会他们的技能可以得到长进或发展的话，那么就会感受到收获，取得进步并达成目的。团队或是工作群体的归属感也有助于工作满意度，因为同事之间互相帮助，享受工作生活。对于团队的责任感和忠诚感也能使得满意度提高。

当然，并不是每个人都能享受工作。严峻的经济现实意味着许多人在他们能得到的工作类型方面没有什么选择。有时候，员工从事的工作既不适合他们的技能，又不符合他们的性格。一些工作重复而乏味，劳资关系不佳，与其说是带来工作满意度，不如说是导致怨恨和不安全感。

但是，即使所有的员工不太可能在工作中都感到快乐，我依然认为在任何工作中推动实现更多的工作满意度并不是不切实际的。如果上文提到的各个要素能够得到实施，那么任何工作都能得到改善，会有更多的员工在更大程度上实现工作满意度。

分析

开头段分析：

雅思议论文题目一般由两部分组成：表示情景的陈述句和表示要求的疑问句或是祈使句。对于题目中的陈述句，一般在文章的开头需要通过改写和扩充加以回应，为主体段落的分析加以铺垫。这道题目中的陈述句是：As most people spend a major part of their adult life at work, job satisfaction is an important element of individual wellbeing.（大多数人成年生活的大部分时间都是在工作中度过，因此工作满意度是个人幸福的重要组成部分。）这是一个因果关系的句子。在改写的时候，为了进一步说明工作满意度对个人幸福的重要性，需要针对表示原因的"大多数人成年生活的大部分时间都是在工作中度过"这句话进行扩展，强调了full-time jobs以及the proportion of their lives spent doing such jobs is very high，也就是具体说明了工作占大部分人生活的大部分时间。接下来的feelings about one's job等于是job satisfaction，而how an individual feels about his or her life as a whole等于是individual wellbeing。改写示例：个体幸福感。题目是individual wellbeing，范文改成the wellbeing of that person。

第二段分析：

文章第二段的结构非常简明扼要。对于题目中的第一个问题：What factors contribute to job satisfaction? 主题句提供了明确的回答：Employees get job satisfaction in a number of ways. 接下来进行具体论证：firstly... secondly...also...also...，也就是从四个方面进行分析：上司的正面反馈，技能的长进，团队归属感，团队责任感和忠诚心。

第三、四段分析：

在讨论"对于工作满意度的期待在何等程度上可以实现"这一问题的时候，本文采用了让步和反驳的论证手法。第三段为让步段，主要分析现实和理想的差距。由于残酷的现实，很多员工无法享受到工作乐趣，从工作中获得满足。第四段为反驳段，表明即便如此，依然可以通过采取各种措施加大工作满意度。

语言分析

重要名词及搭配：

job satisfaction 工作满意度	individual wellbeing 个人幸福	positive feedback 正面反馈
sense of fulfillment 成就感	sense of progression 感到长进	sense of belonging 归属感
sense of responsibility 责任感	sense of loyalty 忠诚感	resentment and insecurity 怨恨和不安全感

用词和搭配的多样化：

文章的核心词汇job satisfaction（工作满意度）在文中和以下动词搭配：get（获得），promote（改善），contribute to（有助于），lead to（导致），increase（增加）

在获得幸福感方面注意学习表达的多样：

is very important in this respect（……在这方面很重要）　is also encouraged（……得到鼓励）

there is（有着……）　contributes to（有助于……）

is also increased（……得到提高）

句型学习：

（1）It is unlikely that... ……不太可能。例句：

It is unlikely that a nation would choose war if its goals could be met peacefully.

如果一个国家的目标能够通过和平手段达成，那么不太可能会选择战争。

（2）It is not unrealistic to... ……不是不现实的。例句：

It is not unrealistic to expect individual nations to make the sacrifices necessary to conserve energy.

期望各个国家为了保护能源做出相应的牺牲不是不现实的。

（3）If the factors identified above are implemented, then... 如果上文提到的要素能得到实施，那么……。例句：

If the factors identified above are implemented, then we will be facing a more promising future.

如果上文提到的要素能够得到实施，那么我们的明天会更美好。

SPEAKING

PART 1

在第一部分，考官会介绍自己并确认考生身份，然后打开录音机/笔，报出考试名称、时间、地点等考试信息。考官接下来会围绕考生的学习、工作、住宿或其他相关话题展开提问。

话题举例

Cold weather

1. Have you ever been in very cold weather? (When?)

答题技巧：是否曾在寒冷的天气里呆过？简单的经历描述题，如果从没有过，可以说一下原因。如果有这方面的经历，可以描述一下当时的感觉。

Yes, I have. I went to the Harbin which is a big city located in Northeast of China in the winter a few years ago for my sister's wedding. I'm someone who hates **coldness** then I got a really **bad cold**. But luckily, the wedding was nice.

coldness 寒冷　　bad cold 感冒

2. How often is the weather cold where you come from?

答题技巧：你的家乡天气多久变冷一次？根据每个人的家乡不同，有多种多样的回答。有人的家乡冬季长而寒冷，有些人的家乡甚至长冬无夏。

I'm a **local** here in Beijing where we have a **clear division** of the four seasons, which means we would normally have several months of winter every year.

local 本地人　　clear division 清晰的划分

3. Are some parts of your country colder than others? (Why?)

答题技巧：在中国，是否某些地方比其他地方更冷？中国很大，南北温差自然明显。回答这个题目的时候可以用举例子的方法列举某些地方温度上的区别。如果对地理比较了解，也可以说一些中国在地理位置上所具有的季节温度特点。

Yes, of course. China is such a big country with huge space for its **huge population**. We do have areas in different **geographical altitudes**. I'm not really an expert on this, but I think the territory of China expands to areas called '**tropical zone**', '**moderate zone**' and '**subfrigid zone**'.

huge population 巨大的人口　　geographical 地理的
altitude 海拔，高度　　tropical zone 热带区
moderate zone 温带区　　subfrigid zone 亚寒带区

4. Would you prefer to live in a hot place or a cold place? (Why?)

答题技巧：你更喜欢住在天气热的地方还是天气冷的地方？这是一个典型的倾向性论证题。考生可以根据自己的个人喜好，任选其一进行描述，不必两方面兼顾。

I personally prefer **warm places**, for really simple reason, because I just **cannot stand** the coldness of winter. Plus, though I'm not sure about the reason, people in hot places are normally **slim**. Perhaps it's because they don't have good **appetite** and eat less.

warm place 温暖的地方　　cannot stand 无法忍受

slim 苗条的　　appetite 胃口

PART 2

考官给考生一张话题卡(Cue Card)。考生有 1 分钟准备时间，并可以做笔记(考官会给考生笔和纸)。之后考生要做1~2分钟的陈述。考生讲完后，考官会就考生的阐述内容提一两个相关问题，由考生做简要回答。

CUE CARD

Describe a competition (e.g. TV, college/work or sports competition) that you took part in.

You should say:

what kind of competition it was and how you found out about it

what you had to do

what the prizes were

and explain why you chose to take part in this competition.

话题卡说明

"体育运动"卡片是雅思常考题目，并且相关话题贯穿雅思考试三个部分。描述这个话题卡的时候需要注意题目要求，我们要描述一次比赛(competition)而不是简单的一项运动(sport activity)。但无论如何，运动类话题卡的资源都是相通的，关于体育运动的口语素材是雅思考生必须要熟练掌握运用的。

点题	Let me talk about a badminton competition I took part in last summer.
从何得知	Last summer, the student union organized a badminton **tournament** in our college. Posters of this competition were all over the campus.
作何准备	For this badminton competition, I had to prepare some basic equipment: A **racket** and many badminton balls. Badminton rackets look a lot like tennis rackets, but they are much more delicate. The ball is called **birdie**. The birdie has a small **rubber half a ball** on one end, and it **fans out** with feathers on the other end to help it to fly.
比赛奖励	The prizes for the tournament are awarded to 1st & 2nd place included: up to ￥500 cash, value **barbecue coupon** for￥200.
为何参加	I always love to play badminton especially in the summer time. It is a game I really enjoy, so play it whenever I can get a **willing partner**. It is a lot like tennis, but I can play badminton anywhere. I do not have to go to a **tennis court** to play and I can play in between classes without getting sweaty. It is a game that takes a lot of energy so you get plenty of exercise playing badminton. The main reason I chose this competition was that everyone, man or woman, has an equal chance to compete. There are so many sports that require height or strength to be good; it is refreshing to play one that I have an equal opportunity to win. Maybe that is why I got very competitive and energetic when I played. I love the game; it was fun and **rewarding**, and I felt alive when playing.

重点词句

tournament 比赛，锦标赛
racket 球拍
birdie 羽毛球的球
rubber half a ball 橡胶半球
fan out 拍打出去
barbecue coupon 烧烤代金券
willing partner 愿合作的搭档
tennis court 网球场
rewarding 有益的

PART 3

第三部分：双向讨论(4~5分钟)考官与考生围绕由第二部分引申出来的一些比较抽象的话题进行讨论。第三部分的话题是对第二部分提示卡内容的深化和拓展。

话题举例

Competitions in school

1. Why do you think some school teachers use competitions as class activities?

答题技巧：老师们为什么开展竞争性的班级活动？描述竞争对正在校园里学习的孩子们的好处。

I think one important responsibility of teachers is to **promote** the students' desire to be someone strong and prepare them for the future. Competition never sleeps. This is an **awareness** without which anyone joining the **labour market** would not succeed. It's always better to realize the cruelty before the students **get shocked** in the future.

promote 促进
awareness 认识
labour market 劳动力市场
get shocked 被震惊

2. Do you think it is a good thing to give prizes to children who do well at school? Why?

答题技巧：学校中的奖励机制对孩子来说是不是件好事？考生可以根据个人想法，谈论一下奖励对孩子们的利弊。好处可以是成为孩子们的动力(motivation)，当然坏处也是有的，例如：孩子们会追求物质财富(chase material possessions)或者思想变得现实(realistic).

Yes, I do think so. For one thing, people **by nature** make all their efforts to gain the most pleasure and avoid **pain**. Children love games and having fun indeed, and they hate study. So if a child achieves something at school, a prize will **apparently enhance** his or her **sense of satisfactory**, which has always resulted in **constant** good performance. For the other, those children who cannot get the prize would feel that they want the same thing. Then prizes become a strong **motivator** for them.

by nature 生性，本性
pain 痛苦
apparently 显然地
enhance 加强，增强
sense of satisfactory 满足感
constant 持续的
motivator 动力

3. Would you say that schools for young children have become more or less competitive since you were that age? Why?

答题技巧：现在的学校是否比我们念书时变得更加竞争激烈？考生可以通过一些学校中的实例来具体说明一下现在的孩子们在学校中面临的压力。需要注意的是这里面的"school"指的是小学、中学或高中，而不是大学。

I would say, as far as I know, schools in China have become more competitive. Children in **primary schools** are requested by their parents and teachers to learn the knowledge for **secondary school** students, only as a preparation for their future school **entrance examination**. Once they pass the exam, the **vicious circle** continues. Secondary school students spend a huge amount of time doing studies much **beyond their capability**. It was not like this when I was a child. I had more fun and more time to enjoy myself.

primary school 小学　　secondary school 中学
entrance examination 入学考试　　vicious circle 恶性循环
beyond capability 超出能力范围

Sporting competitions

1. What are the advantages and disadvantages of intensive training for young sports people?

答题技巧：这里，只要能明白intensive training——大强度训练的含义就比较好回答了。这是正反论证的话题，考生可以分别描述一下优缺点。当然，这是和运动相关的问题，如果实在不了解，可以和考官说明自己是个门外汉(layman)，只要观点充分，一样是不错的答案。

I'm only a **layman** in this field, so I'm not so confident of judging whether there's any advantage or disadvantage. I could only answer the question according to my own knowledge. I think if intensive training is necessary for a particular sport, it's better to start early than doing it when someone is not **physically qualified** anymore. There normally seems to be a short **career life** for sportspeople, perhaps an early start brings a **lengthened** career.

layman 门外汉　　physically qualified 身体上
career life 职业生涯　　lengthened 延长的

2. Some people think that competition leads to a better performance from sports stars. Others think it just makes players feel insecure. What is your opinion?

答题技巧：竞争会使体育明星表现更好，还是会使他们没有安全感？竞争带来压力，没有压力就没有动力，从这方面看来，我们选择任何一种观点都能够有话可说。

I agree with the **latter** view. Personally I think **laziness** is an **inborn nature** of people, and only could we make progress when there's strong pressure and motivation for success, or even the threat of being punished for being a **loser**. Competition is a good and effective **approach** to force one to pursue greater achievement and greater honour.

latter 后面的　　laziness 懒惰
inborn nature 天性　　loser 失败者
approach 途径，手段

3. Do you think it is possible to become too competitive in sport? In what way?

答题技巧：体育运动的竞争性是不是可能变得过大？这种题目属于预测类，考生可以有任何的观点或想法去自由发挥。

No, never. If we find something very or too competitive, it seems we are either not qualified or even **incompetent** or there are people who are **equally** competent or even stronger. I would say it's a good way to **motivate** people, I mean, to motivate some people, because there are always someone who are **incapable** of taking responsibility and facing threats. And it's the same for sportspeople in their search for the **infinity** of **humankind**.

incompetent 无能力的　　equally 同样地，同等地
motivate 激励　　incapable 无能力的
infinity 无限　　humankind 人类

Test 4

LISTENING

SECTION 1

场景背景介绍

这段对话的主要内容是一个日本女留学生想住在当地人家里，学校负责安排学生住宿的工作人员询问了她的个人信息以及她对住处的要求。对于留学生来说，想在学校外面找一个合适的住处是比较难的。因为西方人比较注重个人隐私，很多人不愿意把房子租给外人，所以想要住在当地人家里，必须提前联系。另外，建议留学生找在当地住了很久的人家，尽量不要找新移民家庭，因为他们大多处在比较艰苦的阶段，会对住户比较严格、苛刻。

本节必背词汇、词组

homestay	*n.* 在当地人家里寄宿	veterinarian	*n.* 兽医
enroll	*v.* 报名，注册	vegetarian	*n./ a.* 素食主义者(的)
advanced English	高级英语	handball	*n.* 手球
preference	*n.*喜好；优选		

词汇拓展

cricket	*n.* 板球	squash	*n.* 壁球
rugby	*n.* 英式橄榄球	baseball	*n.* 棒球
football	*n.* 美式橄榄球	softball	*n.* 垒球
soccer	*n.* 英式足球	ice hockey	冰球
hockey	*n.* 曲棍球		

文本及疑难解析

1. Could you spell your family name for me? 能帮我拼一下你的姓氏吗？英语中有很多种表达“姓”和“名”的方式。姓氏：SURNAME，FAMILY NAME，LAST NAME；名字：FIRST NAME，GIVEN NAME，OTHER NAME。
2. And you're how old? 你多大了？这句话的正常语序是：And how old are you? 但是在口语中，像这种颠倒顺序的情况很多。
3. ...and how long are you planning on staying with homestay? 你打算寄宿多长时间？这句话中考生应学习“plan on doing”的搭配。
4. I've enrolled for twenty weeks in the...um...Advanced English Studies because I need help with my writing...

and I'm nearly at the end of my first five-week course. 我报名参加了20周的高级英语课程，因为我需要提高我的写作技能。而且我快结束前5周的学习了。课程的设置有长有短，大部分课程是12周。

5. I like reading and going to the movies. 我喜欢读书和看电影。“like doing”指的是一贯喜欢做；“like to do”指的是当前喜欢做。
6. Now let me go check on the computer and see who I've got...Listen, leave it with me...我在电脑上查一下，看有没有合适的家庭。交给我吧。该句中“now”只是语气词。

题目解析

1~6题是一个简单的个人信息表。预测和定位都比较容易。

1. 原文是“And your first name? It's Keiko. K-E-I-K-O”。注意先听单词的发音，然后再听字母的拼读。雅思考试中经常会出现世界各地的人名、地名。但是要注意有些并不按英语的读音规则发音。
2. 原文是“...your passport number is JO 6337”。考生很容易就可以定位出第二题答案，难度不大。注意：雅思考试中经常会出现一些包含字母的号码，一般大写即可。
3. 原文“About four months...longer if I like it...”中“about”与题干中的“approx”是同义词。另外要注意“months”是复数。
4. 原文“I've enrolled for twenty weeks in the…um…Advanced English Studies because I need help with my writing...”中“enroll”一词也出现在了题干中，定位比较容易。但是要注意答案的完整性。雅思考试中出现过三种英语课程：general，academic和advanced。另外还要注意INSTRUCTOR做题指令中提到第一段对话中有1~4题的答案，而第二段对话中有5~10题的答案。不要因为1~6题是一个表格，就误以为第一段中有1~6题的答案。
5. 原文 “I prefer...I mean I like young children, but I'd like to be with older people...you know...adults...someone around my age.”中前面有一个信息“I like young children”；后面的“older people，adults...someone around my age”反而是迷惑信息。因为问题问的是：更倾向家中没有什么。
6. 原文“Okay, and what about pets? I'm a veterinarian so that's fine...the more the better.”中说“因为她是一个兽医，所以不反对有宠物”。注意题干问的是：不反对有什么。

7~10题是问答题。问答题的特点是比较容易预测，因为不用分析句子结构，通过疑问代词和疑问副词就可以判断缺失信息。

7. 原文“I'm not a vegetarian...but I don't eat a lot of meat...I really like seafood.”中有迷惑信息“meat”，但是原文对其予以了否定。
8. 原文“Yes, I joined the handball team, but I didn't like that...so I stopped playing. Now I play tennis on the weekend with my friends...”中说“她以前打手球，现在打的是网球”。
9. 原文 “I've been to the city a few times on the bus, but they are always late...I like catching the train...they are much faster”中说“公共汽车经常晚点。她喜欢更快的火车”。
10. 原文“I'll check my records and I'll give you details this afternoon.”中明确说当天下午给她详细信息。“that afternoon”和“this afternoon”两个答案都可以接受。但是前者更准确，因为对于考生来说，这个对话是以前发生的。

SECTION 2

场景背景介绍

旅游场景是雅思考试中非常常见的。这部分是一名导游对一个公园的介绍，其中涉及公园建立的历史、公园的构成以及可游览的去处：东边有一些体育设施；西边有玫瑰花园；另外还有青蛙池塘和水鸟保护区等。

本节必背词汇、词组

bicentennial	*a.* 200年的，持续200年的	synchronized swimming	花样游泳
demolition	*n.* 爆破；破坏	diving	*n.* 跳水
derelict	*a.* 被抛弃了的	ornamental	*a.* 装饰性的
warehouse	*n.* 仓库	shed	*n.* 棚屋，小屋
storehouse	*n.* 仓库，栈房	mangrove	*n.* (热带沿海生长的)红树
housing	*n.*住房	accessible	*a.* 可以进入的
complex	*n.* 综合(体育馆)	boardwalk	*n.* 木板路
formal park	以规则的几何图形布局的公园	far end	远端
feature	*n.* 地势，地形	refuge	*n.* 保护区
fantastic	*a.* 极好的	shelter	*n.* 棚子；庇护所 *v.* 保护
arena	*n.* 体育馆，竞技馆	binoculars	*n.* 双筒望远镜，双目显微镜
gymnastics	*n.* 体操		

词汇拓展

valley	*n.* 山谷	chameleon	*n.* 变色龙
dale	*n.* 溪谷	scuba diving	潜水
rocky	*a.* 多石的	barbecue	*n.* 烧烤
cave	*n.* 洞穴	cave exploiting	洞穴探险
hike	*v.* 远足，徒步旅行	mountain climbing	攀岩
hike out	露营	sailing	*n.* 航海；帆船运动
villa	*n.* 别墅	drifting	*n.* 漂流
manor	*n.* 庄园	rose	*n.* 玫瑰
kiwi	*n.* 几维鸟	lily	*n.* 百合
ostrich	*n.* 鸵鸟	carnation	*n.* 康乃馨
cobra	*n.* 眼镜蛇	pomelo	*n.* 柚子
poisonous spider	毒蜘蛛	grapefruit	*n.* 葡萄柚
crocodile	*n.* 鳄鱼		

文本及疑难解析

1. So, let's get under way on our tour around this wonderful park. 好，让我们开始游览这个漂亮的公园。get under way是“开始”的意思。
2. Creating the park required the demolition of lots of derelict buildings on the site, so most of the exciting park space all around you was originally warehouses and storehouses. 创建这个公园需要爆破很多废弃的建筑，所以大家所在的这个令人激动的公园的大部分空间以前都是仓库或货栈。这句话的主语是“Creating the park”。
3. ...and finally up to the north, if you look in front of you now, there's a lake with a small island in the centre, you can hire rowing boats at the boat shed... 最后到北边了，如果大家往前看，会看到一个湖，中间有一个小岛，大家可以在船屋租划艇。up to 在这里是“轮到……”的意思。
4. The Mangroves have been made more accessible to visitors by the boardwalk built during the park's upgrade. 在给公园升级的时候新建的木板路可以让游客更容易接近红树林。这句话是被动句，汉语一般很少用被动句。“accessible”一般用作表语。

题目解析

11~14题是选择题。

11. 原文“I hope that you're all wearing your most comfortable shoes and that you can keep up the pace.”中提到了“舒服的鞋子”，所以应该选择C，步行。
12. 原文“There used to be a lot of factories in this area until the 1960s. Creating the park required the demolition of lots of derelict buildings on the site, so most of the exciting park space all around you was originally warehouses and storehouses.”中提到这儿曾经有很多“factories”，所以应该选择B，工业建筑。
13. 原文“If the land was to be cleaned up, they wanted to use the site for recreation. Residents wanted open space for outdoor activities, rather than housing or even an indoor sports complex.” 中提到了三个选项，但是否定了B、C选项。不过三个选项并不是直接出自原文，而是原文的同义替换。如：A选项“leisure”就相当于原文中的“recreation，outdoor activities”。
14. 原文“The tall blue-and-white building in front of us is called The Tower and is the centre point for the formal gardens.”中清楚地告诉考生应该选择B。这个公园是由两部分构成的：自然区和人工建造区，而塔在人工建造区的中心。可能许多考生不清楚“formal”在本文中的含义，但这并不影响答题。它的意思是“由几何图形构成的”。

15~17题是地图题。注意在听之前把东西南北四个方向标注出来，这样在听的时候反应会比较快一些。

15. 原文“Out to the east...The Olympic site has its own station to encourage the use of public transport. There is also a car park, but it only holds a limited number of cars.” 清楚地说明了是在东边，而且除了“station”外，那边还有“car park”。
16. 原文“And around to the west, you can relax and sit on a bench to smell the flowers in the rose garden...”中也明确说到了，在西边有一个“rose garden”。
17. 原文“...and finally up to the north, if you look in front of you now, there's a lake with a small island in the centre, you can hire rowing boats at the boat shed, which you can't see from here, but if you look through the trees, you can see the café, which has lovely views across the water.” 中说到在北边，除了有湖、岛、树，穿过树林就可以看到“café”。

18~20题是表格题。

18. 原文“The Mangroves have been made more accessible to visitors by the boardwalk built during the park's

upgrade. You'd think that people would come here to look at the unusual plant life of the area, but in fact it's more often used for cycling...”中的“Mangroves”和“boardwalk”可以帮助考生定位到答案“cycling”。

19. 原文“Frog Pond...The area is now most often used by primary schools for biology lessons.”中也直接给出了答案。

20. 原文“Waterbird Refuge...This area is in a sheltered part of the estuary, that's why the park's viewing shelter is a favourite spot for bird watchers who can use it to spy through binoculars.”中，答案出现在题干给出的两个信息中间。要特别注意的是，答案要完整，如果只写“shelter”就不能得分了。

SECTION 3

场景背景介绍

在国外留学时，学生在学习过程中经常要针对某一专题找资料，整理之后在课堂上以演讲的方式展示给大家。老师经常布置这类任务，有的还要评分。在这段对话中，由于是第一次课堂演讲，所以不评分。因此，男生听到这个消息后会说“Good news”。

本节必背词汇、词组

presentation	*n.* 针对某一专题发表的演讲	overhead projector 投影仪	
assess	*v.*评估	scale	*n.* 规模
historical	*a.* 历史的	resource	*n.* 资源
geographical	*a.* 地理的	brochure	*n.* 小册子
overview	*n.* 综述	literacy	*n.* 识字，读写能力；有学问
nope	*ad.*（口语）不	encyclopaedia	*n.* 百科全书
seminar	*n.* 研讨会	enthusiastic	*a.* 有激情的，热情的
positive	*a.* 确定的，肯定的	tutorial	*n.* 指导课，个别指导

词汇拓展

assignment	*n.* 作业	survey	*n.* 调查，研究
deadline	*n.* 最后期限，截止日期	questionnaire	*n.* 调查问卷
extension	*n.* 延期		

文本及疑难解析

1. No...not this time round...because it's the first one...you know. 不，这一次不评分，你知道，因为这是第一次。该句的难点：“this time round”的意思就相当于“not this time”。另外“you know”没有什么具体含义，只是一个口头禅。

2. ...cos not a lot of people know where the islands are... 因为很多人不知道那些岛屿在哪里。首先，“cos”是口语中对“because”的省略。另外否定词在“people”和在“know”前面的意思差不多。

3. Dr. White said we shouldn't go into that sort of detail. White 博士告诉我们不要讨论那些细节。go into是“讨

论”或者“研究”的意思。

4. Nope...that goes in the Language Policy Seminar...don't you remember? 不，那个将在语言政策讨论会上讲，你不记得了吗？“that”指的是上文提到的“the role of English language”。“nope”是口语中表示否定的一种方式。
5. Dr. White said he wanted us to use plenty of visuals and things and we might as well try them out when we're not being assessed... White 博士说他想让我们多用一些视觉的东西，尤其是在不评分的时候还可以多尝试一些其他东西。“visuals”指PPT或者其他的视觉设备。
6. ...the islands are going to be more of a problem. 那些岛屿的地图更加成问题。“more of”的含义是“更大程度上，更多的”。
7. Nah...not up-to-date enough! 不，不够新！“up-to-date”的意思是“最新的”。
8. Oh...someone is enthusiastic! 啊呀，有人相当有激情啊！这里有讽刺的意味。

题目解析

21和22题是完成句子。

21. 原文“and five minutes for questions”中直接给出了答案，比较简单。预测的时候就知道这个题要听一个数字。
22. 原文“...and is this one going to be assessed? No, not this time round...” 虽然是在问句中提到了题干中的“will”和所填答案“assessed”，但是只要考生稍加记忆，就可以轻松地从后面的否定词中获得答案。要注意该答案的写法。

23~26题是搭配题。注意题干和选项的比例关系。四道题目只有三个选项，这意味着有一个选项要被选两遍。

23. 原文“but I think we ought to say something about the geographical location...cos not a lot of people know where the islands are”中的“ought to”提示考生该题应选A。
24. 原文“Shouldn't we say something about the economy...because it does influence the education system...let's think about that one later shall we?”中说“economy”这个话题以后再说，所以他们有可能要包括这个话题，所以选B。
25. 原文“general view of education...of course”中的“of course”提示考生应选A。
26. 原文“...and then the role of English language...Nope...that goes in the Language Policy Seminar...don't you remember? Are you sure? Positive.”中说“the role of English language”要在另外一个讨论中涉及，所以肯定不包括，选C。

27~30题是一个表格。

27. 原文“...the most important thing is the overhead projector...No problem...we'll get that from the media room...”中的代词“that”指的是上文提到的“overhead projector”。如果无法将代词还原，定位就会出现问题。多做快速阅读可以解决这样的问题。
28. 原文“Well, the West African one is no problem...There's one in the Resources Room...Oh yeah, of course, the resources room...”中可以直接听到答案。但是可能有些考生虽然听到了答案，却没法正确拼出这个单词。为了熟悉单词的拼写，最好先熟悉读音规则。
29. 原文“Literacy rates...encyclopaedia...why don't we call the embassy? Oh...someone's enthusiastic! Well...if something's worth doing...I know...it's worth doing well...OK.”前面出现了一个迷惑信息“百科全书”，不过后面又将其否定了。
30. 原文“We can find out statistics on school places from them as well. Might as well.”中，答案出现在定位信息之前，如果短时记忆力不够好的话，就会错过答案。

SECTION 4

场景背景介绍

味精是许多人在烹调的时候会使用的调料，但却很少有人了解它的历史。这部分听力的主要内容就是关于味精的历史。实际上，许多种调料在进入人类的厨房之前都经历了一个复杂而又曲折的过程。味精也是一样，它最先是由人们在一种海草中提炼出来的。

本节必背词汇、词组

monosodium Glutamate	味精	intensify	*v.* 加剧
enhancer	*n.* 促进剂	evolutionary	*a.* 进化的
cuisine	*n.* 烹饪，烹调法	associate professor	副教授
seaweed	*n.* 海草，海藻	protein	*n.* 蛋白质
extraction	*n.* 提取	carbohydrate	*n.* 碳水化合物
amino acid	氨基酸	toxin	*n.* 毒素
commercially	*ad.* 商业地	spoilage	*n.* 损坏，腐烂
crisp	*n.* 油炸马铃薯		

词汇拓展

leek	*n.* 葱	pepper	*n.* 花椒
ginger	*n.* 姜	hot pepper	辣椒
garlic	*n.* 蒜	rosemary	*n.* 迷迭香

文本及疑难解析

1. Now, MSG as you probably know, is a flavour enhancer which is used particularly in Chinese and Japanese cooking. 大家可能知道，味精是一种增味剂，尤其在中国和日本的烹调中很常用。该句中开始的“now”没有什么意义，仅仅是一个语气词。
2. The main reason why MSG is more commonly used in Japanese meals is tradition. 为什么日本人经常使用味精呢？最主要的原因是，这是他们的传统。这句话的主句是“The main reason...is tradition.”“why”引导的是一个定语从句，修饰前面的“reason”。
3. From 1908 until 1956, glutamate was produced commercially in Japan by a very slow and expensive means of extraction. 从1908年到1956年，日本谷氨酸的商业生产方式非常缓慢而且费用很高。被动句是英语中使用非常频繁的句式，而中国学生在口语和写作中使用得却很少，这是因为汉语中很少使用被动句。
4. So, how exactly does MSG work? 那么，到底味精是如何起作用的呢？该句中“exactly”被提前是为了强调。还可以说成：How does MSG work exactly? 这样就没有强调的意思了。另外，“work”一词用法很多，在这里它是“起作用”的意思。
5. It does make perfect evolutionary sense that we should have the ability to detect or taste glutamate because it is

the amino acid which is most common in natural foods. 因为谷氨酸是在自然食物中很常见的氨基酸，所以我们能够发现并尝出它的味道，从进化的角度看，这是说得通的。该句中的第一个"it"指的是下文的that从句；第二个"it"指谷氨酸。代词在英语中使用非常频繁，对中国考生来讲，这是一个难点。为了解决这个问题，最好的方法就是多做快速阅读。如果在读到代词的时候可以快速还原，那么在听到代词的时候也可以很快知道其指代对象，这对增强听力理解的能力有很大帮助。

6. John Prescott, an associate professor at the University of Chicago, suggests that this fifth taste serves a purpose just as the other tastes do. John Prescott是芝加哥大学的一位副教授，他认为这第五种味道和其他的味道作用相同。suggest在这里是"认为"，而不是"建议"的意思。

题目解析

31~33题是选择题。

31. 原文"I'm going to talk about Monosodium Glutamate, or MSG...Today I'm going to explore why it is so popular in these cuisines and, more importantly, how does it enhance the flavour of food?"中明确说明了本节讲座的主要内容是介绍味精是如何起作用的，所以应该选择B。主旨题在雅思考试中非常少见。但是这个主旨题不需要考生自己去总结，因为原文直接给出了答案。

32. 原文"But it wasn't until 1908 that the ingredient in kombu which was responsible for the improvement in flavour was actually discovered to be glutamate by scientists working there."中的"1908"可以让考生直接定位答案。注意原文中的"discovered to be"与C选项中的"identified"是同义词。

33. 与32题一样，原文"It was in 1956 that the speed of the process was improved, and industrial production increased dramatically and still continues to increase to this day."中也有题目里提到的时间"1956"，比较容易定位。原文里面的三个信息"improved，increased dramatically，continues to increase"清楚地告诉考生应该选A。一般来说，重复性的信息是很重要的，因为在实际生活中人们都会重复重要信息。

34~40是提纲填空题。六个黑点后面是六个不同的话题，比较容易定位答案。

34. 原文"MSG contains 78.2% glutamate, 12.2% sodium and 9.6% water"中有三个数字，其中第三个可以定位答案"water"。

35、36. 原文"Glutamate is an amino acid that can be found naturally in all protein-containing foods, erm, so this includes food such as meat and cheese."中清楚地给出了答案"meat and cheese"。但是这两个答案相距很近，而且填完34题的答案紧接着就是这句话，两句话中信息密集。从这样的角度出题是要考查考生边听边写的能力。

37. 原文"in 1908, Kikunae Ikeda identified a fifth 'taste'"中有题干中的两个单词"1908"和人名"Kikunae Ikeda"，这使得定位变得更轻松。另外答案除了可以写"fifth taste"也可以写"new taste"。

38. 原文"we should have the ability to detect or taste glutamate because it is the amino acid which is most common in natural foods"中的"most"与题干中的"so"是同义词，因为most也有"很"的意思。

39. 原文"Bitterness, he says, alerts us of toxins in the food..."中的"alerts"与题干中的"tells"是同义词。这道题的出题角度是信息前置，也就是说，答案出现在定位信息之前。这就需要考生更强的短时记忆能力，而多练习听写可以提高这种能力。

40. 原文"saltiness signals the presence of minerals"中的"signals"与题干中的"tells"也是同义词。

READING

READING PASSAGE 1

篇章结构

体裁 说明文

主题 线牵金字塔

结构 引　言：引出Marcus Chown的新观点。

第一段：介绍Marcus关于金字塔修建的新观点。

第二段：该观点引起另一位科学家Morteza的兴趣。

第三段：为验证该观点提出的实验假设。

第四段：实验获得成功。

第五段：对实验结果的分析。

第六段：对该观点存在不同的声音。

第七段：对于该观点的其他解释及依据。

第八段：该实验在现实中的应用。

必背词汇

引　言

pyramid	*n.* 金字塔	reckon	*v.* 料想

第一段

conventional	*adj.* 通常的，常规的	hieroglyph	*n.* 象形文字，图画文字
slave	*n.* 奴隶	odd	*adj.* 古怪的
drag	*vt.* 拖，拉	posture	*n.* 姿势
sledge	*n.* 雪橇	via	*prep.* 经由
back up	支持	mechanical	*adj.* 机械的
software	*n.* 软件	giant	*adj.* 巨大的
consultant	*n.* 顾问	wonder	*v.* 好奇
peruse	*vt.* 翻阅，浏览	object	*n.* 物体
monument	*n.* 历史遗迹，遗址		

第二段

intrigue	*v.* 激起……的兴趣	keen	*adj.* 强烈的，浓厚的
contact	*v.* 联系	puzzled	*adj.* 困惑的
aeronautics	*n.* 航空学	spark	*v.* 激发
institute	*n.* 学院	apparently	*adv.* 显然
fascinate	*v.* 强烈地吸引	investigate	*v.* 调查，研究

第三段

column	*n.* 柱，圆柱	sustain	*v.* 维持
horizontal	*adj.* 水平的	pulley	*n.* 滑车，滑轮
vertical	*adj.* 垂直的	magnify	*v.* 放大
source	*n.* 来源	rig	*v.* 装配
initial	*adj.* 最初的	tent-shaped	*adj.* 帐篷形状的
calculation	*n.* 计算	scaffold	*n.* 支架
wind-tunnel	*adj.* 风洞的	suspend	*v.* 悬挂
convince	*v.* 说服，使……相信	apex	*n.* 顶点，最高点
tonne	*n.* 吨	roll	*v.* (使)滚动
modest	*adj.* 温和的，适度的	trolley	*n.* 手推车

第四段

rectangular	*n.* 矩形	instant	*n.* 立即，瞬间
nylon	*n.* 尼龙	generate	*v.* 产生
absolutely	*adv.* 绝对地，完全地	mere	*adj.* 仅仅的
stun	*v.* 使目瞪口呆		

第五段

gentle	*adj.* 温和的；徐缓的	massive	*adj.* 巨大的
steady	*adj.* 稳定的，不变的	actually	*adv.* 实际上
state	*n.* 状态	construction	*n.* 建设，建造
jerk	*v.* 急拉	brute	*adj.* 无理性的
realise	*v.* 意识到		

第六段

specialist	*n.* 专家	no-existent	*adj.* 不存在的
unconvinced	*adj.* 不信服的	associate professor	副教授

第七段

harness	*v.* 利用	uncannily	*adv.* 异常地
accomplished	*adj.* 熟练的，有造诣的	glider	*n.* 滑翔机
Egyptian	*n.* 埃及人	sophistication	*n.* 精密性，复杂性
wooden	*adj.* 木制的	civilisation	*n.* 文明
block	*n.* 大块	dump	*v.* 倾卸，倾倒
physical	*adj.* 物质的	flaming	*adj.* 燃烧的
ancient	*adj.* 古代的，古老的	debris	*n.* 碎片，残骸
artefact	*n.* 人工制品	foe	*n.* 敌人

第八段

practical	*adj.* 实际的	concrete	*adj.* 水泥的
access	*n.* (使用或见到的)机会，权利	arch	*n.* 拱顶
civil engineer	土木工程师	hint	*n.* 建议，指点
adobe	*n.* 泥砖，土坯	sensible	*adj.* 切合实际的

难句解析

1. And since he needed a summer project for his student Emilio Graff, investigating the possibility of using kites as heavy lifters seemed like a good idea.

参考译文：因为他刚好需要给学生Emilio Graff布置一项暑假研究计划，调查用风筝做起重器的可能性是一个好主意。

语言点：

（1）investigate: *v. to try to find out the truth about or the cause of something*

The state police are investigating the incident.

I heard a noise and went downstairs to investigate.

（2）seem: *v. to appear to exist or be true, or to have a particular quality*

a. *seem like*

Teri seemed like a nice girl.

b. *it seems (that)...*

It seemed that Freeman had killed the man, and dumped the body in the lake.

2. The instant the sail opened into the wind, a huge force was generated and the column was raised to the vertical in a mere 40 seconds.

参考译文：风帆在风中展开那一刻产生一股巨大的风力，仅花了40秒石柱就被抬离地面。

语言点：

（1）句型分析

逗号之前的部分为the instant引导的时间状语从句，在instant后面若加上when应该就不难理解了。

（2）generate

a. *v. to produce or cause something*

The program would generate a lot of new jobs.

b. *v. to produce heat, electricity, or another form of energy*

Wind turbines generate electricity for the local community.

3. There are plenty of places around the globe where people have no access to heavy machinery, but do know how to deal with wind, sailing and basic mechanical principles.

参考译文：世界上很多地方的人没有大型机械，却知道如何利用风能、航海和基本的机械原理。

语言点：

（1）have access to sth.: *to have sth. that you can use*

Her mother doesn't have access to the advanced one.

（2）deal with

a. *to take the necessary action, especially in order to solve a problem*

Don't worry, I'll deal with this problem.

b. *if a book, speech etc. deals with a particular subject, it is about that subject*

These ideas are dealt with more fully in Chapter Four.

试题解析

Questions 1–7

- 题目类型：True /False /Not Given
- 题目解析：

1. It is generally believed that large numbers of people were needed to build the pyramids.

参考译文	人们一般认为修建金字塔需要大量的人力。
定位词	large numbers of people, build the pyramids
解题关键字	believed
文中对应点	第一段： The conventional picture is that tens of thousands of slaves dragged stones on the sledges. 此题通过定位词可以迅速定位至首段第二句话，题干为对文章定位句的概括性改写，分析如下： generally believed—conventional picture，large numbers of people—tens of thousands of slaves 因此答案很明显应该是TRUE。

2. Clemmons found a strange hieroglyph on the wall of an Egyptian monument.

参考译文	Clemmons在一个埃及古迹的墙面上发现了一种奇怪的象形文字。
定位词	hieroglyph, Egyptian monument
解题关键字	found
文中对应点	第二段： While perusing a book on the monuments of Egypt, she noticed a hieroglyph that showed a row of men standing in odd postures. 此题定位词在文中原词出现，可以快速定位。文中定位句指出Clemmons是在一本关于埃及古迹的书中读到的象形文字信息，而题目却说她在一座埃及古迹的墙上发现了象形文字，显然题目与文章相悖，因此此题答案为FALSE。

3. Gharib had previously done experiments on bird flight.

参考译文	Gharib之前做过鸟类飞行的实验。
定位词	experiment, bird flight
解题关键字	previously done
文中对应点	题干的定位信息在文章中未出现，此题为最典型的“原文完全未提及型”，故答案为NOT GIVEN。

4. Gharib and Graff tested their theory before applying it.

参考译文	Gharib and Graff在应用他们的理论之前对其进行了验证。
定位词	theory
解题关键字	tested

文中对应点	第四段： Earlier this year, the team put Clemmons's unlikely theory to the test, ... 译文：今年早些时候，他们把Clemmons空头理论付诸实验。 显然题目与文章完全相符，因此此题答案为TRUE。

5. The success of the actual experiment was due to the high speed of the wind.

参考译文	现实中实验的成功是因为风的高速。
定位词	high speed of the wind
解题关键字	due to
文中对应点	第五段： The wind was blowing at a gentle 16 to 20 kilometres an hour, little more than half what they thought would be needed. 此题按照顺序原则，在第五段首句定位出与风速相关的信息，但文中对于风速的描述为gentle和little more than half(与一半差不多)，显然题目与原文不符，因此答案为FALSE。

6. They found that, as the kite flew higher, the wind force got stronger.

参考译文	他们发现当风帆飞得更高的时候，风力也变得更强。
定位词	kite, wind force
解题关键字	flew higher, got stronger
文中对应点	第五段： What they had failed to reckon with was what happened when the kite was opened. "There was a huge initial force —five times larger than the steady state force, " Gharib says. 译文：他们没有想到的是当风帆打开时会发生什么。"巨大的初始风力比恒稳状态风力还大五倍。" Gharib说道。 此题定位比较容易。在定位句中只提到了kite打开的时候wind force很大，对于题目中的两个比较级完全没提及，此题为典型的"题目内容文章部分提及型"，故答案为NOT GIVEN。

7. The team decided that it was possible to use kites to raise very heavy stones.

参考译文	他们的团队断定使用风帆提升很沉的石头是可能实现的。
定位词	kite, very heavy stones
解题关键字	possible to use
文中对应点	第五段： This jerk meant that kites could lift huge weights, Gharib realised. 此题按照顺序原则在上一题定位句之后就能找到定位词。题目与原文含义一致，均为"风帆可以提升极大的重量"，故答案为TRUE。

Questions 8–13

- 题目类型：Summary
- 解题方法：

1. 该Summary有小标题，可以通过扫描各段首句的方法定位出其解题段落为第七段。
2. 对于没有词库的Summary，需在回文定位之前预测空格所填词的词性，在定位时便于有目的地查找。

- 题目解析：

题号	定位词	文中对应点	题目解析
8	Egyptians	第七段 ...like the Egyptians. And they are known to have used wooden pulleys, ...	在定位段中查找定位词可以迅速定位于该段第二句。题中空格前为动词had，所以应于文中定位处扫描该动词或其同义词或其上下义词。此处扫描结果为to have used，则其后单词即为答案：(wooden) pulleys。
9	large pieces	第七段 ..., which could have been made strong enough to bear the weight of massive blocks of stone.	此题在文中定位紧接着上一题。通过扫描定位词得出large pieces of对应文中massive blocks of，于是其后单词即为答案：stone。
10	energy from the wind	第七段 Harnessing the wind would not have been a problem for accomplished sailors like the Egyptians.	此题为同一定位段内的乱序题，由于确定解题段为第七段，在两次定位后仍能将此空定位于段落次句。此空格前为介词as，则在定位处扫描该介词或其他介词。此处扫描结果为for，则其后单词即为答案：(accomplished) sailors。
11	pyramid, resembled	第七段 A wooden artefact found on the step pyramid at Saqqara looks uncannily like a modern glider.	此题通过顺序原则可以很快定位，定位处looks uncannily like对应题中resembled，且空格需填写一个单数名词，则答案为(modern) glider。
12	suggest, have experimented with	第七段 ..., its sophistication suggests that the Egyptians might have been developing ideas of flight for a long time.	此题解题技巧同第10题，由于空格前为介词with，故在定位句中扫描后定位于介词of，且have been developing ideas of对应于题中have experimented with，所以答案为of之后单词：flight。
13	China	第七段 ..., the Chinese were using them to deliver messages and dump flaming debris on their foes.	此题技巧同第8题，空格前为动词sending，则在定位句中扫描得到动词deliver与之对应，其后单词即为答案：messages。

TIPS：在Summary的解题过程中，若空格前为动词或介词，则需在文中定位处查找该词或其同义词，且该词后的单词一般就是答案。

线牵金字塔

没有人知道金字塔到底是怎么建成的。Marcus Chown料想答案可能是“悬空而造”。

埃及的金字塔是在3000多年前建造的，但是没有人知道它们是以何种方式建造的。传统的描述是由成千上万的奴隶拖动载有石头的雪橇来建造的。但是没有证据证明这一观点。加利福尼亚的软件顾问Maureen Clemmons日前提出在金字塔的建造过程中可能使用了风筝。在翻阅一本有关埃及古迹的书时，她发现一个象形文字描述的是一群人以奇怪的姿势站立。他们手里拉着类似绳索的东西，通过某种机械连着空中的一只巨鸟。她想知道那只巨鸟是否可能就是一只巨大的风筝，而那些人正用它来举起重物。

好奇心驱使下的Clemmons联系了加州理工学院的航空学教授Morteza Gharib。后者对她的想法很感兴趣。他说：“我来自伊朗，对中东的科技有浓厚的兴趣。”他同样也对令Clemmons感兴趣的图片感到疑惑。悬在空中物体的两翼对于鸟类来说明显太短太宽。“是风筝的可能性确实是存在的，”他说。因为他刚好需要给学生Emilio Graff布置一项暑假研究计划，调查用风筝做起重器的可能性是一个好主意。

Gharib和Graff尝试只借助风力（除此之外没有其他能源）来把一块水平放置的4. 5米长的石柱直立起来。最初的计算以及风洞模型实验让他们相信不用太强的风力就能举起这块33. 5吨重的石柱。甚至只要风力适度，如果能维持一定的时间就能做到。关键是要用一个滑轮系统把使用的风力扩大。因此他们在横放的石柱顶部正上方搭了一个帐篷形的支架，在支架的顶部悬挂了滑车。理论是当石柱的一端被吊起，另一端就能顺着下面的手推车翻转过来。

今年早些时候，他们用一块40平方米的方形尼龙风帆把Clemmons的空头理论付诸实验。最终风帆把石柱完全抬离地面。“我们完全目瞪口呆，”Gharib说。“风帆在风中展开那一刻产生一股巨大的风力，仅花了40秒石柱就被抬离地面。”

当时的风力时速仅为16到20公里，还不足他们预想所需风力的一半。他们没有想到的是当风筝打开时会发生什么。“巨大的初始风力比恒稳状态风力大五倍，” Gharib说。他意识到这种猛然的拉力意味着风筝能够举起巨大的重量。只需40个左右的人力加上四五个风帆就能把一根300吨的石柱直立起来。所以Clemmons是对的，金字塔的建造者们可能使用了风筝把巨大的石块抬升至指定位置。“他们是否真的使用了风筝是另外一回事，”Gharib说。没有图画描述金字塔的建造情况，所以没有办法知道真正发生的事情。“使用风筝搬运巨石的证据和使用强力法的证据不相上下，” Gharib说。

事实上，这些实验许多专家并不信服。洛杉矶加州大学的埃及古物学副教授WillekeWendrich就说：“支持风筝搬运的证据并不存在”。

其他人则认为支持该理论的实例不在少数。对像埃及人这样熟练的水手来说驾驭风力不是问题。而且我们都知道他们制造了坚固的木质滑车用以承运大块巨石。此外，有物证表明古埃及人对飞翔很感兴趣。在塞加拉的阶梯金字塔上发现的一块木制加工品就酷似现代的滑翔机。尽管它出现在金字塔建成几百年后，但是它的精密程度却显示埃及人想要飞翔的想法已经非常久远。而其他古文明确实也了解风筝；早在公元前1250年，中国人就用它们来传递信息或向敌人倾倒燃烧的碎片。

甚至现在这一实验可能还具有实用性。全世界很多地方的人们没有大型机械，却知道如何利用风能、航海和基本的机械原理。一位尼加拉瓜的土木工程师就联系了Gharib，想要在一个没有重型机械的地方建造用混凝土拱支持土坯屋顶的房子。他的想法是先在地平线上建造拱顶，然后用风筝抬升拱顶到预定位置。“我们给了他一些设计建议，还在等待他的反馈。”Gharib说。所以不管风筝有没有被用来建造金字塔，似乎它们在公元21世纪却可能是实用的建筑工具。

READING PASSAGE 2

篇章结构

体裁 说明文

主题 可持续性渔业

结构 第一段：阿拉斯加的由来。
第二段：阿拉斯加水资源丰富使得渔业繁荣。
第三段：详细描述阿拉斯加繁荣的大马哈鱼渔业资源。
第四段：阿拉斯加曾经的过度捕捞及采取的措施。
第五段：过度捕捞后大马哈鱼数量回升的原因。
第六段：介绍管理渔业的认证组织MSC。
第七段：在MSC进行认证的最后阶段发生了大马哈鱼危机。
第八段：危机原因分析及阿拉斯加政府采取的措施。
第九段：阿拉斯加大马哈鱼渔业获得MSC认证。

必背词汇

第一段

explorer	*n.* 探险者	Pacific	*n.* 太平洋
volcanic	*adj.* 火山的	land mass	*n.* 大陆块
archipelago	*n.* 群岛，多岛海	inhabitant	*n.* 居民，居住者

第二段

mainland	*n.* 大陆，本土	shellfish	*n.* 贝，甲壳类动物
combine	*v.*（使）结合，（使）联合	crustacean	*n.* 甲壳类动物
coastline	*n.* 海岸线	mollusc	*n.* 软体动物
feed	*v.* 喂，饲养；靠……为生	bounty	*n.* 慷慨，宽大，恩惠
nutrient-rich	*adj.* 富含营养物的，滋养的	fishery	*n.* 渔场；渔业

第三段

according to	*prep.* 按照，根据	nourishment	*n.* 滋养品，养料，营养
commercial	*adj.* 商业的	predictable	*adj.* 可预知的
herring	*n.* 鲱鱼	abundance	*n.* 丰富，充裕
groundfish	*n.* 底栖鱼，底层鱼（指生活于海底的鱼，如鳕鱼等）	flourish	*v.* 繁荣，茂盛，活跃
		spawn	*v.* 产卵
cod	*n.* 鳕鱼	ultimately	*adv.* 最后，最终
sole	*n.* 鳎鱼	chinook	*n.* 奇努克大马哈鱼
perch	*n.* 鲈鱼；栖息；位于	chum	*n.* 马苏大马哈鱼
pollock	*n.* 青鳕	coho	*n.* 银大马哈鱼
salmon	*n.* 鲑，大马哈鱼	sockeye	*n.* 红大马哈鱼，红鲑
pump	*v.* 灌注；抽水；打气；盘问	humpback	*n.* 驼背；座头鲸；小鲑鱼
rhythmic	*adj.* 有韵律的；和谐的	exceed	*vt.* 超过，胜过
circulating	*adj.* 流通的，循环的	ex-vessel	*adj.* 离船的

第四段

overfishing	*n.* 过度捕捞	sustainable	*adj.* 可持续的；养得起的；可以忍受的
crash	*n.* 崩溃，破产，垮台	basis	*n.* 基础，根据
severe	*adj.* 剧烈的，严重的，严峻的，严格的	statewide	*adj.* 全州范围的
declare	*v.* 宣布，声明；申报	total	*v.* 总计；达到
federal	*adj.* 联邦的	decade	*n.* 十年
onset	*n.* 攻击，进攻	average	*adj.* 平均的；通常的
statehood	*n.* 州的状态或地位	annual	*adj.* 每年的，年度的
take over	*v.* 接管，接任	in excess of	超过
constitution	*n.* 组织；宪法；体格	occasion	*n.* 场合；机会；理由
mandate	*v.* 命令；委任统治		

第五段

primary	*adj.* 主要的；初期的；根本的	approximate	*adj.* 大约的，近似的
biologist	*n.* 生物学家	particular	*adj.* 特别的，独有的；挑剔的
throughout	*prep.* 遍及，贯穿	halt	*n.* 停止；休息
constantly	*adv.* 不断地，经常地	mechanism	*n.* 机制；机构；原理
monitor	*v.* 监视，监听，监督	stock	*n.* 储备；血统；股份
streamside	*n.* 河滨，河边地带	accordingly	*adv.* 因此，于是；相应地
sonar	*n.* 鱼群探测器；声纳	prosper	*v.* 兴隆，成功，使……昌盛
aeroplane	*n.* 飞机	threaten	*v.* 威胁
fisherman	*n.* 渔夫	endanger	*v.* 危及
pre-set	*adj.* 预设的		

第六段

marine	*adj.* 海的，海生的；船舶的，航海的	indentified	*adj.* 经鉴定的
council	*n.* 理事会，委员会	approach	*n.* 途径，方法
commission	*n.* 委任状；佣金	undergo	*v.* 遭受，经历；忍受
certify	*v.* 证明，保证	certification	*n.* 证明，保证，鉴定
enable	*v.* 使……能够	appoint	*v.* 任命，指定；约定(时间、地点)
label	*n.* 标签；商标	committee	*n.* 委员会
recognise	*v.* 承认，识别，认可	compose	*vt.* 组成，构成
criteria	*n.* 标准	official	*n.* 官员 *adj.* 官方的，正式的
potential	*adj.* 可能的，潜在的	representative	*n.* 代表；众议员；典型

第七段

lead up to	作为……的先导	region	*n.* 地区，地域，地带
collapse	*v.* 倒塌，崩溃，瓦解	priority	*n.* 优先权；优先顺序；优先
subsistence	*n.* 生存，生活	devastate	*v.* 毁坏
community	*n.* 社区；团体；(生物)群落		

第八段

crisis	*n.* 紧要关头，危机	prompt	*vt.* 激起，促进，推动
unexpected	*adj.* 想不到的，意外的	culminate	*v.* 达到顶点或高潮；以……告终
contend	*v.* 争论，辩论；斗争，竞争	harsh	*adj.* 粗糙的；刺耳的；严厉的
climatic	*adj.* 气候的	frozen	*adj.* 冰冻的
shift	*n.* 变化；移动；接班	as far as	至于；远到

第九段

announce	*v.* 发表，通告，正式宣布	permission	*n.* 同意，许可，允许
qualified	*adj.* 有资格的	initial	*adj.* 开始的，最初的；字首的
grant	*v.* 允许，同意，承认		

难句解析

1. Taking advantage of this rich bounty, Alaska's commercial fisheries have developed into some of the largest in the world.

参考译文：阿拉斯加的商业渔业充分利用了大自然的馈赠，已经发展成为世界上规模最大的渔业聚集地之一。

语言点：

（1）take advantage of sth.: *to use a particular situation to do or get what you want*

I took advantage of the good weather to paint the shed.

You'll want to take full advantage of the beachfront clubs.

（2）commercial

adj. related to business, the buying and selling of goods and services

Our top priorities must be profit and commercial growth.

n. an advertisement on television or radio

a soap powder commercial

2. Between 1940 and 1959, overfishing led to crashes in salmon populations so severe that in 1953 Alaska was declared a federal disaster area.

参考译文：1940到1959年间，过度捕捞使得大马哈鱼的数量急剧减少，1953年，阿拉斯加成为"联邦受灾渔区"。

语言点：

（1）lead to: *to cause something to happen*

A degree in English could lead to a career in journalism.

（2）so... (that)...

He was so weak that he could hardly stand up.

Everything happened so quickly I hadn't time to think.

3. Over the next few decades average catches steadily increased as a result of this policy of sustainable management, until, during the 1990s, annual harvests were well in excess of 100 million, and on several occasions over 200 million fish.

参考译文：在可持续捕捞政策的管理下，接下来的几十年里，大马哈鱼的产量平稳上升。20世纪90年代，大马哈鱼的年产量超过1亿条，个别年份甚至超过了2亿条。

语言点：

（1）as a result of sth.: in consequence of something

As a result of the pilots' strike, all flights have had to be cancelled.

（2）in excess of sth.: *more than a particular amount*

The car reached speeds in excess of 100 miles per hour.

4. The fishermen know the approximate time of year when they will be allowed to fish, but on any given day, one or more field biologists in a particular area can put a halt to fishing.

参考译文：渔民们知道一年中政府允许捕捞的大概时间段。但是在某些特定的日子，某个地区的一个或多个领域的生物学家有权要求停止捕鱼活动。

语言点：

（1）approximate: *close to the exact number, amount etc., but could be a little bit more or less than it*

These percentages are only approximate.

（2）put/call a halt to: *to stop an activity from continuing*

I urge those responsible to call a halt to the violence.

5. The crisis was completely unexpected, but researchers believe it had nothing to do with impacts of fisheries.

参考译文：这场危机完全出乎人们的意料，但研究人员相信这并不是渔业发展引起的。

语言点：

（1）have nothing to do with: *not involved or connected*

He said that he had nothing to do with the decision.

That had nothing to do with you.

试题解析

Questions 14–20

- 题目类型：TRUE/FALSE/NOT GIVEN
- 题目解析：

14. The inhabitants of the Aleutian islands renamed their islands"Aleyska".

参考译文	阿留申群岛的居民将他们的岛名改为“Aleyska”。
定位词	inhabitants, Aleutian islands, Aleyska
解题关键字	renamed
文中对应点	第一段末句： The islands' native inhabitants called this land mass Aleyska, the “Great Land”; ... 此题定位词均在文章第一段以原词出现。其含义为“岛上居民称此岛为Aleyska”，而题中关键词为重命名(renamed)，与文章不符，故此题答案为FALSE。

15. Alaska's fisheries are owned by some of the world's largest companies.

参考译文	阿拉斯加的渔场属于一些世界上最大的公司。
定位词	Alaska's fisheries, largest companies
解题关键字	owned by
文中对应点	第二段末句: Taking advantage of this rich bounty, Alaska's commercial fisheries have developed into some of the largest in the world. 此题通过定位词可以快速定位。文中定位句指出，阿拉斯加的一些商业渔场发展成为世界上最大的。题目中所提到的"渔场为最大的公司所拥有"在文中并未提及，所以此题答案为NOT GIVEN。

16. Life in Alaska is dependent on salmon.

参考译文	阿拉斯加的生活依赖于大马哈鱼。
定位词	life, salmon
解题关键字	dependent on
文中对应点	第三段中间: 'Salmon, ' notes writer Susan Ewing in The Great Alaska Nature Factbook, 'pump through Alaska like blood through a heart, ...' 通过题中定位词可定位于首次出现salmon的第三段。定位处运用比喻的手法说明大马哈鱼对于阿拉斯加意义重大，就像流过心脏的血液一样，这与题目中的dependent on(依赖于)对应，故此题答案为TRUE。

17. Ninety per cent of all Pacific salmon caught are sockeye or pink salmon.

参考译文	被捕捞的太平洋大马哈鱼有90%是红大马哈鱼或粉大马哈鱼。
定位词	ninety per cent, Pacific salmon
解题关键字	sockeye or pink salmon
文中对应点	第三段后半部分: All five species of Pacific salmon—chinook, or king; chum, or dog; coho, or silver; sockeye, or red; and pink, or humpback—spawn in Alaskan waters, and 90% of all Pacific salmon commercially caught in North America are produced there. 此题定位词均在文中以原词出现，定位句介绍了在阿拉斯加水域产卵的五种太平洋大马哈鱼，并指出被捕捞的太平洋大马哈鱼有90%都产自此水域。而题目却将产自此水域的五种鱼等同为一种，是典型的"由文到题范围缩小型"，故此题答案为NOT GIVEN。

18. More than 320, 000 tonnes of salmon were caught in Alaska in 2000.

参考译文	在2000年，超过32万吨大马哈鱼在阿拉斯加被捕捞。
定位词	Alaska, in 2000
解题关键字	more than 320, 000

文中对应点	第三段末句： During 2000, commercial catches of Pacific salmon in Alaska exceeded 320, 000 tonnes, ... 根据顺序原则可迅速定位此题，且定位句和题目内容一致，文章中的exceeded与题目中的more than属于同义转述。故此题答案为TRUE。

19. Between 1940 and 1959, there was a sharp decrease in Alaska's salmon population.

参考译文	在1940到1959年间，阿拉斯加的大马哈鱼总量急剧下降。
定位词	Between 1940 and 1959, Alaska's salmon population
解题关键字	sharp decrease
文中对应点	第四段第二句： Between 1940 and 1959, overfishing led to crashes in salmon populations so severe that... 定位词均以原词出现，定位句指出，在1940到1959年间，过度捕捞导致大马哈鱼总量大跌，这与题目完全一致。文章中的crashes与题目中的sharp decrease属于同义转述。故此题答案为TRUE。

20. During the 1990s, the average number of salmon caught each year was 100 million.

参考译文	在20世纪90年代，大马哈鱼的年捕捞量平均为1亿。
定位词	1990s, average number
解题关键字	100 million
文中对应点	第四段末句： ..., during the 1990s, annual harvests were well in excess of 100 million, and on several occasions over 200 million fish. 根据年代可迅速定位于第四段末句，定位句指出年捕捞量超过(in excess of)1亿，还有些年份为2亿，而题目则说平均为1亿，故此题答案为FALSE。

Questions 21–26

- 题目类型：Sentence Completion
- 解题方法：
  1. 此题为配对形式的完成句子题，考生应首先利用题干信息回原文进行定位，然后分析选项关键词进行解题。
  2. 此类题目的题干一般遵循顺序原则，可利用此原则简化定位过程。
- 题目解析：

题号	定位词	文中对应点	题目解析
21	biologists, adult fish	第五段第二句： There are biologists throughout the state constantly monitoring adult fish as they show up to spawn.	此题定位较易，但解题较难。由定位句可知生物学家从成年鱼类开始产卵时对其进行监控，但是并未直接指出其目的，考生只能通过理解该段上下文分析得出：生物学家的监控是“当季捕捞盈余为本”管理方法的一部分，而这项管理带来了鱼量的增加，从而得出生物学家的目的是监控鱼量是否充足(abundance)。通过扫描选项关键词，只有G选

题号	定位词	文中对应点	题目解析
			项关键词能与之对应：to ensure that fish numbers are sufficient（对应abundance）to permit fishing。故正确答案为G。
22	authority	第五段中间： ..., but on any given day, one or more field biologists in a particular area can put a halt to fishing.	此题定位较难，考生应使用排除法，最后解决这道题。定位句指出生物学家可以制止(halt)捕鱼行为。通过扫描选项关键词，只有E选项关键词能与之对应：to stop（对应halt）people fishing for sport。故正确答案为E。
23	allowed	第五段末句： It is this management mechanism that has allowed Alaska salmon stocks... to prosper, ...	此题按照顺序原则可迅速定位，定位句指出该项管理手段使得阿拉斯加的大马哈鱼渔业开始繁荣(prosper)。通过扫描选项关键词，只有B选项关键词能与之对应：to be successful（对应prosper）。故正确答案为B。
24	MSC, established	第六段第二句： The Council, which was found in 1996, certifies fisheries that meet high environmental standards, ...	要定位此题，必须先辨识出established在文中的同义转述was found，定位句指出MSC会认证满足高环保标准的渔场；通过扫描选项关键词，只有A选项关键词能与之对应：to recognise（对应certifies）fisheries that care for the environment（对应meet high environmental standards）。故正确答案为A。
25	the state	第八段末句： However, the state reacted quickly, closing down all fisheries, ...	通过题干主语可快速定位，通过扫描定位句和剩余选项可以很快看出K选项"to close down all fisheries"与原文几乎完全一致。故正确答案为K。
26	seven Alaska salmon	第九段第二句： Seven companies producing Alaska salmon were immediately granted permission to display the MSC logo on their products.	此题定位句指出题目中提到的7家公司被授权可以在自己的产品上使用MSC的标志。通过扫描选项关键词及剩余选项，发现F选项"to label（对应display）their products using the MSC logo"几乎与原文一致。故正确答案为F。

参考译文

无尽的丰收

两百多年前，俄罗斯探险者和皮毛狩猎者抵达阿留申群岛(位于北太平洋的一个火山群岛)，发现了位于北部远方的一块大陆。岛上的原住民把这块大陆称为阿留斯卡，意为"伟大的土地"。如今，我们叫它阿拉斯加。

1959年，阿拉斯加加入美利坚合众国，成为美国的第49个州，其面积相当于美国其他48个州总面积的五分之一。它与加拿大共用北美大陆第二长水系，拥有美国一半以上的海岸线。多条河流注入白令海峡和阿拉斯加湾——冰冷而富含养分的水域是成千上万海鸟赖以生存的家园。此外，这片水域中还生活着400多种鱼类、贝类，虾蟹和软体动物。阿拉斯加的商业渔场充分利用了大自然的馈赠，已经发展成为世界上规模最大的渔业聚集地之一。

据阿拉斯加渔业与捕捞局称，在2000年，阿拉斯加商业渔场出产了成百上千吨的贝类和鲱鱼，还有一百多万吨底栖鱼(包括鳕鱼、鳎鱼、鲈鱼和青鳕)。阿拉斯加渔业真正的文化心脏和灵魂却是大马哈鱼。随笔作家苏珊·尤因在她的著作《伟大的阿拉斯加自然概况》一书中指出，大马哈鱼从阿拉斯加游过，就像血液流经心脏一样，为这片土地、动物和人们带来独具韵律、循环通畅的给养。可预见的丰富的大马哈鱼产量使本土文化得以繁荣发展，垂死的产卵鱼为熊、鹰和其他动物提供食物，最终为这片土地提供养料。5种太平洋大马哈鱼都在阿拉斯加水域产卵：奇努克大马哈鱼(王鲑)、马苏大马哈鱼(狗鲑)、银大马哈鱼(银鲑)、红大马哈鱼(红鲑)、粉大马哈鱼(驼背大马哈鱼)。北美90%的商业太平洋大马哈鱼都产自阿拉斯加。如果阿拉斯加是一个独立国家的话，它将是全世界最大的野生大马哈鱼产地。2000年，阿拉斯加商业大马哈鱼产量超过320,000吨，船边交易额超过2.6亿美元。

然而，捕鱼业并非一直这么风调雨顺。1940到1959年间，过度捕捞使得大马哈鱼的数量急剧减少，1953年，阿拉斯加成为“联邦受灾渔区”。不过，州政府通过抗争夺回了渔业自主管理权，在州法院的指导下开展渔业活动。而州法院负责确保阿拉斯加的自然资源在可持续发展的基础上进行开发利用。那时候，全国范围内的大马哈鱼产量大约为2500万条。在可持续捕捞政策的管理下，接下来的几十年里，大马哈鱼的产量平稳上升。20世纪90年代，大马哈鱼的年产量超过1亿条，个别年份甚至超过了2亿条。

产量提高的首要原因是实施了被称作“当季捕捞盈余为本”的管理方法。全州范围内的生物学家负责持续监测将要产卵的成年大马哈鱼。生物学家们坐在河滨的观测计算塔里，研究声纳系统，从飞机上进行观察，并与渔民交谈。大马哈鱼捕捞季节不是预先设定好的某一时刻。渔民们知道一年中政府允许捕捞的大概时间段。但是在某些特定的日子，某个地区的一个或多个领域的生物学家有权要求停止捕鱼活动。甚至连体育比赛性的钓鱼活动也会被禁止。正是这样的管理机制使得阿拉斯加的大马哈鱼储量得到保证，并使阿拉斯加的捕鱼业得以持续发展。而同时，美国其他地区的大马哈鱼数量却日益令人担忧，处在备受威胁、甚至是危险的状态中。

1999年，海洋管理委员会(MSC)授权审查阿拉斯加大马哈鱼捕捞业。该委员会成立于1996年，它为符合高环保标准的渔业发放证明，允许他们使用标签，表明他们知道自己肩负的环保责任。海洋管理委员会设定了一套评定商业捕鱼业的标准。渔业公司认识到通过环保负责评定所带来的潜在利益后，纷纷要求该委员会为自己做相关评定。于是，海洋管理委员建立了一个专门的评定委员会，组建专门的渔业专家小组，从渔民、生物学家、政府官员、产业代表和非政府组织等人士那里收集相关信息和观点。

在海洋管理委员会做最后决定的那几个月里，西阿拉斯加的大马哈鱼鱼群全线崩溃。于是，一些观察家认为，阿拉斯加大马哈鱼渔业不会有任何获得官方机构认证的机会了。在育空河和卡斯科奎姆河流域，奇努克大马哈鱼和马苏大马哈鱼几乎处于建州以来最贫瘠的状态。该地区对商业捕鱼拥有优先权的可持续发展机构对此束手无策。

这场危机完全出乎人们的意料，但研究人员相信这并不是渔业发展引起的。相反，他们辩称这必定是气候变化的结果，是太平洋气候现象厄尔尼诺和拉尼娜持续作用的后果。这些气候现象造成冬天的酷寒，结果大量大马哈鱼的卵在冰冷的海水里被冻死。海洋管理委员会的评定也似乎走到了尽头。然而，阿拉斯加州迅速做出反应，关闭所有渔场，甚至包括那些为了研究可持续发展的渔场。

2000年9月，海洋管理委员会宣布阿拉斯加大马哈鱼渔业通过了资格审查。7家生产阿拉斯加大马哈鱼的渔业公司立即获准在产品上使用海洋管理委员会专用徽标。该证明的起始期限为5年，之后每年进行一次评定，以确保渔业公司仍然符合规定的标准。

READING PASSAGE 3

篇章结构

体裁 说明文

主题 噪声影响

结构 第一段：人对噪音有自我调节能力。

第二段：调节能力的局限性。

第三段：噪音可预测性对人的影响的实验。

第四段：实验结论：不可预测性噪音更易让人疲惫。

第五段：人对控制噪音能力的认知可以减少噪音影响。

第六段：长期生活于高噪音环境的危害。

必背词汇

第一段

plausible	*adj.* 貌似真实的，貌似有理的	work out	*v.* 解决；设计出；计算
adjust	*v.* 调整，使……适于	physiological	*adj.* 生理的，生理学的
countryside	*n.* 乡村，农村	reaction	*n.* 反应
initially	*adv.* 最初	disruptive	*adj.* 捣乱的，破坏性的，制造混乱的
capable	*adj.* 有能力的	subject	*n.* 科目，主题
adapt	*v.* 使……适应；改编	control	*v.* & *n.* 克制，控制
expose	*v.* 使暴露于，使接触到	arousal	*n.* 激励，鼓励
burst	*n.* 破裂，突然出现		

第二段

adaptation	*n.* 改编；适应	pilot	*n.* 飞行员，领航员，引航员
troublesome	*adj.* 令人烦恼的，讨厌的	air-traffic	*n.* 空中交通
concentrate	*v.* 集中，专心；浓缩	track	*v.* 跟踪，追踪
interfere	*v.* 妨碍；冲突；干涉	steer	*v.* 引导；驾驶；航行
monitor	*v.* 监视，监听，监督		

第三段

significant	*adj.* 有意义的，意味深长的；重要的，重大的	overall	*adj.* 全部的，总体的
predictability	*n.* 可预测性	random	*adj.* 任意的，随便的，胡乱的
tune out	关掉，不理会	interval	*n.* 间隔
chronic	*adj.* 长期的；慢性的	annoying	*adj.* 恼人的，讨厌的
circumstance	*n.* 环境；状况；事件	portion	*n.* 部分，份；命运
intrusion	*n.* 闯入，侵扰	after-effect	*n.* 后果；余波
space	*v.* 隔开，分隔	proofread	*v.* 校对，校勘
		error	*n.* 错误，过失

第四段

apparently	*adv.* 显然	toll	*n.* 代价
fatigue	*n.* 疲乏，疲劳		

第五段

variable	*n.* 变量	individual	*n.* 个人，个体
eliminate	*v.* 除去，排除，剔除	exercise	*v.* 锻炼；操练；练习；运用；行使
negative	*adj.* 否定的；消极的；负面的	sufficient	*adj.* 足够的，充分的

第六段

so far	迄今为止	adaptability	*n.* 适应性
transient	*adj.* 短暂的	distractible	*adj.* 易于分心的，不专心的
lasting	*adj.* 永久的，永恒的	follow-up	*adj.* 继续的
realistic	*adj.* 现实的，现实主义的	investigator	*n.* 研究者，调查者，审查者
elementary	*adj.* 初级的，基本的	comparable	*adj.* 可比较的，比得上的
blood pressure	血压	ethnicity	*n.* 种族划分；种族特性
distract	*v.* 转移，分心	social class	社会地位

难句解析

1. In general, it is plausible to suppose that we should prefer peace and quiet to noise.

参考译文：总体来说，人们应该更喜欢和平宁静而不喜欢噪音——这种想法貌似有些道理。

语言点：

（1）in general: *usually or in most situations*

In general, about 10% of the candidates are eventually offered positions.

（2）plausible: *adj. reasonable and likely to be true or successful*

His story certainly sounds plausible.

a plausible explanation

2. But there are limits to adaptation and loud noise becomes more troublesome if the person is required to concentrate on more than one task.

参考译文：但如果要求试验对象同时专注几项任务时，他对噪音的适应能力就会达到极限，噪音也会变得更加让人心烦意乱。

语言点：

（1）concentrate on: *to give most of your attention or effort to one thing*

Doctors are aiming to concentrate more on prevention than cure.

3. Apparently, unpredictable noise produces more fatigue than predictable noise, but it takes a while for this fatigue to take its toll on performance.

参考译文：显然，非可预测性噪音会让人更疲劳，不过疲劳导致工作上的错误还是需要一段时间。

语言点：

（1）toll: *n. a very bad effect that something has on something or someone over a long period of time*

Years of smoking have taken their toll on his health.

a heavy toll on the environment

（2）take some time to do sth.

It took a few minutes for his eyes to adjust to the dark.

Repairs take time to carry out.

4. The studies discussed so far exposed people to noise for only short periods and only transient effects were studied.

参考译文：到目前为止，所讨论的研究都是将人们短时间置于噪音环境中，也只是研究了由此带来的瞬间影响。

语言点：

（1）so far: *until now*

So far we have not had to borrow any money.

They're delighted with the replies they've received from the public so far.

（2）expose sb. to sth.

The report revealed that workers had been exposed to high levels of radiation.

试题解析

Questions 27–29

- 题目类型：Multiple Choices
- 题目解析：

题号	定位词	文中对应点
27	sleeping in the mountains	题目：作者指出人们在山里睡觉可能有困难的原因是： A. 人们喜欢噪音而不喜欢宁静。 B. 他们可能会听到瞬间产生的奇怪声音。 C. 人们在睡觉时更愿意听到一定量的噪音。 D. 他们可能已经适应了城市中更大的噪音。 对应第一段前两句：先指出人类似乎（plausible意为"貌似真实的"）更喜欢安静，然后利用yet转折引出在山区睡觉会因为太安静而难以入睡。此题使用排除法能很快解题：A中的"喜欢噪音不喜欢宁静"文章并未提及；B中的"瞬间产生的奇怪声音"在定位句中也未提及；C中的"人喜欢睡觉时听噪音"也未提及；只有D选项符合文意，其中adapted to a higher noise level对应文中的adjust（调节），因为城市噪音较大，所以在山里睡觉时需要调节适应。正确答案：D。
28	Glass and Singer	题目：在噪音实验中，Glass和Singer两人发现： A. 在安静环境中解决问题更加简单。 B. 生理反应抑制了工作能力。 C. 长期来看，瞬间产生的噪音并不会严重干扰解决问题。 D. 对照实验组的生理反应快速消退。 对应第一段最后两句：起初，噪音让人心烦意乱。但在大约四分钟后，被研究者就能像那些未处于噪音之中的对照实验组一样很好地工作。他们的生理反应也迅速的消退到与对照实验组相当的水平。正确答案：C。

题号	定位词	文中对应点
29	high noise levels, not...interfere with	题目：研究者发现高分贝噪音不太可能干扰： A. 单项任务的成功执行。 B. 飞行员或空中交通协调员的任务。 C. 追踪移动轨迹的同时重复数字的能力。 D. 同时监视三个刻度盘的能力。 第二段首句：但如果要求试验对象同时专注几项任务时，其对噪音的适应能力就会到达极限，噪音也会变得更加让人心烦意乱。 从第二句开始就开始举例（For example），因此例子之前的引导句就是解题句。噪音干扰同时专注多项任务的人，则A选项就可能不被干扰，为正确答案。其他三个选项都是原文出现的内容，但都是包含多项任务的选项，考生可按照"排除与原文一致的选项"的原则先将其排除，剩余选项也为A。正确答案：A。

Questions 30–34

- 题目类型：Summary
- 解题方法：
  1. 对于带有词库的summary，除按常规步骤解题外，应该先对词库中的单词按词性进行分类，并利用词库中单词的词义划分来填某些空格。
  2. 注意分析干扰选项，如E&F以及H&I；但须注意此题不可使用排除法，因为题中NB指出选项可以复选。
  3. 对于无标题的Summary，应在Summary每段首句中寻找定位词定位。
- 题目解析：

题号	定位词	文中对应点	题目解析
30	Glass and Singer, circumstances	第三段： We are much more able to 'tune out' chronic background noise, even if it is quite loud, than to work under circumstances with unexpected intrusions.	空格所填词为noise的修饰词，于是答案只限于BCDGJ。由题目所在句句意分析，可得出空格所填词应与intense构成反义关系。经过筛选可以确定答案为B选项：unexpected。另外，通过比较题目和文中定位处的对应关系，可得出题中in which ___ occurs对应文中with unexpected intrusions，也能选出正确答案B。
31	all	第三段： For some subjects, the bursts were spaced exactly one minute apart (predictable noise); others heard the same amount of noise overall...	按照顺序原则在第30题后扫描定位词可以迅速定位。空格所填词为noise的修饰词，答案也只可能为BCDGJ，在这五个选项中只有D选项与原文the same amount一致，故正确答案为D。 另外，通过理解题目，按照上下文意："实验组中一部分人接触的噪音为可预测性的，其他人接触的为随机产生的，所有人听到的噪音都是 ___"也能推出空格里只能填D选项。

题号	定位词	文中对应点	题目解析
32	predictable group, unpredictable group	第三段： Subjects reported finding the predictable and unpredictable noise equally annoying, and all subjects performed at about the same level during the noise portion of the experiment.	此题定位同样可按照顺序原则。该题空格前后为两类人，因此中间应填词为比较关系，故答案只能为EFHI。通过扫描文中对应点可发现两种人performed at about the same level，因此只能选择F选项。
33	written material	第三段： As shown in Table 1 the unpredictable noise produced more errors in the later proofreading task than predictable noise...	通过分析空格前后内容，可知空格内须填写处在可预测性噪音和非可预测性噪音中的两类人的比较关系，答案只能为EFHI。可以在文中对应点后扫描出相关比较关系：produced more errors，选项中只有I中的关键词made more mistakes与之相符，故答案为I。
34	fatigue	第四段： Apparently, unpredictable noise produces more fatigue than predictable noise...	此题定位词在文中原词出现，且题目空格所填词为造成疲劳(fatigue)的噪音类别，显然对应原文中的unpredictable noise，正确答案为B。

Questions 35–40

- 题目类型：Matching
- 解题方法：
  1. 此题为人名与其研究的搭配题，应先定位人名再仔细分析其研究结果，进而在题干中进行筛选。
  2. 考生可在扫读文章时将文中人名大写字母进行标记以方便定位，且应先定位出现次数较少的人名。此题中A选项在文中出现三处，BC选项各出现一处，D选项出现两处，应按照BCDA的顺序进行定位。
  3. 解题时划出题干关键词，与原文进行比较即可。
  4. 此题中出现了独特的E选项：“以上选项都不对”，考生应该使用排除法判定。
- 题目解析：

题号	定位词	文中对应点
35	difficult at first	35. Subjects exposed to noise find it difficult at first to concentrate on problem-solving tasks. 起初，处于噪音中的实验对象很难集中精力来解决问题。 此题的定位顺序应该排在第五(之前定位了BC各一处和两处D)，为第一次定位A选项Grass and Singer。定位于第一段倒数第四行：The noise was quite disruptive at first, ... 译文：起初，噪音让人心烦意乱。 在文中对应点扫描到定位词disruptive at first，与第35题相符。故答案为A。

题号	定位词	文中对应点
36	long-term exposure, changes	36. Long-term exposure to noise can produce changes in behaviour which can still be observed a year later. 长期处在噪音中能产生行为变化。这种变化在一年后仍能被观察到。 此题的定位顺序应该排在第三和第四（之前定位了BC各一处），为定位D选项Cohen et al. 。首先定位处为末段第三行：One study, suggesting that this worry is a realistic one... 。此句中出现指代词this worry，按照“遇指代，向前看一句”原则，得到最终定位句为末段第二行： But the major worry about noisy environments is that living day after day with chronic noise may produce serious, lasting effects. 译文：但是噪音环境所引起的主要忧虑是，日复一日地长期生活在噪音环境中可能会产生严重、持久的影响。 通过扫描题干关键词初步判定为36题，但是其中关键词a year later仍未出现，于是进行二次定位D选项。末段倒数第五行： A follow-up study showed that children who were moved to less noisy classrooms still showed greater distractibility one year later than students who had always been in the quiet schools. 译文：另外一项跟踪研究表明，和那些一直在安静学校上学的孩子相比，即使喧闹学校的孩子们搬到安静一些的学校待上一年以后，他们还是难以集中注意力。 至此，36题中关键词在D选项研究者的研究结果中全部出现，且含义一致，故答案为D。
37	make it stop	37. The problems associated with exposure to noise do not arise if the subject knows they can make it stop. 如果实验对象知道他们能够使噪音停止的话，由于处在噪音中而产生的问题就不会发生。 此题的定位顺序应该排在第七（之前定位了BC各一处、两处D以及两处A，其中第二处A位于第三段且无信息可对应题目），为第三次定位A选项Grass and Singer。定位于第五段第二行： If the individual knows that he or she can control the noise, this seems to eliminate both its negative effects at the time and its after-effects. 译文：如果一个人知道自己可以控制噪音的话，这一点似乎可以消除当时噪音的消极影响和副作用。 定位处关键词control与第35题中make it stop对应，故答案为A。
38	high-pitched, low-pitched	38. Exposure to high-pitched noise results in more errors than exposure to low-pitched noise. 处在高分贝的噪音中比处在低分贝的噪音中能使人犯更多的错误。 在解此题之前，通过定位ABCD四个选项已经将其余各题完成，且文中对应处均未提及噪音分贝高低问题，故此题通过排除法只能选择E。
39	three tasks	39. Subjects find it difficult to perform three tasks at the same time when exposed to noise. 当处于噪音环境时，实验对象很难同时做三项工作。 此题的定位顺序应该排在第一（详见解题方法2），为定位选项B选项Broadbent,

题号	定位词	文中对应点
		定位于第二段第二行： For example, high noise levels interfered with the performance of subjects who were required to monitor three dials at a time... 译文：例如，如果每个试验对象需要同时监视三个刻度盘，那么高分贝噪音就会严重干扰他们完成工作。 定位处monitor three dials at a time与第39题中perform three tasks at the same time相对应。故答案为B。
40	repeat numbers, another task	40. Noise affects a subject's capacity to repeat numbers while carrying out another task. 译文：当实验对象在做另一项工作时，噪音会影响其重复数字的能力。 定位于第二段倒数第一行： ... but it did interfere with the subject's ability to repeat numbers while tracking. 译文：但如果让实验对象在追踪的同时重复数字，那么噪音对他们的影响就很大了。 定位处tracking对应第40题中carrying out another task。故答案为C。

参考译文

噪音影响

总体来说，人们应该更喜欢和平宁静而不喜欢噪音——这种想法貌似有些道理。我们大多数人都有过这样的经历：如果在深山或者乡村睡觉，必须作一些调整才能睡得着，因为这些地方起初"太安静"了。这一例子说明人类有能力去适应不同程度、分贝跨度较大的各种噪音。研究也证实了这一点。例如，Glass和Singer（1972）将人们置于瞬间发出的非常刺耳的噪声环境之中，然后测量他们解决问题的能力和由此产生的生理反应。起初，噪音让人心烦意乱。但大约四分钟后，将置于噪音下的实验对象与处于正常环境中的人们相比发现，前者在完成任务方面做得很不错，而且他们对噪音的生理反应也会迅速降低到与后者持平的水平。

但如果要求试验对象同时专注几项任务时，其对噪音的适应性能力就会达到极限，噪音也会变得更加让人心烦意乱。例如，如果一个实验对象需要同时监视三个刻度盘，那么高分贝噪音就会严重干扰他们完成工作。同时监视多个刻度盘其实和飞行员或者空中交通调解员的工作别无二致（Broadbent，1957）。同理，噪音并不会影响实验对象追踪一个旋转轮子形成的不断移动的轨迹，但如果让实验对象在追踪的同时重复数字，那么噪音对他们的影响就很大了（Finkelman and Glass，1970）。

或许，此项关于噪音的研究最重大的发现，就是噪音的可预见性要比它分贝的大小更为重要。我们完全有能力对长期存在的背景噪音"听而不闻"，即使它们确实很吵；而如果人们工作时受到突如其来的噪音的侵袭，他们就会很不适应。在Glass和Singer的研究中，当实验对象正做一项工作时，把他们置于突然发出的噪音环境中，有些人听到的声音非常大，而有些人听到的声音却要柔和得多。实验对象中一部分人听到的噪音是严格按照一分钟的时间间隔产生的（可预测性噪音）；其他人听到的噪音总量是不变的，但是产生时间却是随机的（非可预测性噪音）。实验组称，可预测性噪音和非可预测性噪音都很恼人，而所有实验对象在噪音测试部分的表现都处在同一水平线上。然而，在无噪音环境下要求实验对象校对书面材料时，不同噪音条件带来的副作用是迥然不同的。如表1所示，和可预测性噪音相比，非可预测性噪音使试验对象在校对时出现更多错误；柔和的非可预测性噪音实际上比吵闹的可预测性噪音让人出现更多错误。

表格1：校对错误与噪音

	非可预测性噪音	可预测性噪音	均值
高分贝噪音	40.1	31.8	35.9
轻柔噪音	36.7	27.4	32.1
均值	38.4	29.6	

显然，非可预测性噪音会让人更疲劳，不过疲劳导致工作上的错误还需要一段时间。

预测性不是唯一可以减少或者消除噪音负面影响的变量。另一个变量是噪音的可控性。如果一个人知道自己可以控制噪音的话，这一点似乎可以消除当时噪音的负面影响和副作用。即使人们没有真正实践他的想法，去关掉噪音，这种效果也是可以达到的。仅知道自己有控制噪音的能力就足够了。

到目前为止，所讨论的研究都是将人们短时间置于噪音环境中，也只是研究了由此带来的瞬间影响。但是噪音环境所引起的主要忧虑是，日复一日地长期生活在噪音环境中可能会产生严重、持久的影响。一项研究表明，此担心是有现实性的。将在洛杉矶最繁忙的机场旁边上学的小学生和那些在安静环境中上学的小学生相比较（Cohen et al., 1980），就会发现噪音地区的小学生血压较高，更容易转移注意力。此外，并没有迹象表明孩子们会逐渐适应噪音。事实上，孩子们在喧闹的学校待的时间越久，他们越难以集中注意力。另外一项跟踪研究表明，和那些一直在安静学校上学的孩子相比，即使喧闹学校里的孩子们搬到安静一些的学校待上一年以后，他们还是难以集中注意力。有一点需要说明的是，两组孩子都是经过研究人员精心匹配的，他们在年龄、民族习性、种族和社会阶层上都具有可比性。

WRITING

TASK 1

题目要求（见“剑7”P101）

审题

此题为饼状图，是关于1980年和2000年澳大利亚和法国用来发电的燃料组成的变化和比较。审题时要注意，同一个国家的不同年份为变化，而不同国家的同一个年份为比较。

写作思路

饼状图的写作思路与柱状图和表格比较近似，也是要分析变化和比较。一般说来，可以在主体段落写变化，结尾进行比较。也就是说，文章可以分为四段。第一段交代核心信息，对题目的说明性文字进行改写。第二段描述澳大利亚从1980年到2000年期间用来发电的燃料组成的变化。第三段描述法国从1980年到2000年期间用来发电的燃料组成的变化。最后的结尾段把澳大利亚和法国进行对比，说明两个国家在发电总量和发电的燃料构成方面的差异。

考官范文（见“剑7”P168）

参考译文

这些图比较了1980年和2000年澳大利亚和法国的电的来源。在这些年间，电的产量几乎翻了一番，澳大利亚从100单位增长到170单位，而法国则从90增长到180。

在1980年，澳大利亚用煤炭作为主要的发电来源(50单位)，其他的则来自于天然气、水力(分别生产20单位)和石油(只生产10单位)。到2000年，煤炭占到电能生产的75%以上，只有水力继续成为另一个重要的发电来源，提供约20%的电力。

与之相反，1980年在法国，作为电的来源的煤炭只产生25单位电，天然气与此相似。剩下的40单位主要来源于石油和核能，水力只提供了5单位。但到2000年澳大利亚从未使用过的核能在法国成为主要来源，生产126单位，约为总电量的75%，而煤炭和石油一共才生产50单位。其他来源不再重要。

总之，很明显，到2000年时，这两个国家依赖于不同的主要燃料来源：澳大利亚依赖煤炭而法国则是核能。

分析

开头段分析：

本文开头段有两句话：第一句对题目(rubric)的说明性文字稍加改写；第二句则描述了饼状图的总体趋势(overall trend)，也就是从1980年到2000年澳大利亚和法国发电量的变化。

主体段分析：

第二段描写澳大利亚1980年和2000年间发电来源的变化。重点描述那些占主要地位的电能来源，比例特别低的可以忽略不计，不需要像流水账一样，把每种电能来源都一一点到。注意：本段为了避免都是用发电单位以至于可能造成乏味和缺乏变化，采取了1980年用发电单位，而2000年用百分比这样的形式。

第三段描述法国的电能来源的情况。按照电能从大到小的顺序进行描述。注意作者在描述变化的同时，把法国与澳大利亚的最显著区别(核能)也进行了简单对比。

结尾段分析：

结尾段总结了本饼状图有关变化和比较的最核心信息：澳大利亚一直依赖煤炭，而法国则是后来核能占优势。

用词变化：

提供：produce，supply，contribute

主要的：main，principal

复杂句型：

分词结构作补充说明的状语：Between these years electricity production almost doubled, rising from 100 units to 170 in Australia and from 90 to 180 units in France. 在这些年间，电的产量几乎翻了一番，澳大利亚从100单位增长到170单位，而法国则从90增长到180。

with结构引导的状语：The remaining 40 units were produced largely from oil and nuclear power, with hydro contributing only 5 units. 剩下的40单位主要来源于石油和核能，水力只提供了5单位。

while引导的比较状语从句：But by 2000 nuclear power, which was not used at all in Australia, had developed into the main source, producing almost 75% of electricity, at 126 units, while coal and oil together produced only 50 units. 但到2000年澳大利亚从未使用过的核能在法国成为主要来源，生产126单位，约为总电量的75%，而煤炭和石油一共才生产50单位。

改写(paraphrase)：

同样写到煤炭作为电能来源的时候(单词位置的变化)：

第二段开头：In 1980 Australia used coal as the main electricity source (50 units)...

第三段开头：In contrast, France used coal as a source for only 25 units of electricity in 1980...

时间状语的位置分别在一句话的开头和结尾，以避免雷同。"电能来源：分别表达成electricity source和source of electricity，也是为了体现多样化表达。

同样写到燃料发电的时候（结构的变化）：...the remainder was produced from natural gas, hydro power (each producing 20 units) and oil (which produced only 10 units). 括号表示补充说明。提高水力发电的时候用分词结构，而涉及石油的时候则用了定语从句。

TASK 2

题目要求（见"剑7"P102）

审题

题目翻译：一些人认为大学应该给毕业生提供工作所需要的知识和技能。其他人认为大学的真正功能应该是为了知识本身而提供知识，而不必考虑课程是否对用人单位有用。你认为什么是大学的主要作用？

本题在题材上属于教育类话题。这道考题先后于05年5月28日和07年1月13日在雅思考试中出现。本题主要涉及大学的使命和作用，是为了有助于学生就业，还是为了知识的传播。考生需要提出自己的观点。值得注意的是，这道题表面上是开放性话题，但实质上是讨论类题型(Discuss：参考Test 1和Test 2)。题目中提出针锋相对的两种观点，考生必须先分析这两种观点各自的合理性及其理由，然后在此基础上得出自己的观点。

写作思路

作为一道隐性的讨论类题型，写作的基本结构和思路与Discuss类在实质上是一样的。文章可以分为四段。第一段交代背景，指出不同的人对于大学的功能有不同的理解和看法。第二段可以分析为什么人们会认为大学应该教学生比较实用的、用人单位需要的知识和技能；可以运用举例、因果、对比等论证方法加以阐述。第三段可以分析为什么有些人认为大学不应该过于功利，而应该为了知识而传授知识。在最后一段，考生可以提出自己的观点并加以论证。有多种观点可供选择，可以认为大学的作用就在于培养用人单位需要的人才；也可以认为大学不同于培训学院，应该为了知识而传授知识；或者进行分类，认为不同种类的大学有着不同的功能和作用。

考生作文（见“剑7”P169）

参考译文

多年来，对于大学应该提供什么样的知识和技能都存有争议。一些人认为大学的真正功能是出于己任而进行知识的传播，但如今，越来越多的人指出，大学应该给学生提供工作中所需要的知识和技能。

大学应该提供这些知识和技能的首要原因是学生的需求。很明显，大多数学生上大学的目的是为了获得知识以及能让他们拥有得到一份工作的能力的技能。如果大学不能提供这些知识和技能，学生可能就找不到工作，他们就会很失望。这样一来，大学会失去学生。

而且，提供工作所需要的知识和技能使得大学不断进步。新的技能和信息总最先产生于工作场所，所以通过专注于工作场合的需求，大学能够得到做研究的合理策略，而且使得自身更加现代化。

最后，提供这些知识和技能有助于通常给大学提供经济资助的国家。学生一旦拥有这些知识和技能，就会更容易找到工作，这会使得我们国家拥有强大的经济实力。

总之，我们可以说提供工作所需要的知识和技能是每所大学的基本功能。

分析

本文为5分。

考官点评（见“剑7”P169）

参考译文：这篇文章不到250个字，也没有回答问题的所有方面，因此失分。不过，文章提出了一些相关的观点，针对问题给出立场。观点之间有组织，文章结构清晰。但有些分段欠缺逻辑性。一些连接词使用较好，但由于指代和替换的缺乏，文中有大量重复。过度的重复（“知识和技能”重复了九次）也表明词汇量有限，除了题目中的语言之外，文中的其他词汇量刚刚够用而已。文章中也有试图写复杂句的尝试，不过这些尝试通常表达不当，需要多读几次才能理解。但也有一些准确的复杂结构。

总体点评：

文章只写了232字，字数少于雅思规定的至少250字的要求。在内容方面的另外一个重大缺陷是作者没有讨论题目当中所提出的第二种观点及其理由，只针对第一种观点进行了分析和论证，不符合此类题型对于内容完整性的要求。

文章在讨论大学应该为了用人单位的需求提供知识和技能方面，观点比较清晰，从这样做对学生、大学和国家三方面的好处进行论证。结构信号词清晰：The first reason（首要理由），moreover（而且），lastly（最后）。但第二、三段分成两段话来写不合理，应该连在一起，成为一段话，这样就加强了分段的逻辑性。

文章连贯性和衔接性的实现，除了可以使用连接词和重复以外，指代和替换也是重要手段。指代（referencing）一般使用this，that，these，those等指示代词和one，it等代词来指代上一句里的核心名词，这样可以避免过度重复，并加强上下句话之间的关联性。替换（substitution）指的是通过同义词和近义词来实现上下句之间的衔接性。

过度重复的词汇：

knowledge and skills一共用了9次之多。其实，完全可以在有的地方用指代（this，these等），有的地方用同义表达（abilities，expertise，instruction，learning）或者可以进行解释：abilities developed through books and experience。

词汇量贫乏：事实上，除了initiate（发起）以外，整篇文章运用的单词都是属于词汇量2500以下的单词。

不当的复杂句：

第一段：...the true function of universities provide knowledge for their own purposes应改为the true function of universities ***is to*** provide knowledge for their own purposes（缺少动词）

第二段：The first reason for universities should provide these knowledge and skill is the students' needs. 应改为The first reason ***why*** universities should provide these knowledge and skill is the students' needs.（病句。介词for后面只能跟名词短语，不能跟主谓结构，应用连词why。）

第二段：...the most of the students go to university purpose of is to get some knowledge and skills应改为... ***the purpose of*** most of the students ***to*** go to university is to get some knowledge and skill（病句，难以理解）

第四段：...so focusing on the needs of the workplace the university could get sound strategies to do research and make it more mordenization. 应改为...so ***by*** focusing on the needs of the workplace, the university could get sound strategies to do research and make ***itself*** more ***modernized***.（缺少介词by，反身代词的使用，make sth. done结构。）

第五段：Having these knowledge and skills, students are more easy to get a job, and this can make our countries' economy strong. 应改为Having these knowledge and skills, ***it would be easier for*** students ***to*** get a job, and this can make our countries' economy ***stronger***.（it句型的使用和make的使用）

SPEAKING

PART 1

在第一部分，考官会介绍自己并确认考生身份，然后打开录音机/笔，报出考试名称、时间、地点等考试信息。考官接下来会围绕考生的学习、工作、住宿或其他相关话题展开提问。

话题举例

Travelling to work or college

1. How do you usually travel to work or college? (Why?)

   答题技巧：此题考查的是考生是否会表达日常生活中的交通工具，如地铁(subway)，公共汽车(bus)，出租车(cab)等等。

   I don't have a car, so I usually use **public transport**. I take subway the most often because it's quite **convenient** for me. Sometimes I will ride bicycle to avoid being **stuck in heavy traffic**.

   public transport 公共交通　　subway 地铁
   convenient 方便的　　be stuck in 堵住
   heavy traffic 堵车，拥堵的交通

2. Have you always travelled to work/college in the same way? (Why/Why not?)

   答题技巧：你是否经常采用这种交通工具去工作或上学？这个问题是针对考生在上题中回答的交通工具所进行的追问。无论是否经常采用，说出原因即可。

   Yes, I have, because for a **beijinger**, subway is the only form of transportation I can **rely on**. I used to travel by bus, but a 20 minutes' run could take more than an hour during **peak hour**. If I travel by underground, however, I can plan my time to work **precisely** according to my experience and traffic won't be of any **concerns**.

   beijinger 北京人　　rely on 依靠，依赖
   peak hour 高峰期　　precisely 准确地，精确地
   concern 担心，关切

3. What do you like about travelling to work/college this way?

   答题技巧：此题依旧是针对考生在上题中回答的交通工具所进行的追问。可以描述一下刚才所选择的交通工具有什么优点。

   Traveling by subway is a 100% **time guaranteed** transportation for a **city dweller**. Plus, it offers opportunity for me to **refresh** myself; I mean, **spiritually** refresh and reflect what I did yesterday and plan for the future if possible.

   time guaranteed 有时间保证的　　city dweller 城市居民
   refresh 提起精神　　spiritually 精神上地

4. What changes would improve the way you travel to work/college?（Why?）

答题技巧：就考生所选择的交通工具，询问有什么可以改进的地方。考生可以充分发挥想象力去谈论，例如自行车可以更小巧轻便，地铁可以提速，公共汽车可以变成三层甚至更多层……

There are many things to do for the improvement. Adding more **garbage** or **trash** cans, lowering the **fare**, **upgrading** the access for those with **physical challenges**, and opening up the shops on some subway stations where at one time, you could buy all kinds of things. All of these can make the station more up to date.

garbage 垃圾　　trash 垃圾

fare 费用　　upgrade 升级

physical challenge 身体不便

PART 2

考官给考生一张话题卡(Cue Card)。考生有 1 分钟准备时间，并可以做笔记(考官会给考生笔和纸)。之后考生要做1~2分钟的陈述。考生讲完后，考官会就考生的阐述内容提一两个相关问题，由考生做简要回答。

CUE CARD

Describe a piece of electronic equipment that you find useful

You should say:

what it is

how you learned to use it

how long you have had it

and explain why you find this piece of electronic equipment useful.

话题卡说明

话题卡“Describe an electronic equipment”是口语考试中物品类话题卡中较为高频出现的话题卡之一，考官主要考查考生描述物品细节的能力是否过硬。考生在描述这个话题卡时要注意的是这个话题卡的限定条件——“有用处的，有帮助的”电子产品。一个帮助自己学习语言的电子词典，一个休闲时间用来放松的电子游戏机等，都是不错的取材。

点题	The electronic thing I found useful is an Electronic English-Chinese Dictionary. This **gadget** was given by my granny on my 18th birthday. It's **handy**, **glossy**, **light weight**, and **super thin**.
外观	It has a PDA style **interface**, where I could write an unknown character, then have the dictionary **magically** tell me what it was.
为何选择	I'd say that it was in high school that I've really felt the urge to get one to help with my English learning. I had this gadget with me everywhere in the last 3 years of my high school. As I mentioned, it's completely **portable** and very light weight, so it's easy to put into my back pocket.
为何有用	The dictionary includes not only definitions, but plenty of usage examples and sentences. It contains great **idiomatic** and **colloquial** phrases, both for US and UK English—in addition to the more “standard” used meanings. Also, the word **search history list** makes it very easy to jump back to a word you looked up earlier, making it a very valuable study tool. Its popularity amongst young people also has had a **persuasive** effect on me. I personally think my electronic dictionary is the single best **investment**.

重点词句

gadget 小物件，小玩意
handy 方便的
glossy 有光泽的
light weight 轻的
super thin 超薄的
interface 界面
magically 魔法般地
portable 便携的
idiomatic 习语
colloquial 口语的
search history list 历史查询列表
persuasive 有说服力的
investment 投资

PART 3

第三部分：双向讨论(4~5分钟)考官与考生围绕由第二部分引申出来的一些比较抽象的话题进行讨论。第三部分的话题是对第二部分提示卡内容的深化和拓展。

话题举例

Technology and housework

1. What kinds of machine are used for housework in modern homes in your country?

答题技巧：现代家庭中用来做家务的机器设备都有哪些？用举例子的方法可以容易回答出来，如洗衣机(washing machine)，吸尘器(vacuum cleaner)，电饭煲(rice cooker)等等。

I would have to say **washing machine**, **vacuum cleaner**, **rice cooker**, **coffee maker**, **electric kettle**, air conditioner, **furnace**, etc. Those would be the ones I couldn't live without or I mean wouldn't want to do without.

washing machine 洗衣机
vacuum cleaner 吸尘器
rice cooker 电饭煲
coffee maker 咖啡壶，咖啡机
electric kettle 电热水壶
furnace 炉子

2. How have these machines benefited people? Are there any negative effects of using them?

答题技巧：这些用来做家务的机器设备如何帮助人们？又有哪些负面影响？此题属于正反论证话题，考生需要同时罗列出优缺点。优点我们都能说出来，使人们的生活更加轻松。缺点当然也是存在的，如：各种危险隐患，养成人们的惰性。

With the **aid** of electrical equipment, we are able to work quickly and efficiently. It makes our life easier and convenient. However, there are some disadvantages of using electrical equipment. People will become totally **dependent** on equipment and not to do things they could do themselves. Sometimes using electrical equipment might be quite expensive because it will **consume** large amount of electricity. Lastly, people could get **electrocuted** if using them carelessly, which happens every year.

aid 帮助
dependent 依赖的，依靠的
electrocute 触电，电击
consume 消耗，花费

3. Do you think all new homes will be equipped with household machines in the future? Why?

答题技巧：未来的所有新家庭是否会全部装备家用电器？结合现在社会的发展，这也许是个必然的趋势。考生可以根据两方面去回答此题：(1) 装备家用电器有何方便之处。(2) 没有家用电器有何不便之处。

Electricity has truly become the **lifeblood** of our society. Right now we can't live without **electrical devices** because we rely on them to make our life easier. Many of us have become **addicted to** what can be done with

indoor plumbing, the Internet and cell phones. All homes without household machines is possible but it would take a lot of adjusting. We'd have to buy all the non-electric tools to make life workable—wood/cook stove, build an outdoor **ice box**, dig a well to keep food cool, and top it off with lots of patience, as nothing is fast and easy in a non-electrical world.

lifeblood 血液　　electrical devices 电子设备
addicted to 对……上瘾　　indoor plumbing 家用工具
ice box 冰箱

Technology in the workplace

1. What kinds of equipment do most workers need to use in offices today?

答题技巧：何种办公设备是最常用的？大家可以通过之前的日常观察，列举出一些办公室设备的名称以及重要性。

I think people at work rely much on modern technology, especially computer and Internet. Many people can't spell some words right because they are too used to the **Office Software** which provides users with the **spelling check**. They can also use Internet to **collect data** and information and analyze them. Modern equipment provides all kinds of resources which will be of great help to people's work.

Office Software 办公软件　　spelling check 拼写检查
collect data 搜集数据

2. How have developments in technology affected employment in your country?

答题技巧：科技的发展如何影响人们的工作？大家都知道，这里的employment也指雇佣的意思。通过"雇佣"这个词，我们可以得到回答的思路，比如：公共交通引入刷卡机制，就不需要那么多售票员了。

Technology has allowed computers and **machinery** to replace **manpower**. Also, it has made it easier to do some **labour intensive** jobs with fewer hours. I think it **eliminated** jobs via increased **productivity** and made work safer in many areas of industry. For example, a lot of **welding** on cars is done by robots, which was done by people in the past.

machinery 机器　　manpower 人力
labour intensive 劳力密集的　　eliminate 去除，消除
productivity 生产力　　welding 焊接

3. Some people think that technology has brought more stress than benefits to employed people nowadays. Would you agree or disagree? Why?

答题技巧：科技带给员工更多的是压力而不是益处？选择同意此观点会更容易回答，从压力方面去谈论，说出压力的来源(工作更加程式化，员工过剩造成减员)。

Yes, I do think so. There used to be plenty of **mindless**, **repetitive** and **mechanical** jobs in all three sectors of the economy, and lots of **unskilled** people who have to do them. However, with the development of computers and **robotics**, these people are now **substituted** by modern technology and are facing the threat of job security. As far as I know, there has been a huge number of people who've been made **redundant** because their jobs are rather **routine** and can be done by cold machines.

mindless 不用脑子的　　repetitive 重复的
mechanical 机械的　　unskilled 无技能的
robotics 机器人技术　　substitute 取代，代替
redundant 多余的　　routine 一成不变的

General Training: Reading and Writing

Test A

READING

SECTION 1

篇章结构（Passage 1）

体　　裁：应用文

主要内容：一则能源公司的服务启示。

必背词汇

query	*n.* 质问；怀疑 *v.* 询问	ignore	*v.* 不理睬，忽视
arrangement	*n.* 安排；排列	assistance	*n.* 协助，援助
occupant	*n.* 占有者；居住者	efficient	*adj.* 高效的；有效率的，能干的
household	*n.* 住户；家庭，家族 *adj.* 家庭的，家族的；普通的	issue	*n.* 问题，论点；出版，发行；期刊号 *v.* 发行；流出
interrupt	*v.* 打断，中断，妨碍	complain	*v.* 抱怨
various	*adj.* 不同的，各种各样的	failure	*n.* 失败，失败者；故障；破产
range	*v.* 在……范围 *n.* 山脉；行列；范围		

试题解析

Questions 1–7

- 题型：TRUE/FALSE/NOT GIVEN 判断题
- 题目解析：

题号	题目定位词	答案位置	题解
1	change of address（回原文按顺序找寻可能包含此内容的段落小标题，即 Moving home）	段落小标题 Moving home 正文的第1行	**题目**：住户一搬到新家，就应该通知东部能源公司其地址变更。 **原文**：如果您要搬家，请尽早通知我们。我们至少需要48小时的时间对您煤气和电的供应做一些必要的安排。 **必要分析**：原文就题目中的搬家细节给予了信息，所以排除了NOT GIVEN的可能性。题目说：住户搬到新家后再通知东部能源公司，显然与文章中要求的：至少提前48小时不符。所以答案为FALSE。

题号	题目定位词	答案位置	题解
2	read...meters（回原文按顺序找寻可能包含这项的段落小标题，即Meter reading）	段落小标题Meter reading正文全部	**题目：**住户应自己读煤气表或电表数值。 **原文：**东部能源公司使用各种类型的仪表，从传统的刻度表到新科技的数字显示表。无论哪种表，都是从左往右读，忽略任何红色的数字。如果您需要帮助，请随时联系24小时电话0600 7310 310。 **必要分析：**原文中对题目的对应问题，一共有三句陈述：从提供煤气表、电表的类型，到教住户该如何正确阅读数字，以至于如果仍有问题，可以求助24小时电话。由这些可以看出他们认为住户有能力而且也应该自己读出表上数值。所以答案为TRUE。
3	cheaper, gas, rather than electricity	段落小标题Moving home和Meter reading两个段落中	**题目：**现在，作为供暖方式，煤气比电更便宜。 **原文：**没有对煤气和电哪一个作为供暖方式在价格上的优势加以比较。 **必要分析：**雅思判断题中很喜欢把两个事物进行比较，通常答案为NOT GIVEN。考生碰到此类问题的时候，一定要在原文中找出两个事物的确进行了比较，如果没有比较，就选NOT GIVEN。此题原文分别提到了gas和electricity，但没有出现价格，更提不到比较，所以答案为NOT GIVEN。
4	supply energy, throughout the country	段落小标题Moving home正文倒数第三行	**题目：**东部能源公司为全国境内的家庭提供能源。 **原文：**请记住，无论您搬到英国的哪个地方，只要您愿意我们都可以继续为您服务。 **必要分析：**雅思考试中的判断题一般是遵循顺序原则的，在移民类的前两个部分，由于篇章短小，个别情况出现乱序，不过从段落小标题中就能很容易定位到题目可能所在的位置。解答本题时，找到题目在原文对应的相关语句之后，清楚看到题目和原文表达一致，所以答案为TRUE。
5	Energy Efficiency Line	段落小标题Energy Efficiency Line正文全部	**题目：**能源效率热线也处理关于能源供给的询问。 **原文：**欲了解如何有效地使用能源的建议，请致电能源效率热线0995 7626 513。本号码不受理其他咨询内容。 **必要分析：**题目中说此热线还处理关于能源供给的询问，而原文中明确说了此热线只提供如何有效使用能源的建议，不受理其他询问；题目明显抵触原文，所以答案为FALSE。
6	complaints, phone	段落小标题Complaints正文全部	**题目：**所有对能源供给的投诉应该通过电话。 **原文：**我们希望您能满意我们的服务做到零投诉。如不满意，请致电我们专门处理投诉的团队。您可以选择写信(PO)BOX或电话(telephone)。 **必要分析：**题目暗示所有的投诉只能通过电话，而原文中对于投诉方法给予了写信和电话两种方式。原文中说有两个方式，题目中只提到一个，是个原文中“多”对应

题号	题目定位词	答案位置	题解
			题目中"单一"的考点，这是雅思判断题中经常出现的考点，答案为FALSE。此外，题干本身也带有all这个过于绝对的词，考生要格外注意，通常题干含有过于绝对的词，答案都为FALSE。
7	report a fault	段落小标题 Supply failure 正文全部	**题目：**当报告供给故障时，住户可以免通话费。 **原文：**如果供电出了问题，请致电免费服务专线0600 7838 836，我们承诺7天24小时竭诚为您服务。 **必要分析：**题目中说：...are not charged for the call，文章中说：call free，都指不需要付钱，题目和文章陈述的信息一致，所以答案为TRUE。

参考译文

东部能源

您对煤气与电的账单或其他有关供气和供电的问题有任何疑问，都可以得到我们的帮助和个性化咨询服务。

搬家

如果您要搬家，请尽早通知我们。我们至少需要48个小时的时间来对您煤气和电的供应做一些必要的安排。要获知有关搬家的细节，可以致电我们24小时的服务专线01316 753219。我们非常高兴在您搬家当日知道您的表数。告知新的住户是我们东部能源公司为住户提供的服务，以保证我们的服务不间断。请记住，无论您搬到英国的哪个地方，只要您愿意，我们都可以继续为您服务。如果您没有事先通知我们您已搬家，您很有可能将承担您搬家后房屋所产生的费用。

读表

东部能源公司使用各种类型的仪表，从传统的刻度表到新科技的数字显示表。无论哪种表，都是从左往右读，忽略任何红色的数字。如果您需要帮助，请随时联系24小时热线电话0600 7310 310。

能源效率热线

欲了解如何有效地使用能源的建议，请致电能源效率热线0995 7626 513。本号码不受理其他咨询内容。

特殊服务

密码功能。您可以选择设置服务密码，这样无论我们何时拜访您家，您都能对我们的身份进行验证。欲知详情，请致电服务热线0995 7290 290。

帮助和建议

在任何问题上需要帮助和建议，都可致电01316 440188。

投诉

我们希望您能一直满意我们的服务做到零投诉。如不满意，请致电我们专门处理投诉的团队。您可以选择写信或电话联系我们。地址：邮政信箱220，斯坦菲尔德，邮编ST55 6GF；电话：01316 753270。

供应故障

如果供电出现问题，请致电免费服务专线0600 7838 836，我们承诺7天24小时竭诚为您服务。

篇章结构（Passage 2）

体　　裁：应用文

主要内容：如何使用微波炉。

必背词汇

heat	v. 加热
thermometer	n. 温度计，体温计
moisture	n. 潮湿，湿气
liquid	n. 液体，流体
essential	adj. 必要的；本质的，基本的；精华的 n. 本质，实质；要素，要点
exceed	v. 超越，胜过
burn	v. 烧，烧焦 n. 烧伤，灼伤
pastry	n. 面类食品，点心
process	v. 加工，处理 n. 程序，步骤
burst	v. & n. 爆裂，爆发
beverage	n. 饮料
evidence	n. 迹象；证据
bubble	v. 起泡，冒泡 n. 泡沫，幻想的计划
piping hot	滚烫的
steam	n. 蒸汽
emit	v. 发出，散发
stir	v. 搅拌；搅和，惹起
wipe	v. 擦
squeeze	n. & v. 压榨，挤
grease	n. 油脂
interior	adj. 内部的，内的 n. 内部
unplug	v. 拔去（塞子、插头等）；除去阻碍

试题解析

Questions 8–14

- 题型：LIST OF HEADINGS 选标题
- 题目解析：

本部分实际是考查将文中对微波炉使用的一些注意事项的语言描述同题目中的简短摘要对应起来，所以要特别注意题目和文章之间的原词或者同义词的替换。

题号	题目定位词	题解
8	rapid cooking times	文章SECTION A主要讲述了微波炉的烹调时间比其他各种的要短，用了shorter than这个短语来描述其时间的比较，对应选项v：rapid cooking times(短暂的烹饪时间)，所以选 v。混淆项iv：Standing time中也出现了时间，不过指的是静置时间。
9	small quantities of food	文章SECTION B着重于加热少量食物时的注意事项，对应选项vii：small quantities of food(少量食物)，所以选 vii。
10	foods low in moisture	文章SECTION C主要讲述了加热水分少的食物时的注意事项，对应选项ix：Foods low in moisture(湿度不大的食物)，所以答案选 ix。
11	foods with skins	文章SECTION D讲述加热一些加工过的食物时的注意事项，这些食物通常具有外包装，还包括带皮的水果等，这也就是选项ii：Foods with skins所指的带皮食物，所以答案选 ii。
12	liquids	文章SECTION E讲的就是加热汤、调料和饮料时的注意事项，这些东西也就是选项x：Liquids（液体），所以答案选 x。

题号	题目定位词	题解
13	re-heating	文章SECTION F第一句When warming up food for a second time...就表明本段讲的是回热也就是第二次加热食物时的注意事项，re-heating(重新加热)，概括了这一内容，所以答案选i。
14	keeping your oven clean	文章SECTION G讲述了如何对微波炉进行清洗，以保持其干净，选项iii：Keeping your oven clean（使你的微波炉保持干净）高度概括了本段的内容，所以答案选iii。

参考译文

微波炉使用技巧

一些重要的注意事项

A 微波炉的烹调时间比其他方式的烹调时间要短得多，所以在没有先检查食品的情况下，不要超过食品包装上的建议烹调时间很关键。

B 加热少量食物的时候要小心。一旦加热时间过长，食物会烤焦，变干，甚至起火。设置较短的烹调时间，频繁检查加热中的食物状况。

C 加热水分含量少的食物时要小心，比如面包类食物、巧克力或者面食。这些食物加热时间过长，也会导致烧焦或起火。

D 一些加工过的肉类，比如香肠，都有无孔的外包装。加热前，必须用叉子戳破外包装，以免在加热过程中爆炸。整个的水果和蔬菜也一样。

E 当用微波炉加热汤、酱汁和饮料的时候。即使加热到高于沸点时，液体表面也可能不会冒泡。注意不要过度加热。

F 用微波炉回热食物时，一定要确保食物加热到滚烫。比如：食物的整个表面都在冒热气、酱料正在冒泡。对不能搅拌的食物，比如匹萨，应用刀子切开中间来检查是否彻底加热。

G 为了保证微波炉的安全使用，经常对它进行清洗很重要。用打了温热的肥皂液的布擦拭微波炉以去除其内部的油脂或食物残渣。整个清洗过程必须在拔下电源插头的情况下进行。

SECTION 2

篇章结构（Passage 1）

体　　裁：应用文

主要内容：如何为新生意选择合适的店面。

必背词汇

premise	*n.* 前提，（企业、机构等使用的）房屋	overwhelming	*adj.* 压倒性的，无法抵抗的
		temptation	*n.* 诱惑，引诱
dominate	*v.* 支配，占优势	property	*n.* 财产，所有物；特性
priority	*n.* 优先，优先权	decade	*n.* 十年；十

rectify	*v.* 矫正，调整	operation	*n.* 运转，操作
threaten	*v.* 恐吓，威胁	prospect	*n.* 景色；前景；期望
ironically	*adv.* 说反话地，讽刺地		*v.* 寻找，勘探
swing	*v.* 摇摆，摆动，旋转	obstruct	*v.* 阻隔，阻塞；遮断（道路、通道等）*n.* 阻碍物，障碍物
commit	*v.* 犯(错误)，干(坏事)；提交		
initial	*adj.* 最初的，初始的；词首的	flexibility	*n.* 弹性，适应性，机动性
outlay	*n.* 费用	physically	*adv.* 身体上地
image	*n.* 形象，肖像；图象	alter	*v.* 改变
	v. 想象；反映，象征	extend	*v.* 扩充，延伸
enormously	*adv.* 非常地，巨大地	outwards	*adv.* 向外，在外
manufacture	*v.* 制造 *n.* 制造业；产品	landlord	*n.* 房东，地主，(旅馆等的)老板
access	*n.* 通路，入口 *v.* 接近	contract	*n.* 合同，契约；婚约
van	*n.* 有篷货车		*v.* 使缩短；感染
lorry	*n.* 卡车	alteration	*n.* 变更，改造
restriction	*n.* 限制，约束	authority	*n.* 权威，威信；权威人士
tighten	*v.* 变紧，绷紧，拉紧	rigid	*adj.* 刚硬的；严格的
crucial	*adj.* 至关重要的	density	*n.* 密度

试题解析

Questions 15–20

- 题型：SENTENCE COMPLETION 完成句子题
- 题目解析：

题号	题目定位词	答案位置	题解
15	expensive premises because, impressive	文中段落小标题What you need中第2段第2行 ...because they believe in the importance of image—and that does not come cheap.	题目句子中的空格是在because引导的原因状语从句中，说明要填的是一个原因，而且形式为一个名词或者不超过两个字的名词短语。原文中很快找到because所引导的句子。再仔细阅读，发现题目中定位词expensive对应原文中的does not come cheap，题目中impressive对应原文中的importance。所以在这句话中搜索符合空格形式的名词性质的答案，名词image即为答案。
16	depend on, near, shopping areas	文中段落小标题Location中第1段第1句High street premises are important for shops which rely on passing trade—but these are expensive.	题目句子中的空格是在depend on后面，on 是介词，说明要填的词形式为单个名词、动名词或不超过两个字的名词短语。很容易就能发现，题目提到的shopping area对应原文中的段落小标题Location。再仔细阅读，发现题目中定位词shopping areas 对应原文中的 high street...for shops; depend on对应原文中的rely on，重点注意介词对应。passing trade即为答案。

题号	题目定位词	答案位置	题解
17	produce goods, there is , delivery vehicles	文中段落小标题Location中第2段第1、2句Manufacturing and storage relies heavily on access. Think about how vans and lorries will deliver and collect goods from the premises.	题目句子中的空格是在there is后面，说明要填的词为一个单数名词。题目中提到的produce goods按照顺序原则非常容易找到原文对应点manufacturing，再仔细阅读，发现题目中定位词delivery vehicles对应原文中的vans and lorries will deliver and collect goods，重点在此区间内找单数名词。access即为答案。
18	removed, create more room	文中段落小标题Growth中第1段第2、3行It is important to consider flexibility from the start. Can a building be physically altered internally by knocking down walls or by extending...	题目句子中的空格是在whether后面，说明要填的词形式为名词或由两个单词组成的名词短语。题目中提到的whether...could be removed to create more room对应原文中的knocking down walls or by extending...，通过简单地理解句子意思，walls即为答案。
19	type of building alterations, permitted	文中段落小标题Growth中第2段第1句Landlords obviously have to agree to any changes so it is important that the contract includes details of what will be allowed and how much extra will be charged on top of the costs of rebuilding or alteration.	题目句子中的空格是在定冠词the后面，说明要填的词形式为名词或由两个单词组成的名词短语。题目中提到的type of building alterations对应原文中的have to agree to any changes，题目中的permitted对应原文中的it is important that the contract includes details of what will be allowed。重点在此区间内找到带有定冠词 the的名词。contract即为答案。
20	are located close to, extensions, not ...allowed	文中段落小标题Growth中第2段最后一句The building may be in a conservation area or near housing, in which case it will be much more difficult to consider changes.	题目句子中的空格是在close to后面，说明要填的词形式为名词或由两个单词组成的名词短语。能够预测出来空格中应该为某一个地方。题目中提到的extensions may not be allowed对应原文中的it will be much more difficult to consider changes；题目中提到的 close to对应原文中near。所以表地方的名词housing(住宅群)即为答案。

参考译文

为新生意选择店址

你所需要的

小公司在选店址时优先考虑的三个因素是：成本、成本还是成本。没有人会嫌钱多，因此便有一个难以抗拒的诱惑就是去找一个价格最便宜的房子。这会酿成几十年都难以修复的大错，甚至会威胁到一个颇有潜力的公司的将来。

而讽刺的是，一些公司与此截然相反，一味只选择贵的。公司建立之初，他们会花费大量的钱在租房子上，因为他们相信形象的重要性，而便宜的房子不能彰显出公司的形象。选择到一处合适的办公用地还真是大有玄机。公司的类型不同，选法自然相去甚远。但还是有些通用于各种公司的一般规律。

位置

越是依赖于客流量的生意，选择店面就越要在繁华大街上，不过就是租金昂贵。偏离主街几米远的地方，租金就会一落千丈。然而办公室的选址就不需要在繁华的市中心了，尤其是主要依靠电话或者电子邮件为经营模式的企业。

制造和贮藏主要依靠出入的便利。要考虑到货车和卡车从店址运送货物的便利性。对员工来说，附近有停车场很重要，还要有方便的公共交通，以便在交通管制加紧的时候也能方便出入。

规模

这是个非常关键的决定。关于每张办公桌以及每个工作间所需要的面积大小，“健康和安全法规”提供了一个最基本的指导意见。但是记得要预留增加面积。

成长

每一个小企业的目标都是成长为一个大公司，但是早期的一些错误决策会阻碍这种发展。从一开始就考虑到一些灵活性是非常重要的。是否可以通过打掉墙体，向外扩建或加层房间的方式来改变房屋的内部构造？隔壁有没有闲置的土地以备今后扩建之用？

很明显，房东在租房时不得不接受你提出的任何改变方案，但是务必把这些细节写在合同上，写清楚那些你被允许改变的细节和由于改建房屋所需要支付的相应费用。改扩建计划的内容也应考虑清楚。当地的房屋管理机构不会一直和你讨论房屋的将来发展问题。关于增加发展房屋的密度，他们有严格的规定。如果建筑本身或相邻房屋是属于文物保护单位的话，这种情况下要做出改变就比较困难。

篇章结构（Passage 2）

体　　裁： 应用文

主要内容： 加利福尼亚州立学院的工作条件及员工福利。

必背词汇

payday	*n.* 发工资日
overtime	*n.* & *adj.* 超时（的），加班（的）
exempt	*v.* 豁免的，被免除的
approve	*v.* 赞成，批准，通过
excess	*n.* 过度，超过
compensation	*n.* 补偿，赔偿
permit	*n.* 许可证，执照 *v.* 许可，准许
payroll	*n.* 薪水条，薪水总额
deduction	*n.* 减除，扣除
human resource	人力资源
license	*n.* 许可（证）*v.* 许可
fine	*n.* 罚款，罚金
automatic	*adj.* 自动的，无意识的；机械的
charge	*n.* 费用；电荷
duplicate	*n.* 复制品，副本 *v.* 复制
prior to	在前，居先
temporary	*adj.* 暂时的，临时的
approximately	*adv.* 近似地，大约
benefit	*n.* 利益，好处
prorated system	一种薪金分配系统
schedule	*n.* 时间表 *v.* 确定时间
initiate	*v.* 开始，发起
grant	*v.* 同意，准予，承认
calendar	*n.* 日历，历法
entitle	*v.* 授权，授予
span	*n.* 跨度，范围
grace period	（行动、责任等的）宽限期

试题解析

Questions 21–27

- 题型：SHORT ANSWER QUESTIONS 简答题
- 题目解析：

题号	题目定位词	答案位置	题解
21	where，collect wages	段落小标题 Payday正文第2行 employees pick up the pay checks in their department	注意题目要求不超过三个单词。题目是由特殊疑问词where提问，所以首先确定答案形式是名词或名词短语，表地点。题目中collect their wages对应原文中pick up the pay checks，所以介词in后面的their department是答案。
22	who，authorise, overtime	段落小标题 Overtime正文第3行 The supervisor must approve all overtime before overtime occurs.	题目是由特殊疑问词who提问，所以首先确定答案形式是名词或名词短语，表人名或人物身份。题目中authorise对应原文中approve，原文中approve的主语为the supervisor，这也就是题目中authorise的主语，因此the supervisor是答案。
23	not paid extra, 40 hours a week	段落小标题 Overtime正文倒数第 2 行 Exempt employees receive no additional compensation for overtime hours.	题目是由特殊疑问词who提问，所以首先确定答案形式是名词或名词短语，表人名或人物身份。题目中40 hours a week很容易对应原文本部分第一行的forty hours in a workweek，more than 40 hours a week即对应原文overtime hours，题目中not paid extra对应原文中receive no additional compensation，所以exempt employees是答案。
24	where, parking charge, taken off	段落小标题 Parking正文第1行末尾A monthly pre-tax payroll deduction can be made by visiting Human Resources.	题目是由特殊疑问词where提问，所以首先确定答案形式是名词或名词短语，表地点。题目中parking charge很容易对应原文中段落小标题Parking；题目中parking charge taken off... 对应原文中...deduction can be made by visiting Human Resources. 所以Human Resources（人力资源部门）是答案，也可缩写为HR。
25	what method is used, calculate, part-time, holidays	段落小标题Holiday正文第 2 行 Regular part-time employees will receive holiday benefits worked out using a prorated system.	题目是由特殊疑问词what提问，所以首先确定答案形式是名词或名词短语，表一种被用来计算假期的方法。题目中holidays很容易对应原文中段落小标题Holidays；题目中 calculate对应原文中work out，所以用来计算员工假期的方法是prorated system，因此答案为a prorated system。
26	which documents, fill in, Personal Holiday	段落小标题 Personal Holiday 正文第 3 行 Employees requesting Personal Holiday will be required to complete ‘Leave Request’ forms.	题目是由特殊疑问词which documents提问，所以首先确定答案形式是名词或名词短语，表哪类文件。题目中Personal Holiday很容易对应原文中段落小标题Personal Holiday；题目中 fill in对应原文中will be required to complete，因此complete的宾语 Leave Request’ forms即为fill in的宾语，也就是本题的答案。

题号	题目定位词	答案位置	题解
27	what is the name, birthdays, December	段落小标题 Birthday Holiday 正文第2、3行 What is known as a grace period through January 15th is given to those employees...	题目是由特殊疑问词what is the name提问，所以首先确定答案形式是名词或名词短语，表名称。题目中birthdays很容易对应原文中段落小标题Birthday Holiday；题目中 what is the name对应原文中what is known as，因此其后面的 a grace period就是本题的答案。

参考译文

加利福尼亚州立学院

工作条件及员工福利

发薪日

每隔一周的周五为员工发工资。如果周五是假期，那么顺延到下周一发工资。一般来说，员工在所在部门领取工资；如果所在部门没有，可以到商务办公室去领取。

加班

工作时间超过每天8小时、或一周40小时的部分，或者在星期日工作的前八个小时都应支付加班费给正式员工。在加班之前必须由主管批准。星期日工作超过8小时以及一天工作超过12个小时的部分，应该支付双倍加班费。临时工加班不能获得额外的补偿。

停车

员工必须要持有有效停车证才可以在员工停车场停车。如果想从税前工资中按月扣除停车费，在人力资源部门办理即可。如果希望现金支付，持工作证和驾驶执照编号到财务室办理即可。保安部门将会给没有停车证的车辆开具罚单，并进行罚款。

工作证

所有的员工必须要携带工作证。如果员工丢失了工作证，将自动收取5美金来补办一个副本。如果员工离职，工作证必须在领取最后一次薪水前交回。

假期

每一个自然年，所有正式的和临时的全日制员工一般都可以得到13天的带薪休假。所有长期临时工假期的计算方法将依照“比例换算系统”进行计算。休假安排每年做一次调整。

个人休假

一旦被录用，每一个员工在每个自然年度之初就被准予多一天个人休假时间。个人休假时间必须一次性使用完毕（全职员工为8小时，临时工按照比例换算得出相应的时长），员工休个人假期必须要填写“休假申请”表格。个人休假一个员工一年只能有一次。

生日休假

所有正式的和临时的全日制员工以及兼职员工都享有一天生日带薪休假。所有的员工可以在生日前或后十五天内享受这种待遇。生日在12月16日到12月31日之间的员工，休假日可延到次年1月15日之前进行。

SECTION 3

篇章结构

体　　裁：说明文
主要内容：缉毒犬
第1段：工作在墨尔本国际机场图拉姆瑞恩的黑色拉布拉多犬——佛罗伦斯。
第2段：佛罗伦斯发现了大麻制剂。
第3段：巧妙隐藏的毒品也不能瞒过佛罗伦斯。
第4段：神经生物学家揭示了使佛罗伦斯成为一条顶级缉毒犬的真正原因。
第5段：澳大利亚开展了一个培育缉毒犬的计划。
第6段：钱伯尼斯首先界定了侦缉犬所必备的六种特性。
第7段：具体说明六种特性中的后两种。
第8段：为了估测狗的专注能力，凡德鲁和钱伯尼斯做了一个试验。
第9段：和狗的专注力相仿，人的专注能力也和一些因素有关。
第10段：通过警觉测试任务，希望侦缉犬有应对无法预测的信号的能力。
第11段：超级缉毒犬吸引神经生物学家的注意，仅仅是个时间问题。

必背词汇

第1段

breed	*v.* (使)繁殖；教养 *n.* 品种；种类	rushing	*adj.* 急流的；旺盛的
		air vent	*n.* 气孔
Customs	*n.* 海关	grinding	*adj.* 刺耳的；磨的
baggage	*n.* 行李	generator	*n.* 发电机
convey	*v.* 搬运；传达	bark	*v.* 吠，咆哮
reclaim	*v.* 申报；收回	sleek	*adj.* 光滑的；柔滑的
roaring	*adj.* 咆哮的；轰鸣的；喧闹的	wag	*v.* 摇摆，摇动

第2段

cavalcade	*n.* 队伍；一系列	wrap	*v.* 包装；覆盖
luggage	*n.* 行李	freezer paper	冷藏纸
beneath	*adv.* 在……之下	heat-seal	*v.* 热封口
casing	*n.* 包装；箱；盒	hashish	*n.* 以印度大麻提炼的麻药
pepper	*n.* 胡椒粉		

第3段

conceal	*v.* 隐蔽	handler	*n.* 管理者，训练者，(犬马等的)训练者
sniffer	*n.* 用鼻子闻的人；嗅探器		
persistent	*adj.* 持久稳固的	dedicate	*v.* 献(身)，致力
scratch	*v.* 抓，擦 *n.* 刮擦声；抓痕，擦伤	detect	*v.* 察觉，发觉；探测
alert	*v.* 引起警觉 *n.* 警惕；警报	sphere	*n.* 球体，范围，领域

第4段

comparatively	*adv.* 比较地，相当地	mechanism	*n.* 机械装置；机构；机制
esoteric	*adj.* 深奥的，神秘的	determine	*v.* 决定，确定
neurobiology	*n.* 神经生物学	diagnosis	*n.* 诊断
unswerving	*adj.* 不歪的；坚定的，始终不渝的	controversial	*adj.* 争论的，争议的
trait	*n.* 显著的特点，特性		

第6段

define	*v.* 定义；详细说明	stamina	*n.* 毅力；精力
essential	*adj.* 本质的；必要的 *n.* 本质，实质；要点	fearless	*adj.* 不怕的，大胆的，勇敢的
		jam-packed	*adj.* 塞紧的；拥挤不堪的
praise	*v.* 赞扬，歌颂，称赞	cargo	*n.* 船货，（车、船、飞机等运输的）货物
disposal	*n.* 处理，安排，配置		
instinct	*n.* 本能		

第7段

cognitive	*adj.* 认知的，认识的，有感知的	dockside	*n.* 码头
distraction	*n.* 分心	sustained	*adj.* 持续不变的

第8段

assess	*v.* 估定，评定	feeble	*adj.* 虚弱的，微弱的，薄弱的
scale	*n.* 刻度；比例；等级	paddock	*n.*（马厩或宅房的）小牧场；围场
toss	*v.* 投，掷	phenomenal	*adj.* 显著的；现象的
patch	*n.* 片，碎片；小块地	obsessive	*adj.* 强迫性的，压迫的

第9段

overlap	*v.* 重叠，搭接	monitor	*n.* 监听器，监视器，监控器 *v.* 监控
blip	*n.* 雷达上显示的点（表示飞机、潜水艇或其他目标的位置）	interval	*n.* 间隔，距离，幕间休息
clutter	*n.* 混乱		

第10段

unpredictable	*adj.* 不可预知的	heroin	*n.* 海洛因，吗啡
odour	*n.* 气味，香味，臭味,	bulging	*adj.* 膨胀的，凸出的
molecule	*n.* 分子	sack	*n.* 大袋 *v.* 解雇

第11段

deficit	*n.* 赤字；不足额	component	*n.* 成分

试题解析

Questions 28–36

- 题型：MULTIPLE CHOICE 单项选择题
- 题目解析：

题号	题目定位词	答案位置	题解
28	drug, suitcase	第2段全部	选择题一般是一题考一段，按顺序来。所以这道题按顺序结合定位词定位到第2段。题目中的suitcase与原文第2段第3行的suitcase对应；题目中的drug与原文第2段最后1行hashish(大麻)对应；一般考生都不认识hashish这个单词。但我们可以仔细审题，题目问行李箱中的毒品如何。原文第2段中这样描述...Inside the case, within styrofoam casing, packed in loose pepper and coffee, wrapped in freezer paper and...A选项lining(衬里)在原文中没有。 B选项pepper and coffee around them(被胡椒和咖啡包围着)。 C选项 区...been frozen与原文...wrapped in freezer paper and ..., are 18 kilograms of hashish. 不符。D选项had a special smell to repel dogs(毒品有一种特殊味道惹怒狗)，这在原文中没有提及。只有B选项和原文一致，答案选B。
29	Most dogs are not good... because	第3段全部	题目中Most dogs are not good... 与原文Ordinary dogs have a 0. 1% chance of making it in drug detection. 对应。我们的目的就是要找到佛罗伦斯这种犬种好的原因。根据原文：再煞费苦心的藏毒行为也不能瞒过嗅觉灵敏的佛罗伦斯，她不停地抓手提箱，直到引起驯犬员的注意。佛罗伦斯完全是个新犬种：她或许是世界上唯一专门培育缉毒犬种计划的产物。A选项they don't work well with a handler.(他们不能很好地与训练者合作。)，在原文中没有提及。 B选项they lack the right training. (他们缺少正确的训练。)，在原文中也没有提及。C选项the drugs are usually very well hidden.(毒品通常藏匿得太好了。)这不是大多数狗在缉毒方面不好的原因。D选项they lack certain genetic qualities.(他们缺乏某些基因特征。)与原文第3段第2行Florence is one of a truly new breed对应，最切题。答案选D。
30	good drug detector, because	第4段 第3行往后	第4段讲的是佛罗伦斯成为好缉毒犬的原因。题目中good drug detector与原文中第4段第4行…top drug dog...对应。全句It turns out that it's not Florence's nose that makes her a top drug dog, but her unswerving concentration...(使佛罗伦斯成为一条顶级缉毒犬的真正原因不是她的鼻子，而是她不懈的专注和其他一些必要的特性。)与题目B...s not easily distracted (注意力不容易被分散)对应。尤其要注意not A but B的翻译：不是A，而是B。这是经常考的知识点。A选项"佛罗伦斯比其他狗闻的嗅觉好"，文中没有提及。C选项"经过特殊训练，能在机场工作"，这不是要从文中找的原因。D选项"佛罗伦斯享受它的工作"，与原文无关。答案选B。
31	scientists, understand	第4段 第5行	题目中定位词 scientists, understand与原文第4段第5行 Florence could help neurobiologists to understand both ...对应。审题：佛罗伦斯可以帮助科学家了解什么。A选项"人和狗的大脑有何不同"，文中没有提及。B选项 "人们如何人使用大脑的两面"，文中没有提及。C选项：why some people have difficulty paying attention与原文Florence could help neurobiologists to understand both what they call 'attention processing', the brain mechanisms that determine what a person pays attention to and for how long...and its flip side, problems such as...对应。D选项：the best way...(最好的方法……)，文中没有提及这是否是最好的方法。答案选C。

题号	题目定位词	答案位置	题解
32	1993, Australian Customs	第5段第2行	题目中定位词 1993、Australian Customs与原文第5段第1、2行The Australian Customs…But, in 1993…对应。审题：1993年澳大利亚海关如何？A选项“决定重新使用他们自己的狗”，文中没提及。B选项“很成功地找到了缉毒犬”，与原文第5段第2行but之后...fed up with the poor success rate of finding good dogs this way...相反。C选项“……改变了他们获得狗的方法”，与原文此段最后1句：...and set up a breeding programme对应。D选项“让私人动物饲养者提供更多的狗”。原文第5段第1行...since 1696...Traditionally, the animals came from pounds and private breeders.（在传统上，私人动物饲养者提供更多的狗），这发生在1993年前，时间上不符。所以答案选C。

- 题型：MULTIPLE CHOICE多项选择题
- 题目解析：

题号	题目定位词	答案位置	题解
33-36	important qualities, detector dogs, have	第6、7段	题目中important qualities that detector dogs must have与第6段第1行Champness began by defining six essential traits that make a detector dog. First, ...对应。多选题的答案内部是没有顺序的，所以首先要依次划出其中关键词，然后再回到原文，依照原文的顺序看有几点，回到题目中关键词的地方找对应点。首先First, every good detector dog must love praise because this is the only tool trainers have at their disposal, but the dog must still be able to work for long periods without it.（每一条优秀的侦缉犬必须喜欢受人夸奖，因为这是训练者唯一可以随意支配的工具。但是它还必须在没有表扬的情况下长时间地工作。）对应题目中的F选项：a willingness to work without constant encouragement（没有持续的鼓励也愿意工作）和题目中的I选项：a desire for people's approval（有被人们称赞的渴望）。文章中第7段第2句A good detector must be capable of focusing on the task of searching for drugs, despite the distractions in any airport or dockside.（一条出色的侦缉犬必须能专注搜寻毒品的任务，不管机场或码头上发生了什么使注意力分散的事情。）对应题目中的D选项：an ability to work in noisy conditions（在嘈杂条件下工作的能力）和题目中的E选项：an ability to maintain concentration有（保持注意力集中的能力）。原文中第7段倒数第2、3行And finally...the dog must persevere and maintain focus for hours at a time. 再次验证了选项E的正确性，原文中must persevere and maintain focus与题目中maintain concentration对应。其他题目其他选项原文都没有提及。所以答案为：D，E，F，I。很多同学选到了干扰选项B: a willingness to work in smelly conditions （愿意在气味难闻的条件下工作），认为它与原文中第 6 段倒数第 2 行：The ideal detector is also fearless enough to deal with jam-packed airport crowds and the...（理想的侦缉犬还能毫无畏惧地应对机场内水泄不通的人群相对应）。学生认为因为机场非常挤，所以气味难闻。缉毒犬愿意在此工作，就可以推论为B选项：愿意在气味难闻的条件下工作。这样是脱离了文本依据的不必要联想。其他答案有比这个答案更加切题的，就要排除选项B。

Questions 37–40

- 题型：TRUE/FALSE/NOT GIVEN 判断题
- 题目解析：

题号	题目定位词	答案位置	题解
37	ADHD	第4段 倒数3行	**题目**：判断孩子是否患有ADHD的方法现在被广泛接受。 **原文**：第4段倒数2行...although diagnosis is often controversial（尽管诊断总是有争议）。 **必要分析**：题目中说...now widely accepted（现在被广泛接受）而原文中说...is often controversial 题目与原文事实陈述明显抵触，所以答案为FALSE。
38	five minutes, vigilance test	第9段 倒数3行	**题目**：在警觉测试开始5分钟后，一些实验对象仍然能够注意到一些光点。 原文第9段倒数3行Five minutes into the test, one in ten subjects will start to miss the majority of the blips, one in ten will still be able to spot nearly all of them and the rest will come somewhere in between. 约五分钟后，十分之一的试验对象会漏掉大部分光点，十分之一的仍能够发现几乎所有的光点，剩下的则介于二者之间。必要分析：原文中one in ten subjects will still be able to spot nearly all of them... 与题目中的some subjects will still notice some blips叙述一致，都表明有部分试验对象仍能看到光点，因此答案为TRUE。
39	vigilance test, Improve concentration	第10段	**题目**：警觉测试帮助提高注意力。 **原文**：根据判断题一般遵循顺序原则，通过题目定位词vigilance test不难定位到第10段。纵观全段两句话，没有提到此测验是否能提高注意力的问题。 **必要分析**：原文中没有题目中的定位词concentration，所以更谈不上是否vigilance test可以有助于improve concentration。所以，答案为NOT GIVEN。
40	well concealed, best dog, miss		**题目**：如果几克毒品藏匿得非常好，甚至训练最有素的缉毒犬也会错过。 **原文**：第10段第2句During a routine mail screen that can take hours, the dogs stay so focused that not even a postcard lined with 0. 5 grams of heroin and hidden in a bulging sack of letters escapes detection. 在一次耗时数小时的例行邮件检查中，侦缉犬高度专注，在鼓鼓的一大麻袋信件中，甚至混有一封藏有0. 5克海洛因的明信片也没有逃过检查。 **必要分析**：原文a postcard lined with 0. 5 grams of heroin and hidden in a bulging sack of letters指的就是题目中提到的藏匿得很好的几克毒品。原文 not escapes detection（不能逃避检查）与题目miss them(错过检查)事实陈述明显抵触，不符合，所以答案为FALSE。

缉 毒 犬

佛罗伦斯是一个新犬种，使澳大利亚的海关工作更为简单。

上午八点十五分，一架飞机降落在墨尔本图拉姆瑞恩国际机场。几百件行李被匆忙地从飞机上运到行李领取处的传送带上。佛罗伦斯，这皮色光亮的黑色拉布拉多犬，摇着尾巴，汪汪的叫声盖过了轰鸣的引擎声、通风口呼呼的气流声和刺耳的发电机的声音。

行李接连不断地从佛罗伦斯无所不闻的鼻子下经过，其中有一个毫不起眼的硬制手提箱。在手提箱塑料泡沫的包装内，在散装的胡椒和咖啡中，有18公斤用冷藏纸包装、塑料加热封口封装的大麻制剂。

巧妙隐藏的毒品并不能瞒过超级缉毒犬佛罗伦斯的鼻子。她不停地抓手提箱，这引起了驯犬员的警觉。佛罗伦斯完全是一个新犬种：她或许是世界上唯一专门培育缉毒犬种计划的产物。对于普通犬来说，成为缉毒犬的概率只有0. 1%。澳大利亚海关负责的新犬培育计划极其成功，其培育出的狗有一半以上达标。

开始时，这完全是一种实用性的练习，为的是把非法毒品拒之于澳大利亚国门之外，但结果可能会是在一个完全不同的领域发生作用——相对比较神秘的神经生物学领域。该学科证明，使佛罗伦斯成为一条顶级缉毒犬的真正原因不是她的鼻子，而是她不懈的专注和其他一些必要的特性。佛罗伦斯可以帮助神经生物学家了解他们所称的“注意力处理过程”——一种决定一个人会专注于什么、以及专注多长时间的大脑机制——以及其对立面，如注意力缺乏/多动症(ADHD)这样的问题。在美国，有3%~5%的孩子被认为患有此类疾病，发病率最高，尽管诊断结果总是会有争议。

自1969年起，澳大利亚海关就用狗来搜查毒品。传统上，这些狗是从走失犬监管处或私人养犬者那里挑选的，但通过这种方法寻觅到优秀侦缉犬的成功率很低。1993年，侦探犬训练部高级教官约翰·凡德鲁与凯斯·钱伯尼斯——当时她还是墨尔本大学的博士生——联手开展了一个培育计划。

钱伯尼斯首先界定了侦缉犬所必备的六种特性。首先，每一条优秀的侦缉犬必须喜欢受人夸奖，因为这是训练者唯一可以随意支配的工具。但是它还必须在没有表扬的情况下也长时间地工作。其次，它需要有敏锐的搜寻直觉和体力，能胜任每分钟约300次繁重的嗅查任务。理想的侦缉犬还能毫无畏惧地应对机场内水泄不通的人群和引擎轰鸣的货船舱。

剩下的两种特性联系紧密，本质上是认知性的。一条出色的侦缉犬必须能专注搜寻毒品的任务，不管机场或码头上存在什么分散注意力的因素。这就是神经生物学家所称的“选择性注意力”。最后，毒品可能有上万个潜在的隐匿之处，侦缉犬必须有毅力，能持续集中注意力数小时。神经生物学家称之为“持续性注意力”。

凡德鲁和钱伯尼斯在估测狗的专注能力时，把一个玩具扔到蒿草丛生的一块地里，根据狗对玩具保持的注意力把它们划分为一到五等。伊万得了一个糟糕的分数。他追着玩具，但半路上被其他狗待过的地方或围场中的花朵分散了注意力。罗伊娜却相反，她具有罕见的专注力：有人甚至会认为她是着迷。当凡德鲁扔出玩具后，搜寻中没有任何东西能使她分心，别的狗、食物都不能让她分心。即使没人在旁边鼓励她，她照样会不停地寻找。罗伊娜得了五分。

和狗的专注力相仿，人的专注力取决于一些相互重叠的认知行为，包括记忆和学习，即神经生物学家所说的注意力处理过程。测试人类的注意力有多种方法，比如可以通过让试验对象辨识屏幕上的颜色而忽略形状，或者辨别声音而忽略视觉提示，或者进行“警觉测试”。做警觉测试就好像操作军事雷达。在一个有杂乱回波的监视器上会不时地出现光点，而且光点的间隔也不规则。能很快发现所有光点的试验对象得到高分。测试开始五分钟后，十分之一的试验对象会开始漏掉大部分的光点，十分之一的试验对象仍能够发现几乎所有的光点，剩下的试验对象则介于二者之间。

警觉测试任务提供了不时出现且无法预测的信号——这正是我们希望侦缉犬所做的，要侦缉犬在空气中嗅到很少的气味分子，然后就直奔源头。在一次耗时数小时的例行邮件检查中，侦缉犬高度专注，在鼓鼓的一大麻袋信件中，甚至混有一封藏有0. 5克海洛因的明信片也被查了出来。

随着人们对注意力处理过程以及一些伴有注意力缺陷因素的人类疾病的关注，如注意力缺失/多动症和精神分裂症，人们预测，超级缉毒犬吸引试图治疗这些疾病的神经生物学家们的注意，这仅仅是个时间问题。

WRITING

TASK 1

题目要求（见“剑7”P116）

审题

题目翻译：你最近开始在一家新公司工作。写封信给一个说英语的朋友。在信里你要解释为什么换工作，描述你的新工作，并告诉对方其他与你有关的消息。

本题属于告知信，收信人是朋友，注意在文体上不能太正式(formal)，要在普通(general)文体的基础上夹杂一些非正式(informal)表达。

写作思路

雅思考试中书信作文题目分为两部分：陈述性文字表明背景，需要在正文的开头加以交代；另外会有祈使句表明写作任务，通常是三个要求(bullet points)，写的时候要一一回应，不能遗漏。一般每个要求用三句话来回应就差不多了。

考官范文（见“剑7”P170）

参考译文

亲爱的珍妮：

希望你和你们全家都一切安好，我很抱歉最近很少和你联系。我现在写信是要告诉你我找了份新工作。

你还记得我原来在城外几英里的那家建筑公司上班？嗯，我真是受够了——工作时间相当长，而且说实话，收入也不怎么样。所以我就应聘了一家刚在市中心开了家新分公司的一个新的国际企业，他们在招行政人员。

面试的时候我有点紧张，但最后我还是得到了高级行政人员的工作。我好开心啊！收入比原来高，工作环境不错，而且我再也不用开车上班了。

不过，我得停笔了，因为我姐姐在我这儿，并带了我的小侄子来看我。她让我转达爱意，并询问我们大家什么时候可以聚聚。我希望是不久以后。

爱你的，
蒂娜

分析

格式(format)分析：

称呼(salutation)和结束语(ending)：

当你写的是正式书信，而又不知道收信人姓名时，称呼用：Dear Sir/Sirs；相应的结束语一般用Yours faithfully。

当你写正式书信给知道姓名的人、不太熟悉或需要表示尊敬的熟人时，称呼用：Dear Mr./Mrs./Ms./Miss./Prof. 后面加姓(surname, family name)；相应的结束语一般用Kind regards或Yours sincerely。

当你写信给熟人或者朋友时，称呼用：Dear 后面加名(given name)。相应的结束语一般用Kind regards，Best wishes或Lots of love。

本文的收信人是朋友，属于第三种情况，称呼和结束语分别用了Dear Jenny和With love。

开头段分析：

I hope this finds you and your family well, and I'm sorry I haven't been in touch recently. I'm writing now to let you know about my new job. 希望你和你们全家一切安好，我很抱歉最近很少和你联系。我现在写信是要告诉你我找了份新工作。

开头写了两句话：第一句寒暄一下；第二句是中心思想，直接回应题目的要求，把题目中的started work in a new company改写成了my new job。

因为收信人是朋友，所以本文在用词上使用了一些偏非正式一点的表达，例如find...well，be in touch，let...know等等；如果是比较正式的书信，则应该用相对正式一点的表达。这是雅思写作文体(register)的要求。

主体段和结尾分析：

这篇范文的三个主体段落分别对应三个要求(bullet points)，结构清晰，逻辑性强。

第二段写为什么换工作：工作时间长、收入低。

第三段描述新找到的这份工作：高级行政人员；好处是收入高，环境好，离家近不用开车上班。

第四段是告知对方其他的一些消息：作者的姐姐和小侄子来看她，并转达问候，希望能一起聚聚。

移民类书信作文的主体段落是写作的难点之一。首先不要遗漏题目里的任何要点，其次在写的时候要论证充分，提出具体理由。

好的用词：

be in touch(保持接触)，feed up with(受够了，烦透了)，to be honest(说实话)，basically(基本上)，meet up(见面)

体现文体特点的相对非正式的表达：

缩写(contraction)：I'm sorry, I haven't been, I'm writing, wasn't great, don't have to drive

不太正式的短语：let you know(让你知道)，well(语气词，表示转折)，a bit(有一点)，anyway(无论如何，总之)，lots of(很多)

复杂句型：

宾语从句：I hope this finds you and your family well... hope后面省略了that。

I'm sorry I haven't been in touch recently. sorry后面省略了that。

You remember that I was working for... remember后面，that引导的从句。

定语从句：I applied for a job at a new international company that was looking for admin staff... that引导的定语从句，修饰company。

状语从句：I have to stop now because my sister is... because引导的原因状语从句。

TASK 2

题目要求（见“剑7”P116）

审题

本题翻译：一些人喜欢独立住宅，而其他人觉得住公寓好处更多。和住公寓相比，选择独立住宅是否利大于弊？

本题在题材上属于社会类话题，题型上属于利弊分析类(Advantages and Disadvantages)。这类题目的写法结构和Discuss类近似，都应该从利弊两方面进行分析，然后提出自己的观点：到底是利大于弊，弊大于利，还是利弊参半。

写作思路

本题要讨论住房类型，独立住宅和公寓哪种方式利大于弊。写作的时候，可以有两种方式来安排主体段落：一是先谈论独立住宅和公寓的好处，然后谈独立住宅和公寓的缺陷，最后进行对比；二是先分别谈论独立住宅和公寓的利弊，然后进行比较得出自己的观点；三是把独立住宅和公寓的利弊打散了写，从住房的要点进行分析。下面这篇考生作文用的是第一种、也是相对容易操作的方法。

考生作文（见“剑7”P171）

参考译文

在大型商业城市，有两种住房：独立住宅和公寓。一些人喜欢住公寓，一些人喜欢住独立住宅。

在大型商业城市，几乎每个人每天都外出工作或学习，公寓提供了更舒适、更安全的生活方式。住公寓的好处还有：他们只需要照管一把钥匙和锁，而且觉得自己是大家庭的一员。通常有门卫坐在大门口，孩子可以和隔壁的朋友们一起在院子里玩耍。此外，公寓不需要那么多日常清洁，因为不需要清洗楼梯，而所有的家庭主妇都明白，清洗楼梯是件难事。但主要优点在于如果出远门度假，房子会很安全。

另一方面，对于住户来说，独立住宅有着自身的魅力。喜爱花园的人通常会选择独立住宅，因为他们可以有自己的花园。在家养宠物也会容易些，尤其是养狗，因为狗可以在花园里撒欢。如果住户想自己对车进行维修或保养，那么只有在拥有自己车库的独立住宅里才有这种可能。

人们有时候更为在意自己的隐私，那住公寓就会很烦恼。对于那些没法和隔壁邻居等他人相处的人来说，独立住宅会是最佳选择。

但是，有时候对于低收入人群来说，独立住宅可能是个坏选择。在这种情况下，维护和管理大房子会是个问题。

最后我必须说根据个人的状况，两种选择都有利有弊。但从我的角度，我必须说公寓似乎是现代生活的一个礼物，而这在我的家乡还很少见。

分析

本文为7分。

考官点评（见“剑7”P171）

参考译文：本文分析了住公寓和住独立住宅的好处，然后简要评价了一些缺陷，最后提出自己的观点。如果在写缺陷的时候能够论证更充分，成绩还会更高。观点清晰，分段合理。衔接手段稍嫌少，有些指代关系不正确，但句子之间和段落之间的连接比较清晰。词汇运用多样，有些地方搭配很好，但词汇的选择偶尔有些不得体，拼写如果能更准确会有助于分数的提高。可以有更多的复杂结构，但句子形式足够多样，语法和标点也相当不错，符合7分要求。有一些错误，但绝大多数都是小错误，并不妨碍交流。

内容和结构分析：

本文一共六段。段落结构清晰，连贯性较强。

第一段交代背景。说明住房的两种选择：独立住宅和公寓。

第二段讨论住公寓的好处：舒适安全、大家庭、打扫方便。本段论证比较充分，用了举例、对比等方法。

第三段讨论住独立住宅的好处：花园、宠物和车库。

第四、五段分别讨论住公寓和住独立住宅的缺陷：前者缺乏隐私，后者的费用和维护是个问题。

第六段总结全文，认为两种选择均有利有弊，并提出自己的倾向性：公寓。

就内容方面来说，第四、五段完全可以合在一起。另外，在论证缺陷的时候要更充分，运用一些举例、对比、让步等论证方法。这样文章在内容方面的得分还会更高。

衔接手段：

第一段Some people prefer to live in apartments and some like to live in houses. 这句话中的第二个some可以改成others，这样可以通过替换（substitution）来体现衔接性。

第二段The advantages include the fact that... 这句话应该改成The advantages of apartments include the fact that...这样可以和上一句话有更大的关联性。

指代关系：

第二段The advantages include the fact that there is one key and lock they have to take care of...本句they指代错误，这里的意思应该是住户（inhabitants），但根据语法，成了指代advantages；应该把they改成the inhabitants。

第三段On the other hand, houses have their own attraction for its inhabitants. 中its指代houses，单复数应统一，应改为their，或者删除不要。

词汇和搭配：

多样化的词汇：option（选择），available（可得的，可行的），compound（院落），attraction（魅力），inhabitant（住户），maintain（维护），garage（车库），privacy（隐私），properly（合理地）

好的搭配：go out for（出去……），take care of（照料），be a part of（成为……的一部分），play around（玩耍），be concerned about（在意）

拼写错误：

prefere（prefer），voccation（vacation），maintaing（maintaining），neighboures（neighbours），than（then）

多样化的句子结构：

非限定性定语从句：In big business cities, where almost everyone is going out daily for work or study, apartments provide a much more comfortable and safe way of living. 本句中，where引导非限定性定语从句，修饰cities。

限定性定语从句：If someone is interested in maintaining （原文：maintaing）cars himself, it can only be possible in houses where one can have his own garage. 本句中where引导限定性定语从句，修饰houses。

同位语从句：The advantages include the fact that... 本句中that引导同位语从句修饰the fact。

原因状语从句：In addition, not much daily cleaning is required in apartments as no staircase has to be cleaned（原文：clean），which is a difficult task—all housewives（原文：house wives）know it very well. 本句中，as引导原因状语从句，which引导非限定性定语从句，修饰清洗楼梯这件事。

表语从句：But a key advantage is that it is safe to go on vacation （原文：voccation）for a long trip. 本句中that引导表语从句，修饰is。

General Training: Reading and Writing

Test B

READING

SECTION 1

篇章结构(Passage 1)

体　　裁：应用文

主要内容：Supafone移动数字公司的电话优惠资费选择，共有三种选择，每种的计费等各不相同。

必背词汇

rate	*n.* 比率；速度；等级；费用
digital	*adj.* 数字的 *n.* 数字
executive	*adj.* 实行的；管理的；行政的 *n.* 执行者
highflier	*n.* 高飞的人；成功人士，精英
moderate	*adj.* 中等的；适度的，适中的 *v.* 缓和
strain	*v.* 拉紧；尽力 *n.* 过度的疲劳；紧张
budget	*n.* 预算
competitive	*adj.* 竞争的
client	*n.* 顾客，客户；委托人
critical	*adj.* 关键的，重要的；紧急的；评论的；鉴定的
increment	*n.* 增加，增量

试题解析

Questions 1–7

- 题型：MATCHING 搭配题
- 题目解析：

题号	题目定位词	答案位置	题解
1	monthly access fee, highest, call rates, lowest	段落小标题，HIGHFLIER正文最后1行	**题目**：月接入费最高但是通话费率最低。 **原文**：As a high-volume user you pay an access fee of just ＄60 a month but even lower call rates. 作为使用量大的用户，月接入费仅仅60美金，还能享受到更低的费率。 **必要分析**：请考生注意读正文中的表格。此题可以很容易地把monthly access fee定位到表格中：HIGHFLIER是月接入费最高的一项服务，再观察一下此服务的通话费率，发现数字最小，即最低。所以选C。

题号	题目定位词	答案位置	题解
2	short-distance or long distance	大标题下正文第2、3行	**题目：**电话费以市话和长话两种费率形式收取。 **原文：**Calls in each plan are charged at only two rates—short-distance and long-distance. 每个计划的话费都按照两个费率收取——市话和长话。 **必要分析：**也可以观察图表。原文和表格都表明三种服务都有市话和长话。因此答案选D。
3	NOT primarily intended for people...work	段落小标题，LEISURETIME正文第1行	**题目：**这个计划主要不是面向那些在工作中需要使用手机的人。 **原文：**Your mobile phone is mainly for personal use. You use your phone to keep family and friends in touch. 主要适用于个人业务，用于和家人或者朋友联系。 **必要分析：**由此可见，休闲电话套餐不适用于工作人士，因此答案选A。
4	spend just over ＄100 a month	看表格更直接、更清晰：Best if you spend this amount a month on calls	**题目：**如果你每月在电话费上的支出刚超过100美金，这个计划是最划算的。 **原文：**从表格可以看出，EXECUTIVE和HIGHFLIER这两个计划的月使用费都超过了100美金。 **必要分析：**题目所述为：just over（刚超过），而EXECUTIVE月通话费在95美金到180美金之间，最符合题目要求。此题要正确理解cost-effective为“划算”的意思。答案选B。
5	21 cents, 30-second, long-distance, 2 p. m.	看表格更直接、更清晰	**题目：**下午2点，拨打一个30秒钟的长话，通话费为21美分。 **原文：**看图更直接、更清晰。 **必要分析：**在表格中找对应的数据，long-distance横着找，找到21 cents这个数据，再考虑是否在peak time，而下午2点属于表格中的peak time: 7a. m. to 7 p. m. Monday-Saturday。很容易找到所对应的那项服务为HIGHFLIER，答案选C。
6	connection fee, ＄30	表格最后1行	**题目：**连接费用为30美金。 **原文：**Once-only Connection Fee: $30 一次性连接费用为30美金。 **必要分析：**Once-only Connection Fee指的是所有的这三种服务的连接费，所以答案选D。
7	minimum amount, each month	段落小标题，LEISURETIME正文倒数第2行最后However...	**题目：**每月必须支付最低通话额度。 **原文：**However, a monthly minimum call charge applies. 但是，每月要收取一个基本通话费。 **必要分析：**原文表明每月有个最低消费额，也就是题干所表达的意思，因此答案选A。

参考译文

随时随地畅享最优通话费率！

Supafone移动数字公司为你提供三种电话接通服务：休闲、商务和精英，可以满足高、中、低用户对电话使用量的不同需求。每个计划的话费都按照两个费率收取——市话和长话。在非高峰时段可以享受到特别的优惠。

休闲电话套餐

主要适用于个人业务。用于和家人或者朋友联系，而且又不想紧缩预算。

这个套餐计划可以使您享受到最低的月接入费和极具竞争力的资费。但是，每月要收取基本通话费。

商务电话套餐

适用于随时随地需要与办公室以及客户联络的商务人士。您高度重视手机的便捷性，但同时需要考虑话费超支问题。

经常使用这种套餐服务的手机用户，每月接入费会稍微高一点，但可以享受到更优惠的话费折扣。

精英电话套餐

适用于总是移动办公、非常注重通讯便捷性的用户。无论身在世界的哪一个角落，您都需要可以和他人进行无障碍沟通。

作为高端用户，月接入费仅仅60美金，还能享受到更低的费率。

	休闲套餐		商务套餐		精英套餐	
月入网费	35美金		46美金		60美金	
	高峰时段 30秒起计费	非高峰时段 五折	高峰时段 30秒起计费	非高峰时段 五折	高峰时段 30秒起计费	非高峰时段 五折
市话（短途）	21美分	10.5美分	16.8美分	8.4美分	15.1美分	7.6美分
长话（长途）	31.5美分	16.8美分	25.2美分	12.6美分	21美分	11.4美分
预算内最优	到95美金		95—180美金		超过180美金	
高峰时段：周一到周六 早7点到晚7点						
非高峰时段：所有其他时间，包括周日全天。30秒为一个计费单位。电话费四舍五入到分。在非高峰时段，每次计费通话最少为两个计费单位。						
一次性连接费用：30美金，如果需用SmartCard，应额外加上35美金						

篇章结构（Passage 2）

体　　裁：应用文

主要内容：西风农场露营区

必背词汇

campsite	*n.* 野营地，露营地	litter	*n.* 垃圾
guarantee	*n.* 保证，保证书 *v.* 保证，担保	bin	*n.* 垃圾桶，垃圾箱
dispose	*v.* 处理，处置；部署	obstruct	*v.* 阻隔，遮断（道路、通道等）

	n. 阻碍物	tolerate	v. 忍受，容忍
disturb	v. 打乱，打扰，扰乱	prohibit	v. 禁止，阻止
bark	n. & v. 吠，咆哮	reserve	v. 储备，保存；预约
disorder	n. 杂乱，混乱，无秩序状态	admittance	n. 准入，入场权

试题解析

Questions 8–14

- 题型：TRUE/FALSE/NOT GIVEN 判断题
- 题目解析：

题号	题目定位词	答案位置	题解
8	open all year round	标题下第1行	**题目：**露营区全年开放。 **原文：**Open April–September 露营区的开放时间为4月到9月。 **必要分析：**题目中open all year round与原文中open April–September明显抵触，所以答案为FALSE。
9	book ahead, busier times of the year	标题下第2行	**题目：**旺季应该提前预订。 **原文：**Booking is advised for holidays in July and August to guarantee a place. 为确保露营席位，建议露营者提前为7~8月的假期旺季预订。 **必要分析：**原文中的booking is advised 与题目中book ahead陈述一致，互相符合，都指需要提前为旺季预定，所以答案为TRUE。
10	minimum stay, two nights	原文没有信息	**题目：**最少要在露营区待2个晚上。 **必要分析：**此题利用minimum stay和two nights到原文中定位，原文没有提及。为了进一步确定答案，利用判断题中的顺序原则，可以借助与此题上下相邻的两题去定位。正标题下第3行开始，到段落小标题Let sleeping campers have some peace. 中出现的第11题定位词10'clock这个区间中，都没有发现题目中的定位词。所以答案为NOT GIVEN。
11	locked, 10 p. m.	原文没有信息	**题目：**露营区的大门每晚10点上锁。 **原文：**Don't make any noise after 10 o'clock at night or before 7. 30 in the morning. 晚上10点之后或早上7点半之前请保持安静。 **必要分析：**通过顺序原则，只在段落小标题Let sleeping campers have some peace. 中出现定位词10 o'clock。但是原文中没有提及露营区的大门是否会上锁，所以答案为NOT GIVEN。
12	no dogs are allowed	段落小标题，Dogs must be kept on a lead.	**题目：**狗不得进入露营区。 **原文：**Owners of dogs that disturb other campers by barking through the night will be asked to leave. 狗必须要由人看管；由于犬吠而影响其他露营者夜间正常休息的，狗的主人将被要求离开露营区。 **必要分析：**原文中说如果狗打扰他人夜间休息，狗的主人则需要离开。这明显是建立在狗已经进入露营区的基础之上的，否则谈何来打扰其他露营者的休息呢？而题目中说狗根本不得进入，明显不符合原文。所以答案为FALSE。

题号	题目定位词	答案位置	题解
13	not allowed, cook food on open fires	段落小标题，The lighting of fires is strictly prohibited.	**题目：**不允许用明火做饭。 **原文：**The lighting of fires is strictly prohibited. 严禁使用明火。 **必要分析：**题目中...not allowed to cook food on open fires与原文中...is strictly prohibited的论述内容一致，所以答案为TRUE。
14	may not allow you to camp	全篇最后1行	**题目：**露营区的主人可能不允许游客来露营。 **原文：**The management reserves the right to refuse admittance. 西风农场管理者享有拒绝游客进入的最终解释权。 **必要分析：**利用判断题中的顺序原则，把题目定位到全篇的最后。原文...reserves the right to refuse admittance与题目...may not allow you to camp there都指可能拒绝游客进入，论述内容一致，所以答案为TRUE。

参考译文

西风农场露营区

开放时间 4月－9月

（为确保露营席位，建议露营者提前为7~8月的假期旺季预订。）

吉姆和梅格·奥克斯欢迎您来到露营区，真诚希望您能够享受此次度假。我们希望每一位露营者在度假期间都能表现出应有的关注与体谅，能够遵循以下露营规定：

- **保持露营区干净与整洁：**
  —— 把垃圾扔在指定的垃圾桶内；
  —— 使用后的淋浴、卫生间和盥洗区域尽可能保持原样；
  —— 离开时请保证没有残余垃圾。
- **不要阻碍道路。**汽车、自行车等不要停放在道路上。
- **保证露营者的休息时间。**晚上10点以后或早上7点半之前请保持安静。
- **必须看管好您的狗。**由于犬吠而影响其他露营者夜间无法正常休息的，狗的主人将被要求离开。
- **不允许任何暴乱行为。**
- **严禁使用明火。**
- **露营区不允许球类活动。**露营区对面的公园有足够的空间，可以进行各种球类活动。
- **要控制广播、便携式音乐设备等的音量。**

西风农场管理者享有拒绝游客进入的最终解释权。

SECTION 2

篇章结构（Passage 1）

体　　裁：应用文

主要内容：有关最低薪酬司法解释的一些条款。

必背词汇

entitle	*v.* 给……权利(或资格), 授权	commission	*n.* 委任; 佣金
wage	*n.* 工资		*v.* 委任, 任命
engaged	*adj.* 忙碌的, 忙于做(某事)的	gratuity	*n.* 退休金
specify	*v.* 指定; 详细说明	appropriate	*adj.* 适当的
provision	*n.* 规定, 条款; 供应	inspect	*v.* 检查
accommodation	*n.* 住处, 膳宿	ground	*n.* 依据, 根据; 地面, 土地; 范围
payroll	*n.* 薪水单, 工资表	tribunal	*n.* 法庭, 法官席
bonus	*n.* 奖金, 红利		

试题解析

Questions 15–21

- 题型: SENTENCE COMPLETION 完成句子题
- 题目解析:

题号	题目定位词	答案位置	题解
15	minimum pay, doesn't cover, volunteer	文中段落小标题Who is entitled to minimum pay?中正数第2行Amongst those to whom it does not apply are those engaged in unpaid work and family members employed by the family business.	题目说明的是最低薪酬标准不涵盖的两类人。题目句子中的空格出现在your之后, 说明要填的是一个名词或名词短语, 且应该和volunteer (志愿者)形成并列。用定位词定位后, 发现题目中的定位词minimum pay对应原文中的段落小标题Who is entitled to minimum pay; 题目中的volunteer 对应原文中的those engaged in unpaid work。原文中与unpaid work成并列关系的是family members employed by the family business(受雇于家族企业的家庭成员), 这就是题目空格所缺失的内容, 因此名词短语family business即为答案。
16	paid under £5	文中段落小标题What is the minimum wage that I am entitled to?中第4行...£4.60 per hour...	题目句子中的空格, 根据位置预测要填的是一个名词或名词短语。用定位词定位后, 发现题目中定位词paid under £5对应原文中的段落小标题What is the minimum wage that I am entitled to? 中第4行的...£4.60 per hour... 这一内容。原文为: The development rate for 18-21 year olds and for workers getting training in the first 6 months of a job is £4. 60 per hour. 题目中的at the start of a job对应原文中的in the first 6 months of a job, 所以名词training即为答案。
17	different rules, provided, with their jobs	文中段落小标题What is the minimum wage that I am entitled to?中倒数第4行 ...special provisions for some workers, for example...	题目句子中的空格在介词后面, 可预测出要填的是一个名词或名词短语, 或动名词。用定位词定位后, 发现题目中的定位词different rules 对应原文中的special; provided对应provisions for, 因此for之后所指的工作人员的情况就是题目所要求完善的内容, 应该集中找出符合预测形式的单词。所以名词accommodation即为答案。

题号	题目定位词	答案位置	题解
18	earn extra money, working longer hours, via	文中段落小标题What is the minimum wage that I am entitled to?中倒数第2行 ...such as overtime, bonus payments...	题目句子中的空格在介词via后面，可预测出要填的是一个名词或名词短语，或动名词。用定位词定位后，发现题目中定位词earn extra money，working longer hours分别对应原文中段落小标题What is the minimum wage that I am entitled to? 中倒数第2行的... such as overtime, bonus payments…这一内容。原文为：Pay means gross pay and includes any items paid through the payroll such as... 题目中的for example与原文中的such as 对应，所以答案就在附近。仔细观察，题目中的介词via与原文的介词through对应，所以the payroll即为答案。
19	being paid below, speak to, can	文中段落小标题I believe I'm being paid below the National Minimum Wage Rate. How can I complain? 中第一点	根据题目句子中空格前的speak to their…可预测出要填的是人，或表人物头衔的名称。用定位词定位后，发现题目中定位词being paid below… 与文中段落小标题I believe I'm being paid below the National Minimum Wage Rate. How can I complain? 对应。依顺序寻找到第一点中的内容，题目中的can对应原文中的able；speak to… 对应原文中的you should talk directly with your employer，所以名词employer即为答案。提示：雅思中的客观填空题一般都是原文原词，没有必要更改答案。
20	law, look at, boss's	全文最后1段，第1行	根据题目句子中空格前面的look at your boss's…可预测出要填的是一个名词，或名词短语，表东西。用定位词定位后，发现题目中的定位词law, look at, boss's 分别与文中最后1段第1行中的 legal right，inspect，employer's对应；You have the legal right to inspect your employer's pay records if you believe…that you are being paid less than the NMW. 因此原文employer's后的名词短语pay records就应该是题目的答案。
21	a period of, to complain	全文最后1段，最后1行	根据题目句子中空格前的You have a period of…可预测出要填的是一个数字，表一段时间。用定位词定位原文中最后1句话中的2个时间：three months和14-day。原文为：You must make your complaint within three months of the ending of the 中的14-day notice period. 仔细对照题目和原文，会发现题目中的specified period of time其实是与原文中的14-day notice period对应的。涉及此时间的具体内容为最后一段第3行，提到老板应于14天限期内提供工资记录证明。题目中要填的是可以申诉的期限，所以应该为 3/three months。

参考译文

有关最低薪酬的司法解释

谁享有最低工资的保障权益?

几乎所有年满16周岁的劳动者,包括临时工,均可以享有国家最低工资的薪酬标准。从事不计报酬工作的人员或者受雇于家族企业的家庭成员将不适用此条款。

公民所享有的最低工资标准是多少?

《国家工资法》规定的最低工资标准适用于全国。自2007年10月1日起,年满22周岁的成年劳动者每小时最低薪酬标准为5. 25英镑。18~21周岁的青少年和前6个月在职接受岗位培训的职工,最低工资标准为每小时4. 6英镑。16~17周岁的劳动者最低工资为每小时3. 4英镑。也有特殊情况,例如那些提供了住宿的工作不必执行以上最低薪酬标准。工资指总薪酬,包括由工资形式支付的所有项目,如加班费、奖金、佣金、小费和退休金等。

公民确定本人的工资低于国家最低薪酬标准水平,该如何提出申诉?

如果您的薪酬低于这个标准,可以采取以下处理方式:

- 如果您觉得有能力,应与您的雇主直接交谈。法律不容践踏,支付水平未达到最低工资标准的雇主将被处以罚款。
- 如果您是工会成员,应当向工会寻求帮助。
- 如果以上情况都不可行,那么您可以登录税务海关总署网站通过电子邮件进行投诉或致电进行咨询。

如果您有合理的根据认为您的工资低于国家最低标准,那么您有合法的权利要求检查您雇主的工资支付记录。您的雇主必须在14天内提供此记录,而且必须是在你的工作场所或其他方便您查询的地方提供。如果雇主未能提供记录,您可以向就业法庭提交诉讼。您必须在14天的公告期结束后的三个月内提出控诉。

篇章结构(Passage 2)

体　　裁: 应用文

主要内容: 学会处理你的办公室邮件。

必背词汇

efficiency	*n.* 效率,功效
statistics	*n.* 统计学;统计数字
wade through	辛苦地做完;费力前进;吃力地通过
unsolicited	*adj.* 未被恳求的,主动提供的
spam	*n.* 垃圾邮件
clutter up	混乱,散乱
infect	*v.* 传染,感染
virus	*n.* 病毒
prioritise	*v.* 把……区分优先次序
forward	*v.* 转发
initial	*adj.* 最初的;初始的;词首的
acknowledgement	*n.* 确认;感谢
rushed	*adj.* 仓促的,匆忙的
recipient	*n.* 接收者
definite	*adj.* 明确的;一定的

试题解析

Questions 22–27

- 题型：FLOW CHART 流程图
- 题目解析：

题号	题目定位词	答案位置	题解
22	delete	文中段落小标题Prioritising incoming messages正文正数第2行：If it is obvious spam, it can be deleted without reading.	流程图的题目其实就是填空题的变形，形式上有点怪异，其实并不难。用定位词delete定位到文中段落小标题Prioritising incoming messages中正数第2行：If it is obvious spam, it can be deleted without reading. 在这句话中，被删掉(delete)的内容应该是obvious spam（明显的垃圾邮件）。名词短语obvious spam即为答案。
23	sender, subject	文中段落小标题Prioritising incoming messages中的第3个小黑点	题目中sender与原文中第1个黑点Check who the email is from. 对应。题目中subject与原文中第2个黑点Check what the email is about. 对应。那么正确答案对应的就应该是第3个小黑点了：Has the email been in your inbox for long? Check the message time. 强调了邮件的时间，名词短语message time符合答案形式，即为答案。
24	need your	文中段落小标题Prioritising incoming messages正文的最后一段	24题应该通过顺序原则，首先定位在文中段落小标题Prioritising incoming messages最后一段，而且答案形式应为名词或名词短语，指"要处理需要你……的邮件"。题目中need your... 与原文require your... 对应：An initial scan like this can help you identify the emails that require your prompt attention. 这样初步扫描邮件，有利于确定哪些邮件需要你即刻处理。因此原文your后的名词短语prompt attention为答案。
25	easy, you should	文中段落小标题Replying in stages中的第2段第1行	通过顺序原则定位到文中段落小标题Replying in stages，这个标题下一共有两个段落。迅速扫描每个段落第1句话，不难定位到第2段第1行Some emails are uncomplicated与题目中的If an email is easy对应。25空在should后，所以确定了答案形式为动词原形。原文：Some emails are uncomplicated and only require a brief, one line answer, so it's a good idea to reply to these immediately. 在这句话中，reply to these immediately为答案，按照题目要求的字数限制进行筛选，reply immediately即为答案。

题号	题目定位词	答案位置	题解
26	complex, first, a	文中段落小标题Replying in stages中第1段第3行：dealing with complicated matters where you don't want to give a rushed answer	通过25题的定位过程，也可以将26题的位置确定，将其定位到文中段落小标题Replying in stages下的第1段第3行。题目中complex对应原文complicated matters。观察26空和27空位置，如果邮件复杂，有两件事情可以做，分别为26空和27空的内容。原文段落小标题Replying in stages第1段讲了处理复杂邮件所该做的两件事，题干中的first表明此处需填第1件事，原文明确提到了这第一件事，即first之后的with a brief acknowledgement, 根据题目要求，可得出答案。另一个可用的技巧：在原文已经定位好的地方格外注意不定冠词。在时间紧迫的情况下，既然已经能够确定答案形式为名词或名词短语，就可以在刚才定位好的段落中，把所有前面带不定冠词a的都画出来，然后比较文章和题目，寻找对应关系和同义词替换。原文段落小标题Replying in stages中的第1段Having prioritised your emails, you can answer them in stages, first with a brief acknowledgement...注意到不定冠词a，后面的brief acknowledgement即为答案。
27	give the sender a	文中段落小标题Replying in stages中的第1段倒数第2行...tell the recipient a definite date when you'll be able to get back to him or her and ...	与26空的分析相似，题目中的...for answering their email fully对应原文中段落小标题Replying in stages中的第1段倒数第2行...tell the recipient a definite date when you'll be able to get back to him or her and try to keep to this wherever possible. 注意不定冠词a，所以这句中definite date即为答案。不少考生只写了date，这道题目也算对，但是切记还是用原文原词。一般在冠词后面或者介词后面的，被视为一个整体，在满足字数要求的前提下，尽量写全才好。建议：对于马虎的考生，比如题目要求别超过两个单词，就先找全两个单词，然后再斟酌是否有必要写修饰性的词，这样可以减少因多写字而失分的几率。

参考译文

学会处理办公室邮件

电子邮件已经彻底改变了我们今天的工作方式。它带来许多好处，如果使用得当，能成为提高工作效率的卓越工具。然而，如果管理不当，则会浪费我们的宝贵时间。统计数字表明，每位办公室职员平均每天要处理30多封邮件。尽管尽了最大努力，但不请自来的电子邮件或垃圾邮件还是会撑爆那些管理得最合理的收件箱，使计算机系统感染病毒。在这里，我们将指导你们如何保护电子邮箱。

筛选处理收到的邮件

如果你需要经常处理大量的邮件，那么，有选择地筛选来件尤为重要。如果明显是垃圾邮件，不用阅读便可直接删除。然后，按照下列步骤处理每一封电子邮件：

- 检查电子邮件的发件人。你是否期待或希望收到此人的邮件？他们希望你在多长时间内回复？
- 检查邮件内容。是否紧急？涉及的问题是在你的职权范围之内还是只应该把此邮件转发给别人？
- 邮件是否已经在你的邮箱里存放了很久？检查收件时间。

这样初步扫描邮件，有利于你确定哪些邮件需要即刻处理，哪些可以留到更方便的时候再处理。

分阶段回复邮件

将邮件按重要程度分级之后，你就可以分阶段进行回复了：先写一个简要的确认，然后撰写更详细的后续内容。这一点特别适用于处理复杂问题的邮件，而你又不希望草率回答了事。如果决定这样做，先给收件人一个明确的回复日期，然后尽量遵守这个时间。

有些邮件的内容不太复杂，只需用一行文字简单回复即可，此类邮件最好立即回复。例如，如果你需要说的就是"是的，我可以参加10:00的会议"，或"谢谢，这正是我需要的信息"，那就立即回复。如果无法立即答复，或选择不做答复，你需要让发件人知道你已经收到了邮件，会尽快与其联系。

SECTION 3

篇章结构

体　　裁： 说明文

主要内容： 介绍了艾恩布里奇铁桥的历史及其建造历程。关于铁桥的建造方法存在不同意见，瑞典的一幅水彩画展示出了铁桥的建造方法，经过调查研究证明该方法是可行的。

文章结构：

A 段：简单介绍了艾恩布里奇铁桥的地理位置及历史意义。

B 段：塞文河曾经的盛况，欧洲最为繁忙的河道之一。

C 段：巴兹尔·布鲁克和亚伯拉罕·达比一世的贡献。

D 段：亚伯拉罕·达比二世有在塞文河上建造大桥的想法，而最终由亚伯拉罕·达比三世将此想法付诸实施。

E 段：铁桥的修建过程：1778-1779年冬铸造完成构件，1781年正式使用。

F 段：铁桥的修建之谜，一幅水彩画的出现为铁桥的建造提供了新的解释。

G 段：瑞典水彩画中对铁桥建造过程的描绘颠覆了所有历史学家先前的假设，针对水彩画中描绘的方法很多人进行了调查研究来验证其适用与否。

H 段：研究结果告诉我们更多有关这座桥是如何被建造的信息。

I 段：有关铁桥的故事仍有一个未解之谜。

必背词汇

A 段

iron	*n.* 铁	erect	*v.* 使直立，建立 *adj.* 直立的，竖立的
cast-iron	*adj.* 铸铁的		

B 段

equivalent	*n.* 等价物，相等物 *adj.* 相等的，相当的	grain	*n.* 谷物，谷类
		cider	*n.* 苹果酒
motorway	*n.* 高速公路	upstream	*adv.* 向上游，溯流 *adj.* 溯流而上的
eventually	*adv.* 最后，终于		
navigable	*adj.* 可航行的，可通船的	luxury	*n.* 奢侈，豪华；奢侈品
coal	*n.* 煤	wharf	（复数：wharves）*n.* 码头

C 段

patent	*v.* 取得……的专利权 *n.* 专利，专利权	derive from	*v.* 得自，由……而来
		alternative	*n.* 可供选择的事物或办法；二者择一 *adj.* 选择性的；二者择一的
furnace	*n.* 炉子，熔炉		
property	*n.* 财产，所有物；性质，特性		
distinguish A from B	区别A和B	abundant	*adj.* 丰富的，充裕的
apprenticeship	*n.* 学徒身份；学徒期	limestone	*n.* 石灰石

D 段

pioneer	*v.* 开拓，开发，创始 *n.* 先驱，倡导者，先锋	expense	*n.* 费用；代价
		architect	*n.* 建筑师，设计师
ferry	*v.* 渡运，运送 *n.* 摆渡，渡船；渡口	construct	*v.* 建造，构造

E 段

span	*n.* 跨度，跨距，范围	debt	*n.* 债，债务
remarkably	*adv.* 非常地；显著地，引人注目地	flourish	*v.* & *n.* 繁荣，茂盛，兴旺
injure	*v.* 伤害，损害	pedestrian	*n.* 步行者，行人 *adj.* 徒步的，步行的
feat	*n.* 功绩，伟业		
engrave	*v.* 雕刻	symbol	*n.* 象征；符号，记号
estimate	*v.* & *n.* 估计，评估；估价	heritage	*n.* 遗产，继承物

F 段

mystery	*n.* 神秘（性），秘密（性）；神秘的事，难以理解的事物	watercolour	*n.* 水彩画
		sketch	*n.* 草图；素描 *v.* 勾画，绘草图
survive	*v.* 保存下来；幸免于，幸存，生还		
assumption	*n.* 假定，设想	numerous	*adj.* 众多的，许多的，无数的

G 段

barge	*n.* 驳船，游艇	fake	*n.* 假货；欺骗；赝品 *adj.* 假的；伪造的
contradict	*v.* 同……矛盾，同……抵触		

depict	v. 描述，描写，描绘	survey	n. 调查；测量 v. 调查(收入、民意等)
archaeological	adj. 考古学的		
photographic	adj. 照相的，摄影的		

H 段

bolt	v. 用螺栓固定，拴住	n. 螺栓

I 段

evidence	n. 根据；证据

试题解析

Questions 28–31

- 题型：SHORT ANSWER QUESTIONS 简答题
- 题目解析：

题号	题目定位词	答案位置	题解
28	when, the furnace, constructed	C段 第1行	注意题目要求ONE NUMBER ONLY只能是1个数字。题目均是由特殊疑问词when提问的，所以首先确定答案形式全都是数字，表时间或年代。建议考生可以把全文中所有表时间、年代的数字都画出来，这样就会一目了然，缩小了寻找答案的范围。然后利用顺序原则，细致比较原文中时间点附近的单词是否与题目中的关键词有同义替换表达，进而确定最佳答案。 题目问熔炉的建造时间。题目中the furnace...originally...constructed与原文中C段第1行中的...and built a furnace对应：In 1638, Basil Brooke patented a steel-making process and built a furnace at Coalbrookdale. This later became the property of Abraham Darby. 原文表明达比所买的那个熔炉是在1638年被修建的，所以年份1638是答案。
29	when, roads, leading to the bridge, completed	E段 第5、6行	题目问通往桥的路何时修建完成。题目中定位词roads leading to the bridge completed对应原文E段第5行的...approach roads continued for another two years, and the bridge was opened to traffic in 1781. 本句中的another two years(又两年)是建立在前文所说的1779年的基础之上的，所以年份1781是答案。
30	when, bridge closed to traffic	E段 倒数第3行	题目问桥何时停止运输。题目中定位词bridge closed to traffic 对应原文E段倒数第3行的Since 1934 the bridge has been open only to pedestrians.(自1934年以来，大桥一直只对行人开放。)只对行人开放，就表明停止了运输功能，所以年份1934是答案。
31	when, model of the bridge, built	G段 第6行、7行	题目问桥的模型何时建成。根据定位词model of the bridge built找到原文G段第6至7行的So in 2001 a half-scale model of the bridge was built...(因此在2001年，1:2比例的铁桥模型被建造。)很明显，年份2001是答案。

Questions 32–36

- 题型：TRUE/FALSE/NOT GIVEN 判断题
- 题目解析：

题号	题目定位词	答案位置	题解
32	no written evidence, how, bridge was constructed	F段 第1行	**题目：**没有书面证据来证明最初的铁桥是怎样被建造的。 **原文：**It has always been a mystery how the bridge was built. 铁桥到底是如何建造的始终是一个谜。 **必要分析：**原文中的It has always been a mystery与题目中的no written evidence都指没有证据的未解之谜，两者陈述明显一致，互相符合，所以选TRUE。
33	Elias Martin, only	F段 倒数1-4行	**题目：**伊莱亚斯·马丁的画是唯一一幅展现铁桥初建成的新貌的画作。 **原文：**In 1997 a small watercolour sketch by Elias Martin came to light in the Swedish capital, Stockholm. Although there is a wealth of early views of the bridge by numerous artists, this is the only one which actually shows it under construction. 1997年瑞典人伊莱亚斯·马丁的一小幅水彩画现身瑞典首都斯德哥尔摩。虽然已有众多的艺术家描绘了桥梁初建成的情况，但却只有这件作品描绘了铁桥正在建设中的情景。 **必要分析：**题目中说此画展示了大桥新建成时的风貌，原文中说此画展示了大桥正在建设时的风貌。题目与文中事实陈述明显抵触，所以选FALSE。
34	painting, constructed, two banks	G段 第1-5行	**题目：**图画展示了铁桥是从两岸建造起来的。 **原文：**Up until recently it had been assumed that the bridge had been built from both banks...But the picture clearly shows sections of the bridge being raised from a barge in the river. It contradicted everything historians had assumed about the bridge... 一直到最近始终有一种推测，桥梁建造工程可能是从河两岸同时开始……但这幅水彩画清晰地显示出，桥梁构件被河上的一艘驳船托起。这颠覆了所有历史学家先前的假设。 **必要分析：**原文中说水彩画中的信息颠覆了历史学家先前的假设，（包含了历史学家们所假设的铁桥是从两岸开始建造的观点），题目与原文内容相抵触，所以答案为FALSE。
35	original bridge, model	G段 第6-8行	**题目：**最初的铁桥及其模型花费了同样的时间去建造。 **原文：**So in 2001 a half-scale model of the bridge was built, in order to see if it could have been constructed in the way depicted in the watercolour. 因此在2001年，1:2比例的铁桥模型被建造，用来验证铁桥是否真的可以用水彩画中描绘的方式建成。 **必要分析：**题目是在比较最初的铁桥和桥的模型所花费的建造时间。原文提到了模型开始建造的时间，却没有提到建成的时间，所以无法比较是否花费了等量的时间去建造。就此话题，原文中没有任何信息，所以答案为NOT GIVEN。

题号	题目定位词	答案位置	题解
36	Elias Martin, other paintings	I段 第3-5行	**题目：**人们认为伊莱亚斯·马丁还有其他关于大桥的图画。 **原文：**It had been drawn by a Swedish artist who lived in London for 12 years and … but perhaps the other sketches still exist somewhere. 这幅水彩画由一位旅居伦敦12年的瑞典画家所绘……有可能其他的草图仍然流藏在某个地方。 **必要分析：**题目中have made other paintings of the bridge与原文中perhaps the other sketches still exist somewhere都指可能还有其他有关该桥的图画，两者陈述明显一致，互相符合，所以答案为TRUE。

Questions 37–40

- 题型：MATCHING 段落与相关信息的搭配题
- 题目解析：

题号	题目定位词	答案位置	题解
37	why, bridge, across the River Severn	D段 第1、2行	**题目：**大桥需要横跨塞文河的原因 **原文：**...and had the idea of building a bridge over the Severn, as ferrying stores of all kinds across the river...他的儿子，亚伯拉罕·达比二世，作为铸铁业的先锋人物，早就有在塞文河上建造一座大桥的想法，以便把各种货物运过河对岸。 **必要分析：**原文讲述了亚伯拉罕·达比二世建造大桥的原因在于运送货物，很明显，这就是题目中所指的原因。所以37题的信息来自于D段，答案为D。
38	a method used to raise money	E段 第6、7行	**题目：**用来筹集资金建造铁桥的方法 **原文：**Abraham Darby III funded the bridge by commissioning paintings and engravings... 亚伯拉罕·达比三世利用绘画和雕刻的佣金来资助桥梁修建…… **必要分析：**题目中money与原文中fund对应；原文讲了建桥资金的来源，所以38题的信息来自于E段，答案为E。
39	why Coalbrookdale, attractive, iron makers	C段 第5-8行	**题目：**科尔布鲁克代尔地区对铁制造者有吸引力的原因 **原文：**This led to cheaper, more efficient ironmaking from the abundant supplies of coal, iron and limestone in the area. 当地有丰富的煤矿、铁矿和石灰石资源，这使得炼铁的成本降低了，而且效率更高。 **必要分析：**此题较难。没有非常明显的同义替换。通过上下文我们了解到，亚伯拉罕·达比搬家的原因就在于他发现来源于煤的焦炭可以替代木炭成为更经济的炼铁燃料。而科尔布鲁克代尔地区还有着很多的资源优势可以使炼铁变得成本更低而效率更高。很明显，这些都是该地区吸引制铁者的原因。文中ironmaking对应题目中的iron makers；the area指的便是Coalbrookdale。39题的信息来自于C段，答案为C。

题号	题目定位词	答案位置	题解
40	how, sections, were connected	H段 第3、4行	**题目：**铁桥的各部分是如何相互连接的？ **原文：**Instead it was fitted together using a complex system of joints normally used for wood...与当今的铁制桥梁不同，这座桥的各构件之间既不是焊接而成也不是用螺栓固定，而是运用了一种通常用于搭建木质结构的复杂连接工艺。 **必要分析：**题目中的were connected与原文中的it was fitted together...joints normally used for wood相对应。40题的信息来自于H段，答案为H。

参考译文

艾恩布里奇铁桥

作为欧洲首架铸铁桥梁，艾恩布里奇铁桥被公认为工业革命的伟大象征。

A 艾恩布里奇铁桥位于英格兰西部的科尔布鲁克代尔，横跨塞文河。尽管几个世纪以前中国人就早已熟练掌握了铸铁技术，但它仍然是世界上首座成功架设的铸铁大桥，也是欧洲工业革命时代的首座大型铸铁建筑结构。

B 河流曾经被广泛应用于交通运输，其作用相当于今天的高速公路。塞文河，发源于威尔士山区，最终注入加的夫与布里斯托尔间的大海，是英国最长的通航河流。塞文河是理想的水运航道，建造用于水运的特殊船只自古成风。到18世纪中叶，塞文河已成为当时欧洲最繁忙的河流之一。当地的货物均通过河道运出，包括煤、铁制品、羊毛制品、谷物和苹果酒等。在逆流运来的许多物品中有诸如糖、茶、咖啡和红酒等的奢侈品。许多地方，河两岸遍布码头，河道上经常挤满了装卸货物的船只。

C 1638年，巴兹尔·布鲁克获得了炼钢术的专利并且在科尔布鲁克代尔建造了一座熔炉。该熔炉日后为亚伯拉罕·达比(指亚伯拉罕·达比一世，用于区分与他同名同姓的儿子和孙子)所拥有。在伯明翰的学徒生涯结束之后，达比在布里斯托尔开始了自己的生意。但是，他于1710年搬到科尔布鲁克代尔，因为他认为来源于煤的焦炭可以替代木炭成为更经济的炼铁燃料。因为当地有丰富的煤矿、铁矿和石灰石资源，炼铁的成本降低了，而且效率更高。

D 他的儿子，亚伯拉罕·达比二世，作为铸铁业的先锋人物，早就有在塞文河上建造一座铁桥的想法，以便把各种货物运到河对岸，特别是科尔布鲁克代尔的熔炉及其周边其他钢铁厂所需的大量燃料，否则将导致大额开销和长期延误。然而，1775年，组织会议商谈建桥计划的却是他的儿子亚伯拉罕·达比三世(生于1750年)。铁桥的设计出自当地一名建筑设计师托马斯·普里查德，他早就有用铸铁来建这座桥梁的想法。

E 大桥构件在1778-1779年冬铸造完成。桥面宽为7米，铁桥跨度31米，距离河面12米。1779年夏天，建造过程持续三个月，不可思议的是建造期间没有一人受伤。这一记录即使是在现代的主要城市建设工程中也几乎是闻所未闻的。铁桥的通道铺设工程又持续了两年，1781年铁桥正式开通。亚伯拉罕·达比三世利用绘画和雕刻的佣金来资助桥梁建设，但他在这个项目上损失了很多，该项目花费了近两倍的预算。1789年，年仅39岁的他离世，留下了大笔的债务。该地区的繁荣没有持续很长的时间，从十九世纪到二十世纪初，工厂纷纷倒闭。自1934年以来，铁桥一直只对行人开放。铁桥被公认为工业革命的象征，目前仍屹立在艾恩布里奇峡谷世界遗产保护区的中心。

F 铁桥到底是如何建造的始终是一个谜。除了领先的建造技术，还没有发现任何目击者对铁桥建造过程的描述和叙述，当然，也没有留存下任何建造方案。然而，最近的发现、研究和实验结果对铁桥的建造过程作出了新的阐释，对近几十年来的假设提出了质疑。1997年伊莱亚斯·马丁的一小幅水彩画现身瑞典首都斯德哥尔摩。虽然已有众多的艺术家描绘过桥梁初建成的情况，但却只有这件作品描绘了大桥正在建设中的情景。

G 一直到最近始终有一种推测认为，桥梁建造可能是从河两岸同时开始的，由斜跨河面的内部支架支撑着。这种做法将使得施工期间的水路交通畅通无阻。但这幅水彩画清晰地显示出，桥梁构件被河上的一艘驳船托起。这颠覆了所有历史学家先前的假设。于是有人质疑这幅水彩画的真实性，因为没有发现其他任何类似的资料。因此在2001年，一个1：2比例的铁桥模型被建造起来了，目的是为了验证是否真的可以用水彩画中描绘的方式建造该铁桥。与此同时，艾恩布里奇峡谷博物馆信托组织完成了一项细致的考古学、历史学及摄影方面的调查工作，英国文化遗产委员会完成了3D CAD（计算机辅助设计）的模型制作。

H 研究结果告诉我们更多有关这座桥是如何被建造的信息。现在我们知道，所有的大型铸件都是单独铸造的，因为它们的结构都略有不同。与当今的金属桥梁不同，这座桥的各构件之间既不是焊接而成也不是用螺栓固定的。而是运用了一种通常用于搭建木质结构的复杂连接工艺，这是当时典型的连接铁制结构的方式。铁桥模型的建造过程证明，那幅水彩画中呈现的桥梁建造的方法实际上是可行的，很可能就是当时所采用的方法。

I 现在有关这座铁桥的故事还只有一个未解之谜。那幅瑞典水彩素描画显然是从一本书中撕下来的，该书中很可能有其他类似的草图。这幅水彩画由一位旅居伦敦12年的瑞典画家所绘。当时他在英国旅行，边走边用画笔记录所见所闻。没有人知道书的剩余部分下落如何，但有可能其他的草图仍然在某个地方。它们一旦面世，将会提供艾恩布里奇铁桥如何建造的更为珍贵的证据。

WRITING

TASK 1

题目要求(见“剑7”P128)

审题

上个月你在国外度假，和几个朋友住一起。他们刚给你发了一些你们度假时的照片。写封信给你的朋友们。在信中，你要为照片和度过的假期感谢他们，解释你为什么没有早点给他们写信，并邀请他们来和你住几天。

写作思路

雅思书信作文题目分为两部分，陈述性文字表明背景，需要在正文的开头加以交代。另外会有祈使句表明写作任务，通常是三个要求(bullet points)，写的时候要一一回应，不能遗漏。如果有遗漏的话，会在内容方面扣分。另外，对于三个要求的回应的布局也要合理，篇幅上不能过于着重某个方面，要比较均衡。

考生作文(见“剑7”P172)

参考译文

亲爱的陶菲克和丽娜：

很高兴收到你们寄来的我们在新加坡时拍的照片。这些照片又好看又明亮。它们让我回想起和你们在一起的那个特殊的假期。

我很抱歉没有能够尽快给你们写信。我回墨尔本后，老板要求我到新西兰惠灵顿参加两个星期的培训。事发突然，我没有时间告诉你们。

我们公司打算把电脑系统改成网络系统。所有员工都必须在系统运行前先接受培训。

我希望下个假期你们能来和我一起住住。我的地址是：维多利亚州墨尔本市小柯林斯街888号，邮编3000。如果你们计划要来，可以先联系我。

谢谢你们的好意。我期待你们的回信。

你的真诚的，

维克多

分析

本文为5分。

考官点评(见“剑7”P172)

参考译文：本文没有涵盖所有的要点，没有为度假而感谢，而给出地址也不符合上下文的逻辑性。第二个要点给予了太多的关注，使得信件目的不那么清晰，信末的语气也不太得体。文章信息根据任务的顺序来组织，虽然用的连接词不多，有些指代关系比较清晰。词汇量比较有限，但基本够用，虽然有不得体的地方和一些词形错误。文章尝试使用多种句子结构，但大多数还是简单的短句。在比较复杂的结构中时态和动词词组控制较弱，这一点有时影响信息的传递。

格式(format)分析：

本文的收信人是朋友。称呼用了Dear Taufik and Lina，符合题目要求，因为题目中提到的是some friends（一些朋友）。结束语用了Yours sincerely，这个表达通常用于不是特别密切的朋友和陌生人，在本文中不是很恰当，最好改成Lots of love, With love, Best regards等等。

内容和结构分析：

开头段分析：

本段感谢对方寄来的照片，但缺陷之一在于题目要求thank them for the photos and for the holiday（为照片和度过的假期感谢他们），而本段只提到前者，没有涉及后者，在内容上有所失分。

主体段和结尾分析：

这篇文章主体段落的问题在于篇幅不均衡，对于要求的第二个方面explain why you didn't write earlier（解释为什么没有早点给他们写信）进行了过度的铺陈，写了五句之多，其实最多三句话即可。本文最主要的目的要是感谢和邀请，至于为什么没早点写信，只是其中的一部分，而不是主体。

在针对第三个要求invite them to come and stay with you（邀请他们来和你住几天）方面，邀请没问题，但不需要详细在信中写明地址，因为通常信封和信内都已经有地址了，再加上就是画蛇添足。

结尾的语气不太得体。You can contact me first if you have a plan to visit.（如果你们计划要来，可以先联系我。）I'm looking forward for your reply.（我期待你们的回信。）这些话一般适合用在商务场合和给不太熟悉的人写信的时候。

用词：

本文词汇量比较有限，基本都是简单词，而且也缺乏变化。

不得体的地方：

The photos are so nice and bright. 照片可以是nice（美丽的），但不能是bright（明亮的）。

词形错误：

After I came back to Melbourne, my boss asked me to had two weeks training in Wellington, New Zealand. 本句中的asked me to had应为asked me to have（不定式后跟动词原形）。

语法和句型：

文中以简单的短句为主。在比较复杂的结构中时态和动词词组控制较弱，影响得分。

时态错误：

I'm sorry because I don't write a letter to you as soon as possible. 本句中I don't write应为I didn't write（过去没有尽早写信）。

I don't have any time to tell you because it happened suddenly.本句中I don't have应为I didn't have（表示当时没时间）。

动词词组错误：

I'm so glad receiving your photos... 本句应该是I'm so glad to receive your photos...

They remind me for my special holiday with you. 本句应该是They remind me of my special holiday with you.

I'm looking forward for your reply. 本句的look forward for应为look forward to（盼望）

TASK 2

题目要求(见“剑7”P128)

审题

一些人认为演艺人员(例如影星、流行歌星、体育明星)收入太高。你同意还是不同意?哪些其他的工作应该得到高额收入?

本题在题材上属于社会类话题,题型上属于同意不同意类(Agree or Disagree)。但需要注意的是,考生除了要表明立场,回答同意或不同意之外,还需要回答第二个问题,也就是有哪些工作岗位收入是偏低的而应该得到高额报酬的。有关收入高低的话题,也是雅思常考话题之一。“剑6”的Test 2的题目与此相似:Successful sports professionals can earn a great deal more money than people in other important professions. Some people think this is fully justified while others think it is unfair. Discuss both these views and give your own opinion.(和从事其他重要职业的人士相比,成功的职业运动员能挣多得多的钱。一些人认为这是完全合理的,而其他人认为不公平。讨论这两种观点并提出你的看法。)但要注意这两道题在题型和题目范围上的区别。

写作思路

作为同意不同意类型的题目,通常有两种思路:同意和不同意。如果同意的话,那么直接进行正面论证,分析理由。如果不同意的话,则最好先分析一下从某种意义上说反方观点的合理之处,即演艺明星收入高的理由。然后在此基础上进行反驳。最后,文中应该给出对于第二个问题的回答,有哪些其他的工作应该得到高额收入。

考官范文(见“剑7”P173)

参考译文

我同意从事演艺行业的明星通常收入过高的观点。这无论是对于电影明星、体育明星,还是流行音乐明星都是如此。而且他们所做的工作量无法证明他们在短期内挣到大钱是合理的。

但是,我们发现只有那些达到职业生涯顶峰的人才能获得这些高额报酬。因此明星们期望得到的报酬的数额是与他们为了获得成功必须面对的竞争息息相关的。事实上,他们是难得的天才。

此外,大多数明星不能长久保持他们的顶尖位置。比如,体育明星和流行歌星很快就会被更年轻更有活力的下一代取代,而大多数影星的美好容颜不久就会老去。因此这一相对短暂的工作生涯可以部分说明高收入的合理性。

不幸的是,其他领域的职业人士对人类社会做出的贡献要大得多,而收入却少得多,我们很难不同意演艺人员收入太高的观点。教师、护士、实验室研究人员等等从来就不是收入最高的职业人士,但他们和那些快速致富的明星们相比,对我们的福祉和未来却重要得多。

总之,我认为演艺明星收入高可能有些理由,但大体说来我同意他们收入过高的观点。他们的收入和那些无私地为了社会的利益而工作的人们的收入之间的差距是不合理的。这些职业人士应该得到更多认可和更高报酬。

分析

内容和结构分析:

文章第一段针对题目的第一个问题,首先明确表明自己的立场——同意,然后简单分析——他们的收入高不是因为工作量大顿号付出多。这也是同意不同意题型的常见开头写法。

第二、三段为让步段(concession)。在同意不同意题型的写作中,为了避免观点的过分绝对化

(overgeneralization)经常使用让步的写作手法。也就是说，虽然认为演艺明星收入过高，但还是首先要分析一下为什么收入会比较高，这个现象是否在某种程度上有合理之处。第二、三段分析了收入高的合理性所在：竞争激烈和工作生涯短暂。

第四段为反驳段(refutation)，反驳了第二、三段的观点。说明还有很多从事其他重要工作岗位的人做出了更大贡献，对社会更加重要，收入却不那么高。本段同时回答了题目中的第二个问题，即哪些其他的工作应该得到高额收入。

第五段为结尾段，总结了文章的主要观点和理由。

连贯与衔接：

文章的连贯性很强，通过关联词体现的衔接性也很好。例如，文章第一段直接提出观点：I agree with the view that...；第二段开始进行让步However, it is also true that...；第三段继续让步Furthermore...；第四段进行反驳Unfortunately...；结尾总结In conclusion。

指代与替换：

本文反复提到演艺业的明星(stars)。以第一段为例，第一次用的是stars，第二次重复了stars，第三次和第四次用代词they来指代(referencing)。

第三段一开始泛指明星(stars)，第二次举例说明是体育明星和流行歌星(sport stars and pop stars)，进行比较的新明星用了generation(一代)，使用了替换(substitution)。

多样化词汇：

收入：salary, earning

收入高：overpaid, huge salaries, high pay, best-paid, fortune

钱数：amount of money, size of salary

大多数：the majority of, most of

难句分析：

(1) It often seems that the amount of money they are able to earn in a short time cannot possibly be justified by the amount of work they do. 他们所做的工作量无法证明他们在短期内挣到大钱是合理的。

It often seems that表明作者的观点，it是形式主语，逻辑主语是that引导的从句。justify的意思是show that (sb/sth) is right, reasonable or just (表明(某人/某事)是正当的、有理的或公正的)。

(2) However, it is also true that it is only those who reach the very top of their profession who can get these huge salaries. 但是，我们发现只有那些达到职业生涯顶峰的人才能获得这些高额报酬。

It is also true that表明作者让步性的观点，it是形式主语，逻辑主语是that引导的从句。在that从句里是一个强调句型it is...who...。

新东方大愚IELTS系列精品图书推荐

《剑桥雅思官方真题集 11：学术类》
剑桥大学考试委员会 编著

定价：110元 开本：16开 页码：144页

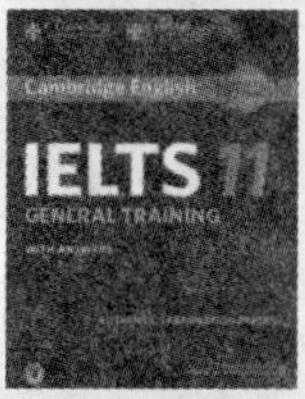

《剑桥雅思官方真题集 11：培训类》
剑桥大学考试委员会 编著

定价：110元 开本：16开 页码：144页

《剑桥雅思官方真题集 10》
（附2CD） 剑桥大学考试委员会 编著

定价：110元 开本：16开 页码：184页

《剑桥雅思考试全真试题集 9》
（附2CD） 剑桥大学考试委员会 编著

定价：110元 开本：16开 页码：176页

《剑桥雅思考试全真试题集 8》
（附2CD） 剑桥大学考试委员会 编著

定价：110元 开本：16开 页码：176页

《剑桥雅思考试全真试题集 7》
（附2CD） 剑桥大学考试委员会 编著

定价：110元 开本：16开 页码：176页

《剑桥雅思考试全真试题集 6》
（附2CD） 剑桥大学考试委员会 编著

定价：110元 开本：16开 页码：176页

《剑桥雅思考试全真试题集 5》
（附2CD） 剑桥大学考试委员会 编著

定价：110元 开本：16开 页码：176页

◎ 雅思官方全真试题
◎ 命题方权威出品
◎ 新东方独家销售

《剑桥雅思真题精讲 11：学术类》
周成刚 主编

定价：28元 开本：16开 页码：172页

《剑桥雅思真题精讲 11：培训类》
周成刚 主编

定价：28元 开本：16开 页码：152页

《剑桥雅思真题精讲 10》
周成刚 主编

定价：28元 开本：16开 页码：232页

《剑桥雅思真题精讲 9》
周成刚 主编

定价：28元 开本：16开 页码：232页

《剑桥雅思真题精讲 8》
周成刚 主编

定价：28元 开本：16开 页码：208页

《剑桥雅思真题精讲 7》
周成刚 主编

定价：28元 开本：16开 页码：232页

《剑桥雅思真题精讲 4、5、6》
周成刚 主编

定价：55元 开本：16开 页码：500页

◎ 洞悉雅思出题规律，精确剖析雅思真题
◎ 针对中国雅思考生的特点和需求，分题型全面破解

《剑桥雅思常见错误精讲精练》

Pauline Cullen，Julie Moore　编著

定价：18元　开本：32开　页码：136页

《剑桥雅思语法精讲精练》（附 MP3）

Diana Hopkins，Pauline Cullen　编著

定价：45 元　开本：16开　页码：272页

◎ 雅思备考资料官方出版机构推出的权威雅思语法教程

◎ 剑桥资深语法专家为全球雅思考生量身定做

《剑桥雅思核心词汇精讲精练》

（附 MP3）Pauline Cullen　编著

◎ 错误警示：帮助考生避免常见错误

◎ 单元测试：协助考生检验自己的进步

◎ 试题练习：涵盖学术类、培训类阅读以及写作、听力测试内容

定价：40元　开本：16开　页码：180页

《剑桥雅思写作高分范文》

刘巍巍 方林　编著

◎ 收集十年雅思写作题目，全部写作话题一网打尽

◎ 从雅思写作题目出发，全面提高考生写作能力

定价：38元　开本：16开　页码：248页

《剑桥雅思 12 周完全攻略——阅读》

耿耿 乐静 孙吉芯 梅晗　编著

定价：35元　开本：16开　页码：320页

《剑桥雅思 12 周完全攻略——听力》

（附 MP3）　王超伟　编著

定价：29.8元　开本：16开　页码：184页

《剑桥雅思 12 周完全攻略——口语》

孙涛 王冬　编著

定价：29元　开本：16开　页码：204页

◎ 针对中国雅思考生的学习特点，制定12周科学备考方案

◎ 覆盖雅思阅读、听力、口语考试核心话题，提供权威答案，帮助考生有的放矢地备考

《雅思词汇词根＋联想记忆法（加强版）》

俞敏洪　编著

◎ 完整收录雅思常考词汇，大量真题例句

◎ “词根+联想”实用有趣，配有插图，加深记忆

◎ 按字母顺序编排，增加返记菜单，便于考生进行自测

定价：59元　开本：16开　页码：536页

《雅思词汇词根＋联想记忆法（乱序版）》

俞敏洪　编著

◎ 完整收录雅思常考词汇，大量真题例句

◎ “词根+联想”实用有趣，配有插图，加深记忆

◎ 增加返记菜单和索引，便于查找定位

定价：59元　开本：16开　页码：536页

《雅思词汇词根＋联想记忆法》

俞敏洪　编著

◎ 原汁原味的真题例句，收词全面，涵盖雅思四大题型词汇

◎ 标出听力、口语单词，有针对性进行记忆

定价：32元　开本：32开　页码：368页

《雅思词汇词根＋联想记忆法——写作》

俞敏洪　编著

定价：12元　开本：64开　页码：200页

《雅思词汇词根＋联想记忆法——听力》

俞敏洪　编著

定价：12元　开本：64开　页码：160页

《雅思词汇词根＋联想记忆法——口语》

俞敏洪　编著

定价：12元　开本：64开　页码：192页

《雅思词汇词根＋联想记忆法——阅读》

俞敏洪　编著

定价：12元　开本：64开　页码：232页

◎ “词根+联想”实用有趣，配有插图，加深记忆

◎ 涵盖雅思听、说、读、写词汇，收词全面，分类科学

邮购咨询电话：010-62605127

《词以类记：IELTS 词汇》

张红岩　编著

◎ IELTS最新词汇：覆盖听说读写
◎ 按学科和意群分类：细分至最小同义词区间，符合大脑分类记忆规律

定价：38 元　开本：32开　页码：400页

《雅思词组必备》

俞敏洪　编著

◎ 紧扣真题，选词科学
◎ 例句经典，原汁原味
◎ 收录同义词组，扩充词汇量
◎ 幽默插图，巧妙助记

定价：22元　开本：32开　页码：224页

《雅思口试话题高分妙语——旁征博引助你赢》

（附 MP3）　陆文佳　编著

◎ 新颖性：以全新的视角剖析雅思口语考试，灵活运用名言引证
◎ 全面性：覆盖雅思口语常考话题，提供大量名言素材与使用范例
◎ 专业性：融多年课堂教学经验，深入讲解引证法在雅思口语考试中的运用

定价：28元　开本：32开　页码：264页

《剑桥雅思官方模考题精讲精练》

（附 MP3）

Louise Hashemi, Barbara Thomas　编著

◎ 6套官方雅思模拟测试题，设题科学，难度仿真
◎ 具体、实用的答题指导和建议
◎ 特设的语法、词汇和写作练习

定价：49元　开本：16开　页码：236页

《雅思写作论证论据素材大全》

韦晓亮 刘剑　编著

◎ 全面性：覆盖雅思写作话题涉及的英文论证和论据素材
◎ 权威性：精选《经济学家》、《时代周刊》、《科学》、《大英百科全书》等权威刊物文章
◎ 文化性：囊括西方教育、法律、文化、科技、历史等领域

定价：28元　开本：32开　页码：280页

《IELTS 9 分必考短语·学术类》

（附 MP3）　李伯庆　著

定价：25元　开本：32开　页码：272页

《IELTS 9 分必考短语·培训类》

（附 MP3）　林昱伶　著

定价：25元　开本：32开　页码：272页

从记忆、理解到应用，一次搞定IELTS应考短语！① 记忆公式：不用死记，让你迅速掌握短语意义；② 英语理解：英语释义，让你直接领略短语的精确含义；③ 例句应用：通过例句让你学会如何应用短语。

《雅思核心词汇》（第 2 版）

（附 MP3）　陆文玲　编著

◎ 根据雅思考试出现频率分为“高频单词”、“精选单词”及“挑战单词”三大类，由浅入深，循序渐进
◎ 15项主题式单词分类，涵盖政治、经济、科技、教育与休闲等领域。核心单词配合实用例句，活学单词，即学即用

定价：38元　开本：16开　页码：272页

《雅思 9 分口语》（第 2 版）

（附 MP3）　Patrick Hafenstein　编著

◎ 给出4大口试评分标准及QPS口试应考策略
◎ 提供实用笔记速记法及口语测试现场模拟
◎ 全面囊括12大常考主题，依照口语测试标准题型编排

定价：40元　开本：16开　页码：280页

《雅思 9 分写作》（第 2 版）

Julian Charles　编著

◎ 60篇高分写作范文
◎ 阶段式写作学习法
◎ 高分词汇精准运用
◎ 综合练习精进写作

定价：45元　开本：16开　页码：380页

请将读者反馈email至：dywh@xdf.cn

《雅思 9 分听力》（第 2 版）

（附 MP3）　Justine Ball　编著

- ◎ 5大题型深入分析
- ◎ 8种要领彻底掌握
- ◎ 4套完整模拟试题
- ◎ 全真听力测试原文

定价：40元　开本：16开　页码：288页

《雅思 9 分阅读》（第 2 版）

Patrick Hafenstein　编著

- ◎ 3阶段进阶，逐步提高
- ◎ 说明式解答，题题详尽
- ◎ 5大题型精辟剖析
- ◎ 4套考题全真模拟

定价：40元　开本：16开　页码：308页

《雅思 9 分模考》（第 2 版）

（附 MP3）

Daniel Sansoni, Patrick Hafenstein 编著

- ◎ 4套完整模拟考题
- ◎ 8篇高分写作范文
- ◎ 常用词汇完整收录
- ◎ 全真听力测试原文

定价：40元　开本：16开　页码：292页

《雅思口语特训》（附 MP3）

孙涛　编著

- ◎ 收录最新口语真题和话题卡片，将常考话题进行分类、分级，实现逐级突破
- ◎ 随书配有420分钟录音光盘，内含所有话题题目及经典答案

定价：45 元　开本：16开　页码：292页

《雅思听力特训》（附 MP3）

彭新松，Stuart Perkins　编著

- ◎ 洞悉雅思听力出题规律，提供最新模拟试题
- ◎ 针对中国雅思考生的特点和需求

定价：35元　开本：16开　页码：176页

《雅思口语必备核心话题》

（附 MP3）　孙涛 王冬 关新　编著

- ◎ 话题全面，分类合理，提供一个小型“口语语料库”
- ◎ 答案精准，表达地道，奉上最佳口语练习模板
- ◎ 选材丰富，语言生动，展示英语语言无限魅力

定价：40元　开本：16开　页码：260页

《雅思考前突破与冲刺试题》

（附 MP3）　Lin Lougheed　编著

- ◎ 四套全真模拟练习题，提供真实的考场氛围
- ◎ 包含详细题解、答案及听力原文，供考生自我检测

定价：48元　开本：16开　页码：356页

《雅思听力》（附 MP3）

新东方教育科技集团雅思研究院　著

定价：48元　开本：16开　页码：192页

《雅思口语》（附 MP3）

新东方教育科技集团雅思研究院　著

定价：48元　开本：16开　页码：204页

《雅思阅读》

新东方教育科技集团雅思研究院　著

定价：45元　开本：16开　页码：176页

《雅思写作》

新东方教育科技集团雅思研究院　著

定价：45元　开本：16开　页码：212页

- ◎ 新东方团队倾力打造，雅思基础培训指定辅导教材
- ◎ 符合中国雅思考生学习特点，听说读写全部搞定

《强化培训：雅思口语》（附MP3）

新东方教育科技集团雅思研究院　著

定价：35元　开本：16开　页码：160页

《强化培训：雅思写作》

新东方教育科技集团雅思研究院　著

定价：32元　开本：16开　页码：160页

《雅思全真模拟试题集》（附 MP3）

新东方教育科技集团雅思研究院　著

定价：45元　开本：16开　页码：304页

- ◎ 新东方团队倾力打造，雅思强化培训指定辅导教材
- ◎ 重点攻破中国学生口语和写作薄弱环节，提供雅思试题全攻略